Paul Heyse, Hermann Kurz

Deutscher Novellenschatz

Paul Heyse, Hermann Kurz

Deutscher Novellenschatz

ISBN/EAN: 9783742869074

Hergestellt in Europa, USA, Kanada, Australien, Japan

Cover: Foto ©Thomas Meinert / pixelio.de

Manufactured and distributed by brebook publishing software
(www.brebook.com)

Paul Heyse, Hermann Kurz

Deutscher Novellenschatz

Deutscher Novellenschatz

herausgegeben

von

Paul Heyse

und

Hermann Kurz.

Zweite Serie.

Vierter Band.

(Der ganzen Reihe zehnter Band.)

München.
Rudolph Oldenbourg.

Inhalt.

Samuel Brink's letzte Liebesgeschichte.

Von

Schreyvogel.

Gesammelte Schriften von Thomas und Karl August West.
1. Theil (Braunschweig, Friedrich Vieweg. 1829.)

— — —

Joseph Schreyvogel, der abwechselnd als Thomas und K. A. West geschrieben hat, ist geboren zu Wien 1768, hielt sich in den neunziger Jahren zu Jena auf, wo er anonym in Schiller's Thalia ein Lustspiel und in die Jenaer Literaturzeitung Recensionen lieferte; wurde 1802 in Wien an Kotzebue's Stelle Hoftheatersecretär, vertauschte jedoch diese Stelle mit einer geschäftlichen und einer publicistischen Thätigkeit und kehrte erst 1814 zu ihr zurück, wo er unter Dietrichstein seine bekannte Leitung des Burgtheaters antrat, das ihm seine Blüte und seinen Ruhm zu danken hatte. Dietrichstein's Nachfolger in der Jntendanz, Graf Czernin, vertrug sich nicht mit der Alleinregierung des Secretärs-Dramaturgen, der im Mai 1832 pensionirt wurde und am 28. Juli desselben Jahres als eines der ersten Opfer der Cholera starb.

Die Liebesgeschichte seines „Samuel Brink" ist nicht bloß die beste Erzählung, die wir von ihm bieten können, sondern sie verdient wohl auch eine der musterhaftesten Leistungen aus der Epoche der älteren Erzählungsweise genannt zu werden. Die Einfachheit, mit welcher sie sich bewegt, ist nicht so künstlerisch vollendet, wie man dies von der heutigen Novelle erwarten darf: es ist vielmehr eine Schlichtheit, die sich unbedenklich gehen läßt, ohne übrigens im rasch dahin gleitenden Flusse des Erzählens jemals an das Gewöhnliche anzustreifen. Die Herzenskämpfe, die sich ergeben, sind mit edler Wahrheit geschildert, und es ist dem Verfasser, Angesichts der Zeit, worin er schrieb, besonders anzurechnen, daß sich in seine Darstellung kein falscher Blutstropfen ungesunder Sentimentalität eingeschlichen hat. Vielmehr schwebt über dem Selbstbekenntnisse des Helden

fortwährend ein leiſer Humor, der im Voraus die Entwick-
lung vorbereitet, ſo daß zuletzt nur ein leichter Anflug von
Wehmuth, der die Heiterkeit nicht trüben kann, zurückbleibt.
Die Lebensrettung am Schluſſe möchte man faſt entbehren;
aber in dieſem Falle würde denn doch ein vertiefteres
Seelengemälde erforderlich ſein, und ſo wird man ſie als
zur Löſung des Knotens dienlich gelten laſſen müſſen.

Die Achse hält den Weg noch zweimal aus, schrie Paul, macht nur den Riemen geschwind zurecht, daß wir fortkommen! — Ei, wenn Er's besser versteht, brummte der Schmied, meinetwegen!

Was giebt's denn, Paul? sagte ich, aus der Kalesche zurücksehend. — Unnöthigen Aufenthalt, erwiderte Paul: der Schaden könnte längst ausgebessert, und wir schon auf der Station sein, wenn der wunderliche Mann nicht so viele Bedenklichkeiten hätte. — Nun, nun, wir haben so große Eile nicht, sagte ich, indem ich aus dem Schlage stieg; mach' Er seine Sache fein ordentlich, Meister Schmied! — Das ist etwas Anders! hörte ich jetzt Paul brummen; sonst währt dem Herrn gleich Alles zu lange.

Ich ließ meinen Paul stehen und ging in den Hof der Dorfschenke, wo ich ein hübsches, ziemlich wohlgekleidetes Mädchen mit der Wirthin sprechen sah. Das Mädchen trug einen kleinen Bündel unter dem Arme und schien ihren Weg, den sie dem Ansehen nach zu Fuße gemacht hatte, eben fortsetzen zu wollen. In anderthalb Stunden, hörte ich die Wirthin zu ihr sagen, können Sie auf der Station sein; ob Sie aber den Postwagen noch antreffen werden, weiß ich nicht; er geht gewöhnlich früher durch. — Das Mädchen erwiderte einige Worte, die ich nicht verstehen konnte, und kehrte

sich dann mit dem Gesichte gegen mich. Ich war über=
rascht, denn jetzt erst sah ich, wie schön sie war. Meh=
rere junge Leute, die sich an einem Seitentische bei
schlechtem Weine lustig machten, schienen, nach ihrer Art,
nicht weniger Wohlgefallen an dem Mädchen zu finden.
Zwei von ihnen waren aufgestanden und machten Miene,
sich dem schönen Kinde zu nähern. Sie hatte es be=
merkt und suchte ihnen auszuweichen; aber die muth=
willigen Bursche vertraten ihr den Weg, und einer faßte
sie ziemlich tölpisch an. Unwillig riß sie sich los und
verdoppelte ihre Schritte, um über den Hofraum zu kom=
men. Als sie an mir vorbei ging, sah ich Thränen in
ihren großen blauen Augen; ihre Wangen glühten, sie
wandte das Gesicht hinweg, als schäme sie sich, einen
Zeugen der ihr widerfahrenen Beleidigung zu haben. Un=
willkürlich folgte ich der anziehenden Erscheinung, die,
durch das Thor an meinem Wagen vorbei eilend, meinen
Blicken bald entschwand. Paul, als er sie gewahr wurde,
stutzte und sah schalkhaft lächelnd nach mir um. War's
das? Ja, dann freilich! hörte ich ihn murmeln, als ich
ihm näher kam.

Nun, ist der Wagen fertig? fragte ich, — Das
geht so geschwind nicht, Herr! Aber der Meister macht
es recht ordentlich. — Sieh, wo der Postillon ist, er=
wiberte ich ernsthaft. Paul ging, mit drollig=bedent=
lichem Kopfschütteln. — Ich sah mich nach den zwei
Burschen um, deren ungeschliffenes Betragen das schöne
Mädchen erröthen gemacht und mir, ohne ihr Verdienst

und Wissen, einen so reizenden Anblick verschafft hatte. Sie waren zu ihrem Tische zurückgekehrt und riefen lärmend die Wirthin. Nach kurzem Wortwechsel warfen sie Geld auf den Tisch und taumelten an mir vorbei, denselben Weg einschlagend, auf dem sich das Mädchen entfernt hatte. Sie schienen ziemlich betrunken; ihre erhitzten Gesichter hatten einen Ausdruck von Rohheit, der mir sehr widrig auffiel.

Wo bleibt denn der Postillon? rief ich meinem Paul entgegen, indem ich in die Kalesche stieg. — Er kommt schon, Herr! und der Meister Schmied ist auch bald fertig, wie ich sehe. Wir holen die flinke Dirne schon noch ein. — Ich glaube, du träumst, Alter? sagte ich; aber mach fort! Hier ist Geld; und knickere mit dem Schwager nicht! Er soll fahren, wie recht ist. — Es war angespannt. Paul schwang sich, mit etwas steifer Hastigkeit, auf den Sitz des Postillons, und fort rollte der Wagen, in der Richtung hin, welche „das flinke Mädchen" und die zwei wilden Bursche genommen hatten.

2.

Es war ein herrlicher Sommerabend. Die untergehende Sonne übermalte den leichtbewölkten Himmel mit ihren schönsten Farben. Die fruchtbare Landschaft, von Hügeln und Thälern durchschnitten, ruhte, wie ihre Bewohner, von dem Geräusch und den Mühen des Tages. An beiden Seiten der Straße lagen, in ziemlicher Ferne, einige Dörfer, zu denen die Heerden und hin und wie-

der einzelne Arbeiter zurückkehrten. Kein Fuhrwerk war
auf der Straße zu sehen, kaum von Zeit zu Zeit ein
Fußgänger. Wir fuhren eine Anhöhe hinauf, deren be=
wachsene Spitze der Anfang eines ziemlich beträchtlichen
Waldes ist. Als wir die Höhe erreichten und die Straße
selbst durch das dichter werdende Gehölz bedeckt wurde,
sah Paul etwas besorgt zurück. — Fahr zu, Schwager!
rief ich, Paul's besorgtem Blicke gleichsam antwortend.
Die Rosse liefen bergab, was sie konnten.

Jetzt lichtete sich das Gehölz; ein Theil der Straße
wurde sichtbar. Mir däuchte, ich erblicke die Gestalt,
die mein unruhiges Auge suchte: aber Baumgruppen
deckten die flüchtige Erscheinung wieder. Bald schien mir,
ich sehe die Gestalt noch einmal, nicht weit von uns,
und die zwei rohen Gesellen hinter ihr. — Sie sind's!
schrie Paul, als wir sie beinahe erreicht hatten. — Die
Bursche mochten den Wagen bemerkt haben; sie blieben
ein wenig zurück, desto rascher ging das Mädchen vor=
wärts. Ich rief dem Postillon zu, seine Pferde etwas
anzuhalten, was ihm aber nicht sogleich gelang. Als
wir an dem Mädchen vorbeifuhren, schien sie mich und
Paul zu erkennen; sie verdoppelte ihre Anstrengung, um
uns nachzukommen. Da wendete sich der Weg, und ein
Gebüsch verbarg sie uns aufs Neue.

Plötzlich vernahmen wir einen Schrei hinter uns.
Der Postillon hatte die Pferde eben zum Stillstehen ge=
bracht. Ich sprang aus der Kalesche und flog dem Orte
des Angriffes zu, den mir ein wiederholtes Zuhülferufen

bezeichnete. Als ich durch das Gebüsch gedrungen war,
sah ich das Mädchen mit den zwei Buben ringen. Mei=
nen Knotenstock in der Faust, stürzte ich auf die Elenden
los. Sie wurden mich nicht gewahr, bis meine wieder=
holten Streiche sie aus ihrer brutalen Zerstreuung auf=
weckten. Die Schurken waren im Begriff, sich zur
Wehre zu setzen, als ich sie plötzlich, von einem panischen
Schrecken überfallen, entfliehen sah. Paul, mit mei=
nen Pistolen bewaffnet, und der Postillon waren mir
zur Seite; drohend und lärmend setzten sie den Flüchtigen
nach. Das Mädchen, jetzt erst seiner Rettung gewiß,
warf sich in heftiger Bewegung an meinen Hals. Wie
aufgelös't von Angst und Freude, lag sie einen Augenblick
in meinen Armen; aber schnell schien sie sich zu besinnen,
und indem sie, über und über erröthend, sich aus meiner
Umarmung wand, drückte sie meine Hand an ihre glühen=
den Lippen.

Paul und der Postillon kamen lachend auf uns zu.
Sie hatten die Flüchtlinge nicht erreichen können und
mußten sich begnügen, sie waldeinwärts verjagt zu haben.
Das Mädchen ward nun erst ihren zerstörten Anzug ge=
wahr; verschämt entfernte sie sich von uns, um ihn ein
wenig zu ordnen und ihren zerstreuten Bündel zu suchen,
der etwa fünfzig Schritte zurück am Wege lag. Paul
sah ihr mit innigem Vergnügen nach, und der Postillon,
dessen glotzende Augen der schlanken Gestalt gleichfalls
nachstarrten, murmelte schmunzelnd: Blitz! 's ist eine
hübsche Dirne! — Ich dächte, Herr, sagte Paul, wir

hingen dem lieben Kinde Ihren Staubmantel um; sie
scheint sehr erhitzt und könnte, bei dem kühlen Abend,
sich im Fahren leicht erkälten. — Du meinst also,
Paul — ? — Daß Sie das Mädchen nicht in Nacht und
Wald schutzlos zurück lassen werden; wohl mein' ich das,
oder ich müßte Herrn Samuel Brink nicht mehr kennen.
Ich will nur gleich vorausgehen und den Staubmantel
aus dem Magazin hervorsuchen. — Thu das, guter
Paul, und du, Schwager, sieh zu deinen Pferden; ich
komme gleich nach. — Heißa, Schwager! rief Paul, ihn
mit sich fortziehend, jetzt giebt es eine lustige Fahrt und
Extra-Trinkgeld!

Ich ging dem Mädchen, das sich langsam näherte,
einige Schritte entgegen und bot ihr meinen Arm. Sie
hatte sich ziemlich gefaßt und nahm meinen Antrag, sie
auf die nächste Station zu führen, mit bescheidenem
Danke an. Paul stand schon mit seinem Staubmantel
da, als wir zu der Kalesche kamen, und nöthigte ihn
meiner Begleiterin ohne Umstände auf. Dafür nahm er
ihr das Bündelchen ab und brachte es in dem Wagen-
sitze unter. Von dem Postillon hörten wir jetzt zum
großen Schrecken des Mädchens, daß die Diligence, auf
welcher sie einen Platz nach der Hauptstadt hatte nehmen
wollen, schon vor mehreren Stunden weiter gefahren sei;
sie war um so mehr bestürzt darüber, weil sie ihren
Koffer vorausgesendet hatte, und dieser, wie sie fürchtete,
verloren sein möchte. — Das wird sich Alles finden,
rief Paul in bester Laune; wer weiß, Mamsellchen, wozu

der kleine Unfall gut ist! Hierauf hob er sie zierlich in den Schlag und hüpfte selbst ganz behende auf den Kutscherbock. Der Postillon trieb seine Pferde an und blies ein munteres Stückchen dazu.

3.

Der Vollmond stieg aus dem Waldesgrund empor und erhob die Abenddämmerung zu einem zweifelhaften Tageslichte. Ich lehnte behaglich in meiner Wagenecke, aus der ich von Zeit zu Zeit einen Blick auf meine schöne Nachbarin warf, welcher ihr Staubmantel den Reiz einer drolligen Vermummung gab. Da ich darüber scherzte, sah sie sich flüchtig an und lachte sehr anmuthig ein paar Mal auf. Allmählich ward sie heiter und ziemlich gesprächig. Ich erfuhr nun, daß sie Margaretha Berger heiße und die Tochter eines Forstbeamten auf den Gütern des Grafen von * * sei, wo sie bis in ihr vierzehntes Jahr eine recht glückliche Jugend verlebt habe. In diesem Alter habe sie ihren Vater und ein Jahr später auch ihre Mutter verloren, ohne daß ihre Eltern ihr einiges Vermögen hinterlassen hätten. Die Schwester ihrer Mutter, selbst Wittwe eines herrschaftlichen Rentmeisters, habe sie dann zu sich genommen und ihre Erziehung mit Liebe und Sorgfalt vollendet. Da jedoch ihre Tante selbst nur von einer geringen Pension gelebt und mit den Verwandten ihres verstorbenen Mannes in Erbschafts-streitigkeiten verwickelt worden, habe sie Gretchen, zu ihrem besseren Fortkommen, in einem anständigen Hause

der Hauptstadt unterbringen wollen. In dieser Absicht
habe die Tante vor vierzehn Tagen mit ihr die Reise
nach der Residenz angetreten, sei aber auf halbem Wege
in eine gefährliche Krankheit verfallen und in dem nahen
Landstädtchen, wo sie liegen geblieben, am siebenten Tage
gestorben.

Ein Strom von Thränen unterbrach hier Gretchens
Erzählung. Sie verbarg das Gesicht an der Seite des
Wagens und weinte eine Zeitlang heftig. Verzeihen
Sie, mein Herr! sagte sie dann; ich besitze die Kunst
noch nicht, mich vor Fremden gehörig zu benehmen.
Wiewohl eine vater- und mutterlose Waise, fand ich doch
in dem Hause meiner Tante die mütterliche Nachsicht und
Zärtlichkeit wieder; ich durfte weinen und mich laut
freuen: — unter fremden Menschen, weiß ich wohl,
schickt sich das nicht. — Was ein so gutgeartetes Geschöpf empfindet, sagte ich, indem ich Gretchens Hand
ergriff, darf es auch äußern. Und bin ich Ihnen denn
fremd, liebes Kind? Mir sind Sie es nicht mehr. —
Mein Ton oder meine Worte mußten Gretchens Herz
getroffen haben, denn sie sah mir mit ihren großen blauen
Augen so mild und vertrauensvoll ins Gesicht, daß ich
versucht war, das holde, hülfebedürfende Wesen an meine
Brust zu drücken. Aber ich bezwang mich, indem ich sie
fragte, warum sie nach dem Unglücke, das ihr begegnet,
nicht in ihre Heimath zurückgekehrt sei, wo sie doch noch
einige Bekannte haben müsse? — Keine, die etwas für
mich thun könnten oder wollten, erwiderte Gretchen. Die

Verwandten meines Oheims kamen, auf die Nachricht von dem wahrscheinlichen Tode der Tante, in dem Städtchen an, wo diese krank geworden und eben gestorben war. Sie ließen die Leiche schnell begraben und legten Beschlag auf den Nachlaß der Verstorbenen. Mir wurden meine wenigen Kleider und ein karges Reisegeld verabfolgt. Was blieb mir übrig, als nun allein den Weg nach der Residenz anzutreten, wo ich einige Hoffnung habe, in dem Hause aufgenommen zu werden, für das meine gute Tante mich bestimmt hatte?

Ich fragte um den Namen der Familie, an welche sich Gretchen in der Residenz wenden wollte. Sie nannte mir eine Frau von Reichard, Banquiers-Wittwe, welche ich einige Mal gesehen, und von der ich viel Gutes gehört hatte. Das Haus hat den besten Ruf, sagte ich; vielleicht, Gretchen, finden Sie da einen Theil dessen wieder, was Sie verloren haben. Ich will Sie in die Stadt bringen, liebes Kind; seien Sie guten Muthes! — Die lebhafteste Freude glänzte in Gretchens Augen; sie drückte fühlbar meine Hand und war im Begriff, sie noch einmal gegen ihre Lippen zu führen. Das verwirrte mich; mit einiger Hast zog ich meine Hand zurück, so daß Gretchen mich betroffen ansah. Ich glaube, ich ward roth; unwillkürlich schlug ich die Augen nieder. Zum Glücke fuhr der Wagen eben in das Posthaus, und Paul stand schon vor dem offenen Schlage. — Wir bleiben doch hier? sagte er, indem er mir heraushalf. — Ja, Paul; besorge ein abgesondertes Zimmer für Mamsell Berger.

Kommen Sie, Mamsellchen! rief der Alte; wir wollen
uns gleich nach Ihrem Koffer umsehen. — Sie werden
doch nicht böse, Herr, setzte er leise mit einer Schalks=
miene hinzu, wenn auch ich ein wenig mit dem hübschen
Mädchen charmire? — Geh, Narr! sagte ich, ziemlich
verdrießlich, daß der Alte meinen Empfindungen so nahe
auf der Spur war.

Ich spazierte über den Hof zum Thor hinaus, um
mich noch ein wenig im Freien zu ergehen. Es war
inzwischen Nacht geworden. Der Arktur stand am nord=
westlichen Himmel, im Zenith funkelte die Lyra, und ost=
wärts strahlte, wie zu ihr aufschwebend, der Adler. Aber
vor mein Gemüth traten zwei milde Augensterne, und
meine Blicke wandten sich von dem Glanz der Himmels=
lichter dem sanften Scheine des irdischen Gestirnes zu,
das mir so unvermuthet aufgegangen war. Wie steht
es mit dir, Samuel? sagte ich zu mir selbst. Bist du
nicht zu Jahren gekommen und halb und halb ein Phi=
losoph? Doch hier unten, wie dort oben, wirkt die
Natur nach ihren ewigen, einfachen Gesetzen. Die Bahn
der Gestirne altert nicht, eben so wenig der mächtige
Trieb der Herzen. Was haben wir voraus mit unserer
Erfahrung und Weisheit, als die Fähigkeit, unsere
Wünsche und Neigungen früher zu verstehen und —
darüber zu lächeln? — Bedenke deine Jahre, Samuel!
bedenke deine Jahre! —

Als ich langsam gegen das Posthaus zurückging,
kam mir Paul daraus entgegen, um mir zu sagen, daß

Gretchen mit dem Essen auf mich warte. Sie wendete sich mit großer Heiterkeit zu mir, da ich ins Zimmer trat. Ihr Anblick ergriff mich aufs Neue. Das Herz schlug mir merklich; ich winkte Gretchen, neben mir Platz zu nehmen, und setzte mich selbst geschwind, um meine Unruhe weniger auffallend zu machen. Das harmlose Mädchen erzählte mir sehr vergnügt, daß sich ihr Koffer gefunden habe, was ihr besonders ihrer Papiere wegen lieb sei. Ueberhaupt sprach sie gern und lebhaft, auch von der Stadt, von deren Verhältnissen sie ziemlich unterrichtet schien, denn ihre Tante war dort geboren und erzogen worden. Ich hörte meist schweigend zu, während ich ziemlich eifrig aß und mich mehr und mehr in das Anschauen der lieblichen Gestalt vertiefte. Da ich abgespeis't hatte und Gretchen mich eine Weile still sitzen sah, stand sie auf, um sich zu entfernen. — Morgen um vier Uhr die Pferde, Paul! fuhr ich endlich aus meiner Zerstreuung auf. — Mit einem freundlichen: Gute Nacht, lieber Herr! schlüpfte sie aus der Thür. Gute Nacht, Gretchen! rief ich ihr nach.

　　Bedenke deine Jahre, Samuel! sagte ich noch einmal zu mir selbst, nachdem ich meinen Paul stumm verabschiedet und mich halb ausgekleidet auf das Bett geworfen hatte, worin endlich der Schlaf meinen umherschwärmenden Gedanken ein Ziel setzte.

4.

Wie viel ist die Uhr, Paul? fragte ich, indem ich
aus dem Bette sprang, so leicht wie ein Fahnenjunker,
der die erste Parade beziehen soll. — Gleich sechs, Herr!
sagte Paul. — Was? rief ich. Und warum hast du
mich nicht um vier Uhr geweckt, wie ich dir befahl? —
Ei, Herr, erwiderte Paul, Sie schliefen so wunderfest,
daß ich Sie noch vor einer Stunde nicht wecken mochte,
wo ich schon zum zweiten Male hereinkam. — Ich glaube,
du treibst deine Kurzweil mit mir, alter Träumer. —
Ich träume nicht, Herr. — Da schläft wohl Gretchen
auch noch, fuhr ich nach einer Weile fort, indem ich
meine übernächtige Figur im Spiegel betrachtete. — O,
sagte Paul, die treibt sich schon seit anderthalb Stunden
im Garten, im Hühnerhof und draußen im ·Felde
herum; das Mädchen ist lauter Leben, und die Wirthschaft scheint recht ihr Element zu sein. Das wäre ein
anderes Ding, Herr, als unsere alte Sibylle im Hause.
— Meinst du? sagte ich zerstreut. Aber laß das Frühstück bringen, Paul, und bitte Gretchen, dazu herauf zu
kommen.

Ich hatte große Lust, mir selbst ins Gesicht zu
lachen, wie ich so vor dem Spiegel da stand, — sobald
Paul aus der Thür war. Das hat ein Liebhaber von
zwei und fünfzig Jahren vor einem von zwanzig voraus,
sagt' ich, daß er mit Appetit essen und, wenn's glückt,
seine acht oder neun Stunden schlafen kann. Ich hätte

das gestern kaum gedacht, als ich da unten dem Arktur
mein Herz eröffnete.

Das Frühstück kam, und Gretchen trippelte herein,
mir einen guten Morgen bietend. Sie sah aus wie der
Morgen selbst nach einer erfrischenden Sommernacht. Fand
ich sie gestern lieblich und anziehend, so erschien sie mir
heute in dem vollen Glanze des blühendsten Jugendrei-
zes. — Es ist doch eine köstliche Gottesgabe um ein
Alter von achtzehn Jahren! dacht' ich, oder sagt' es vielmehr laut. So alt sind Sie wohl eben, Gretchen? —
Bald neunzehn, erwiderte sie. — Kommen Sie, Kind!
Ich will mir einmal einbilden, ich wäre, was das betrifft,
Ihresgleichen. Setzen Sie sich zu mir! Sie müssen die
Conversation der Stadtherren doch ertragen lernen; ich
will Ihnen eine Probe davon zum Besten geben.

Das gute Kind wußte nicht, was sie von meiner
Laune denken sollte; aber ich ließ mich nicht irre machen.
Ich schwatzte, lachte, tändelte, mit so viel Anstand und
natürlicher Lebhaftigkeit, daß Gretchen endlich selbst mit
fortgerissen wurde. Lachend und schäkernd begleitete sie
mich zu dem Wagen, in welchen ich sie diesmal hob, zum
sichtbaren Verdrusse Paul's, der sich diese Galanterie nicht
wollte nehmen lassen. Meine Stimmung dauerte die halbe
Station über, zu Gretchens nicht geringem Ergötzen. Ein
wenig verliebte Geckerei, mit etwas wahrer Empfindung
versetzt, unterhält die Weiber immer, die unerfahrensten
wie die klügsten; denn sie ist ein Tribut der Ueberlegenheit, welche ihnen die Natur in dem Verhältnisse der Ge-

schlechter über uns einräumte. — Herr Brink kann recht
liebenswürdig sein, hörte ich Gretchen mit vieler Unbe=
fangenheit sagen, als mache sie die Bemerkung für sich.

Nach und nach verrauchte indeß der galante Hu=
mor, der mir mit Gretchens Eintritt an diesem Morgen,
wie ein leichter Champagner=Rausch, zu Kopfe gestiegen
war. Ich wurde stiller, bemerkte auch wieder, was sonst
außer uns vorging, und vertiefte mich endlich in die Be=
trachtung der herrlichen Landschaft, durch die wir hin=
fuhren. Gretchen hatte schon früher viel Antheil an den
Gegenständen gezeigt, welche uns umgaben. Sie bemerkte
die Verschiedenheit des Bodens und der Wirthschaft, in
Vergleichung mit denen ihrer Heimath, und verbreitete
sich dabei recht sinnig und lehrreich über die Eigenheiten
des Gebirgs= und Forstlebens. Ich fing an, Interesse
an dem Geiste des Mädchens zu nehmen, dessen Gestalt
und Schicksal mich schon so sehr angezogen hatten. Ueber=
all verrieth sie eine lebhafte Auffassung und eine Reife
des Verstandes, welche ihrem Alter und ihrer einfachen
Erziehung vorauszueilen schienen. Zwar kannte sie man=
ches gute Buch, dessen beiläufig erwähnt wurde, aber ihre
Urtheile waren auf eigene Ansicht und Ueberlegung ge=
gründet. Wir unterhielten uns auf solche Weise sehr an=
genehm und ungezwungen von nahen und entfernteren
Dingen; ich erfuhr immer mehr von Gretchens früherer
Geschichte, und das Vertrauen, welches mir das liebens=
würdige Mädchen bewies, schien nach und nach erst das
rechte Verhältniß zwischen uns herzustellen.

So kam der Mittag heran, den wir in einem wohl-
eingerichteten Gasthofe, auf dem halben Wege unserer
Fahrt nach der Hauptstadt, zubrachten. Ich speis'te mit
Gretchen an dem Wirthstische. Es gefiel mir wohl, die
Augen der Gäste öfters auf meine schöne Nachbarin gerichtet zu sehen, welche in ihrem einfachen, fast ärmlichen
Anzuge als die Königin der Tafel erschien. Ein junger
Offizier, der uns gegenüber saß, suchte sie endlich ins
Gespräch zu ziehen. Ich bewunderte die Gewandtheit und
den feinen Tact, womit Gretchen den nach und nach zu-
bringlich werdenden Fragen und Anspielungen des jungen
Kriegsmannes auszuweichen wußte, ohne sich durch ein
verlegenes oder auffallend frostiges Betragen zum Augenmerk der Gesellschaft zu machen. Als wir von der Tafel aufstanden und ich mich nach einem abseits liegenden Zeitungsblatte umsah, trat der Offizier ganz dreist
zu Gretchen und begleitete seine Anrede mit einer ziemlich vertraulichen Geberde, indem er sie zierlich an beiden
Ellenbogen anfaßte. Sie zog sich mit einer Achtung
fordernden Miene zurück, worüber der junge Herr, leicht
auflachend, sich in die Brust warf. Ich war indessen
zwischen sie getreten und sah den Offizier ernsthaft an. —
Steht die junge Person vielleicht unter Ihrem Schutze?
fragte er spöttisch, Ihre Frau oder Tochter scheint sie nach
dem Aeußern nicht zu sein. — Wenn es darauf an-
kommt, sie gegen Zubringlichkeiten sicher zu stellen, antwortete ich in entschlossenem Tone; so steht das junge
Frauenzimmer allerdings unter meinem Schutze; das kann

2*

erfahren, wer Luft dazu hat. — Gehorsamer Diener! sagte
er, etwas verblüfft, und wandte mir den Rücken zu. —
Ich nahm Gretchen unter den Arm und ging mit er=
hobenem Haupte langsam durch den Saal, mich nach
beiden Seiten umsehend, ob Jemand hier sei, der gegen
meine Erklärung etwas einzuwenden habe.

5.

Wir saßen wieder in unserem Wagen. Der kleine
Aerger hatte mein Blut in Bewegung gebracht, und ich
sah es gern, daß der Schwager, ein munterer Bursch,
seine Pferde in scharfem Trabe laufen ließ. Die Straße
zog sich durch einen üppigen Getreideboden hin, dessen
hochstehende Saaten von einem frischen Winde bewegt
wurden. Ich überließ mich dem angenehmen Spiele der
Vorstellungen, welches einen solchen Anblick gern beglei=
tet, und saß längere Zeit schweigend neben meiner Reise=
gefährtin, die seit dem Auftritt in dem Speisesaale selbst
sehr still und nachdenkend geworden war. Als ich sie
aus meiner zurückgelehnten Stellung seitwärts ansah, be=
gegneten ihre Blicke den meinigen. Sie schlug die
Augen nieder, in denen ich den Ausdruck einer mehr als
gewöhnlichen Aufmerksamkeit gelesen zu haben glaubte.
Woran denken Sie, Gretchen? fragte ich, mich zu ihr
neigend. — An die großen Verbindlichkeiten, die ich
Ihnen habe, erwiderte sie nach kurzem Besinnen, leicht
erröthend. — Sie rechnen doch den lächerlichen Auf=

tritt mit dem jungen Bramarbas nicht dazu? sagt' ich
scherzend. — In der That, das thu' ich, antwortete
sie ernsthaft; dieser junge Offizier hatte etwas unbeschreib=
lich Beleidigendes in seinem Blick und seinem ganzen We=
sen. Mein Innerstes empört sich, wenn ich nur daran
denke. — Ich hielt Gretchens Hand, welche in der mei=
nigen zu zucken schien; über ihre Wangen flog der Wie=
derschein einer inneren Aufwallung von Scham und Un=
willen, der mich auf eine seltsame Weise ergriff. Es
war ein Reiz von ganz eigener Art, worin alle Zauber
der Weiblichkeit vereinigt schienen.

Es kann Ihnen, sagte ich mit merkbarer Beklemmung,
im Guten wie im Schlimmen nicht an Gelegenheit ge=
fehlt haben, den Eindruck zu beobachten, welchen Sie auf
Männer von dem verschiedensten Charakter machen müs=
sen. — Gretchen hörte mir etwas zerstreut zu; schien
aber die Folge meiner Rede zu erwarten. — Hat man
Ihnen nie gesagt, fuhr ich zögernd fort, daß Sie — ein
schönes Mädchen sind? — Sie lächelte, als hätte ich etwas
sehr Gleichgültiges gesagt. Das wohl, erwiderte sie;
aber ich habe eben nicht viel darauf gehört. — Hatten Sie
nie einen Liebhaber, Gretchen? fragte ich lebhafter. —
Was man eigentlich so nennt, — nein! — Gretchen! sagt'
ich, indem ich einen Kuß auf ihren Arm drückte; Sie
wissen nicht, wie unendlich liebenswürdig Sie sind! —
Sie wurde roth, und zog ihren Arm zurück. — Gretchen!
wiederholt' ich leise, ihr näher rückend. —

Haben Sie donnern gehört? rief Paul, indem er

sich herum wandte; wir bekommen ein starkes Ungewit=
ter. — So wollt' ich —! — Wie meinen Sie, Herr? —
Es ist gut! fuhr ich ihn an; du fürchtest doch den Don=
ner nicht? — Ich nicht, aber die Mamsell vielleicht. —
Gretchen versicherte, daß sie das Gewitter vielmehr liebe.

In dem Augenblick hörten wir den Donner von
ferne rollen. Mächtige Wolkenmassen entwickelten sich auf
der ganzen Fläche des Horizontes; der Wind wehte stär=
ker und jagte Staubwolken über die jetzt lebhaft befah=
rene Landstraße. In Kurzem war der Himmel rings=
um bedeckt, und ein zuckendes Wetterleuchten durchlief
das düstere Grau der Wolken. Einzelne Regentropfen
fielen auf und neben dem Wagen nieder, da schlängelte
sich ein Blitzstrahl weithin durch das Gewölbe des Him=
mels; rauschend strömte der Regen herab, und ein paar
schmetternde Donnerschläge hallten mit dumpfem Gerolle
aus weiter Ferne wieder.

Ist's so recht? fragte Paul Gretchen. — Es wird!
erwiderte sie, indem sie mit sinnigem Ernst in die wohl=
thätig aufgeregte Natur hinausblickte.

Das große, allmählich sich entfaltende Schauspiel
der bewegten Außenwelt brachte den kleinen Aufruhr in
meinem Innern zum Stillstand. Als die erste Aufwal=
lung vorüber war, lächelte ich selbst über die seltsame
Unterbrechung, die meiner unvorsichtigen Zunge, gerade
noch zu rechter Zeit, Schweigen auferlegt hatte. Meiner
selbst wieder völlig mächtig, genoß ich ruhig des zwie=
fachen herrlichen Anblicks, der vor mir aufgethan war,

und beobachtete mit wechselnder Theilnahme bald die
prächtige Naturerscheinung außer uns, bald Gretchens
liebliches Angesicht, woraus diese in gemildertem Lichte
zurückstrahlte.

Das thut doch nicht gut, sagte Paul, sich noch
einmal zurückwendend; es regnet gar zu toll! Das Wasser schlägt in die Kalesche. Ich will das Spritzleder
herablassen, Herr! — Er that es, eh' ich es mit Anstand hindern konnte. Es war, als ob mich Paul oder
der Zufall necken und meine Standhaftigkeit auf die
Probe setzen wollte.

Die Kalesche war von allen Seiten geschlossen. Das
schwache Licht, welches durch ein paar handgroße Fen-
sterchen in den schmalen Raum des Wagens fiel, reichte
eben hin, mir Gretchens Gestalt in einem magischen Hell-
dunkel zu zeigen. Der Wiederschein der Blitze erhöhete
von Zeit zu Zeit den wunderbaren Reiz dieser Beleuch-
tung. Wir saßen so enge, daß ich nicht die geringste
Bewegung machen konnte, ohne ihren Arm, ihren Fuß,
die schwellende Fülle ihres jugendlichen Wuchses zu berühren. Ich glaubte, sie athmen zu hören; die Luft,
die ich einsog, schien von dem Hauche ihres Mundes
durchwürzt. Es war, als säh' ich Funken zwischen uns
hin und her gehen, den elektrischen Entladungen ähnlich,
welche außerhalb unserer kleinen Welt die Atmosphäre
erschütterten. — —

Ich will, sagte ich nach einem ziemlich langen
Kampfe zu mir selbst, ich will dieser reizenden Versu-

chung nicht unterliegen! — und indem ich mich in meinem Winkel zusammenschmiegte, schloß ich die Augen, mit dem festen Vorsatze, sie nicht eher wieder zu öffnen, bis sich das Wetter i n und a u ß e r mir völlig abgekühlt hätte und ich mich ganz so ruhig fühlte, als in dem Augenblicke, wo Paul das verwünschte Spritzleder herabgelassen hatte.

— Das thaten Sie wirklich, Herr Samuel Brink? — Mit Ihrer Erlaubniß, lieber Leser! ja, das that ich; und wenn Sie in meinen Fall kommen sollten, so rathe ich Ihnen, dasselbe zu thun. Es ist ein einfaches Mittel und hilft gewiß, wenn es Ihr Ernst ist, es zu rechter Zeit anzuwenden. — Und was that Gretchen während der angenehmen Unterhaltung, die Sie ihr in der verschlossenen Kalesche machten? — Vermuthlich das Nämliche, wiewohl aus einer anderen Ursache. Denn als Paul, bei unserer Ankunft auf der Station, die Kalesche aufmachte, fand ich sie, in ihre Wagenecke gelehnt, so sanft schlafend, als das liebe Kind, seitdem sie aus der Wiege kam, nur jemals geschlafen haben konnte.

6.

Wer auf einer schlüpfrigen Bahn sich einige Mal glücklich aufrecht erhalten und an einer besonders gefährlichen Stelle die Besonnenheit nicht verloren hat, setzt endlich seinen Weg mit Zuversicht und sogar eilender fort, als wenn er sich auf einem ganz ebenen, sicheren

Boden befände. Der Rest unserer Reise ging schnell
und ruhig von Statten, ohne solche kleine Unfälle und
Fährlichkeiten, als ich bisher zu berichten hatte. Es war
beinahe Nacht, da wir bei meinem Hause in der Stadt
ankamen. Ich hatte bei mir selbst überlegt, daß es wohl
schicklicher sein würde, Gretchen in einem benachbarten
Gasthause unterzubringen, als sie in meine Junggesellen-
wirthschaft aufzunehmen. Gretchen selbst erwartete nichts
Anderes; denn als wir ausgestiegen waren, dankte sie
mir herzlich für die Güte, sie bis hierher geführt zu haben, und bat Paul, ihr den kleinen Bündel zu geben,
den er in Verwahrung genommen; ihren Koffer wolle
sie morgen früh abholen lassen.

Die Mamsell, sagte Paul, wird doch nicht in eitler
Nacht herumwandern sollen, um eine Schlafstelle in der
großen fremden Stadt zu suchen? Da ist ja das ledige
Bett in Jungfer Brigittens Zimmer, worin sie die Nacht
recht gut zubringen kann. — Paul hat Recht, unterbrach ich Gretchen, die etwas erwidern wollte; ich dachte
nicht gleich daran. Sie dürfen den Vorschlag nicht ab-
lehnen, Gretchen; die Anständigkeit selbst könnte gegen
eine Schlafstelle in dem Zimmer meiner alten Haushälterin nichts einzuwenden haben. Aber, — meinte Gretchen. — Keine weiteren Umstände, Kind! sagte ich,
und faßte ihre Hand, um sie die Treppe hinauf zu führen; morgen früh wollen wir dann sehen, wo Sie etwa
sonst wohnen können, wenn es Ihnen in dem Hause eines
ehrbaren alten Junggesellen nicht länger gefällt.

Jungfer Brigitte machte große Augen, als ich mit
Gretchen in die Wohnung trat. Ich bringe Ihr Gesell-
schaft, Brigitte, sagte ich; Mamsell Berger wird heute
Nacht in Ihrem Zimmer schlafen; sorge Sie für ein rei-
nes Bett und eine freundliche Aufnahme. — Die Alte
schielte das holde Mädchen von der Seite an, mit einer
Miene, die wenigstens die letztere nicht versprach; aber
Gretchen schloß sich mit einer so gemüthlichen Unbefangenheit an die mürrische Hausregentin an, daß sich die
Wolken auf der runzeligen Stirn nach und nach verzogen.
Meine Einladung zum Nachtessen lehnte Gretchen bescheiden ab, weil sie mit Jungfer Brigitten auf ihrer Kammer zu bleiben wünsche. Die Frauenzimmer verließen
mich, bald auch mein alter Paul, der noch eine Menge
Dinge für unsere schöne Hausgenossin zu besorgen hatte.

So hatte ich denn, beinahe ohne mein Zuthun, das
liebenswürdige Geschöpf unter meinem Dache, mit dem
ich seit zwei Tagen so lebhaft beschäftigt war! Die Vorstellung hatte etwas überaus Anmuthiges für mich, ungeachtet des kleinen Beisatzes von Schwermuth, der sie
begleitete. Morgen, sagte ich still zu mir selbst, morgen
geht sie hin, sich ihrer künftigen Herrschaft zu zeigen.
Man wird sie annehmen; wer thät' es nicht mit Freu-
den? — Gut, dann ist Alles vorbei, — die Erinnerung
ausgenommen, die, wie angenehm sie auch ist, mich hoffentlich nicht im Schlafe stören wird.

Am andern Morgen erzählte Paul, als er mir das
Frühstück brachte, daß Mamsell Gretchen schon ausge-

gegangen sei, ihren Besuch bei Frau von Reichard zu
machen. Es verdroß mich fast, daß sie weggegangen
war, ohne mir zuvor guten Morgen zu sagen; aber ich
besann mich, daß dies jetzt ohnehin aufhören müsse. —
Paul störte hier und da in meinem Zimmer herum und
konnte nicht fortkommen. Das ist seine Art so, wenn
er etwas auf dem Herzen hat.

Es ist doch Schade, fing er endlich an, daß so ein
liebes, gutes Mädchen bei wildfremden Leuten dienen
soll. Man dient meist bei fremden Leuten, sagte ich;
es ist ein anständiges Haus und ein ziemlich leichter
Dienst, wie ich von Gretchen selbst weiß; sie wird mehr
zur Gesellschaft einer erwachsenen Tochter als zur Be=
dienung in dem Hause sein. — Wer weiß, fuhr Paul
fort, was für eine widerwärtige Zierpuppe das ist! Sonst
freilich könnte sie von Gretchen lernen, wie sich ein jun=
ges Mädchen zu betragen habe, um Gott und aller
Welt angenehm zu sein. — Dir wenigstens, Paul, er=
widerte ich lächelnd, ist das Mädchen wirklich sehr an=
genehm, wie es scheint. — Ei, das gesteh' ich! war
seine Antwort. Und Ihnen, Herr, ist sie's auch; das
merkt man wohl. An Ihrer Stelle ließe ich das liebe
Kind gar nicht mehr aus dem Hause. — Aber was
willst du denn, Paul, daß ich mit dem Mädchen an=
fange? Ich werde doch in meinen Jahren nicht noch eine
Gouvernante für mich aufnehmen sollen? — Es wäre
vielleicht so übel nicht, erwiderte er lachend; so eine
hübsche, junge Gouvernante käme mit uns alten Knaben

wohl auch noch zurecht. — Ernsthaft, Monsieur Paul,
wenn ich bitten darf! — Und die Wirthschaft, fuhr er
fort, versteht sie aus dem Fundament. Fragen Sie nur
Jungfer Brigitten, die sonst nicht leicht einem anderen
Frauenzimmer, besonders einem so jungen und hübschen,
Gerechtigkeit widerfahren läßt. — Ich soll doch nicht
etwa Brigitten wegschicken, um Gretchen an ihrer Statt
zu behalten? Hat das die wackere alte Person um uns
verdient, Paul? — Das will ich eben nicht sagen, erwiderte Paul; aber sehen Sie, Herr! da hätte ich einen
andern Gedanken. Draußen auf Ihrem Gute ist doch
keine rechte Aufsicht, in der inneren Wirthschaft, meine
ich, was Haus, Küche, Milchkammer, Hühnerhof und
dergleichen betrifft. Ihr Vetter, der junge Herr Max,
den Sie als Oekonomen hinausgesetzt haben, ist wohl ein
tüchtiger Mensch; aber der treibt sich den ganzen Tag
in Feld und Wald herum; da thut denn indessen das
Gesinde, besonders das weibliche, eben was es will. Nun
meine ich, wenn Sie Gretchen draußen zur Beschließerin
machten, so wäre dem Uebel abgeholfen; und wenn wir
dann von Zeit zu Zeit hinauskämen, so brauchten wir
Brigitten nicht mitzunehmen, und hätten dort die angenehme Gesellschaft noch in den Kauf obendrein.

Sieh, sieh, was der Paul für artige Projecte macht,
sagte ich, dem Einfall nachsinnend, und ging zur Thür
hinaus, um einige Bekannte in der Stadt zu besuchen.

7.

Als ich an den ausgeschmückten Kaufmannsbuden
vorüberging, fielen mir einige Läden mit Modewaaren
und Stoffen zur weiblichen Kleidung, mehr als sonst, in
die Augen. Ich blieb dabei stehen und betrachtete man=
ches Stück genauer, um seine Bestimmung zu errathen,
oder seinen Werth näher kennen zu lernen. — Es wäre
doch eine Artigkeit, dachte ich, und könnte dem lieben
Mädchen gerade jetzt wohl auch gelegen kommen, wenn
ich einige nützliche und hübsche Sachen für sie einkaufte
und ihr ein Geschenk damit machte. — In dieser Ab=
sicht trat ich in ein Gewölbe und suchte Allerlei aus,
mit dem Auftrag, es in mein Haus zu bringen. Es
war so ziemlich Alles, was zu einem vollständigen weib=
lichen Anzuge gehört; als ich aber gleich darauf an ei=
nem eleganten Schuhladen vorbei kam, fiel mir ein, daß
ich dieses interessante Kleidungsstück vergessen hatte. Un=
erwartet machte ich die mich selbst belustigende Bemer=
kung, daß ich mir einbildete, das Maß ihrer niedlichen
Füßchen, welches ich nur beim Aus= und Einsteigen in
den Wagen etwas näher erwogen hatte, bestimmt genug
zu kennen, um die passendsten Schuhe für sie herauszu=
finden. Auf die Gefahr, es recht getroffen zu haben,
ließ ich einige Paar Schuhe und das zierlichste Paar
Pantöffelchen zusammenpacken und nahm sie gleich selbst
mit mir.

So beladen machte ich geschwind meine Besuche,
zum Glück nur bei ein paar Männern, denen so etwas
weniger auffällt. Einer von ihnen, ein Herr, der in
der schönen Welt gelebt hat, konnte sich dennoch nicht
enthalten, das Packet, welches neben meinem Hute lag,
in der Zerstreuung des Gespräches etwas näher zu un=
tersuchen. Er fuhr mit unterbrücktem Lachen zurück,
als er den Inhalt gewahr wurde. — Es ist richtig!
hörte ich ihn bei Seite murmeln. — Was ist richtig?
fragte ich ziemlich barsch; denn ich hatte zugleich seine
unschickliche Neugierde bemerkt. — Daß Sie eine Liebste
von der Reise mitgebracht haben, antwortete er lachend;
man hat mir das heute schon am frühesten Morgen er=
zählt. — Ueber die Krähwinkler! rief ich aus. Ich
wette, es steht morgen schon in allen Unterhaltungsblät=
tern. Wenn Sie wissen wollen, was es mit dieser Lieb=
sten für eine Bewandtniß hat, so speisen Sie diese Tage
bei mir; da will ich Ihnen die große Stadtneuigkeit vom
Anfang bis zum Ende erzählen. Mit diesen Worten
nahm ich mein Packet und ging unwillig meines Weges.

Ich kam gegen Mittag noch ziemlich ärgerlich nach
Hause und erfuhr, daß Gretchen indessen da gewesen
sei und dem ehrlichen Paul, auf sein Andringen, mit
großem Leidwesen entdeckt habe, ihre Hoffnung, bei Frau
von Reichard angenommen zu werden, sei vereitelt. Die
näheren Umstände würde sie mir selbst sagen, wenn sie
wiederkäme. Jetzt sei sie auf die Polizei gegangen, um
ihren Paß vorzuzeigen und eine Sicherheitskarte zu er=

halten, was man ihr als nothwendig zu ihrem längeren
Aufenthalt vorgestellt habe. — Paul jubelte beinahe,
als er mir Gretchens Unfall erzählte. Ich wußte ja,
rief er, daß es so kommen müßte! Gretchen kann gar
nirgends bleiben als bei uns; das war da oben schon
vom Anfang her so bestimmt., — Seltsam! sagte ich,
halb für mich, fast möchte ich es selbst glauben. Aber
das würde einen schönen Lärm in der Stadt geben! —
Possen! fiel mir Paul ins Wort; · was brauchen wir
uns um das Gerede der Stadt zu bekümmern? Ist sie
etwa kein ehrbares Mädchen? Für die legte ich die Hand
ins Feuer. — Das thät' ich nöthigenfalls auch, Paul!
Nun, wir wollen sehen! — Da, lege dies Packet zu
den übrigen Sachen, die indessen gekommen sein müssen. —
Ja wohl sind sie gekommen, sagte Paul mit lachendem
Munde; aber wissen Sie, Herr, was geschah? Brigitte
hat die schönen Zeuge und Bänder gesehen und gleich
vermuthet, daß sie für Mamsell Gretchen bestimmt wären.
Das hat denn gewaltig böses Blut gemacht, wie ich
merke. Sie hätte dem Mädchen ihr artiges Gesicht al=
lenfalls verziehen, aber die hübschen Hauben und Bän=
der verzeiht sie ihr in ihrem Leben nicht. — Das mag
sie, Paul! Laß es gut sein.

Es währte lange, ehe Gretchen zurückkam. Endlich
trat sie ein, sichtbar verstört, und bat, mit mir allein reden
zu dürfen. — Was ist geschehen? fragte ich besorgt,
als wir allein waren. — O, mein Herr! erwiderte
sie, und Thränen stürzten aus ihren Augen, ich bin sehr

unglücklich; — ich muß fort von hier, und weiß nicht,
wohin ich mich wenden soll. — Wie das? Reden Sie,
liebes Gretchen! — Sie erzählte mir nun, Frau von Rei=
chard habe sie zwar gütig empfangen, ihr jedoch gesagt, daß
der Zweck, zu welchem sie Gretchen hätte in das Haus
nehmen wollen, aufgehört habe, indem ihre Tochter in
wenig Wochen heirathen würde, hiervon habe sie auch
Gretchens Tante schon vor vierzehn Tagen benachrichtigt,
aber der Brief sei während der Reise der letztern wahr=
scheinlich verloren gegangen. Auf Gretchens Bitte, sie
einer anderen Dame zu empfehlen, habe Frau von Rei=
chard sie an eine Madame Miller gewiesen, welche viele
Bekanntschaften in der Stadt habe und sich mit solchen
Geschäften abgebe. Mad. Miller habe ihr gerathen,
sich fürs Erste mit einer Aufenthaltskarte zu versehen
und dann wieder bei ihr anzufragen. Sie sei deßhalb
auf die Polizei gegangen, wo man ihr jedoch erklärt habe,
der Aufenthalt in der Stadt könne ihr nur gestattet wer=
den, wenn sie sich über die Mittel ihres Erwerbes und eine
anständige Beschäftigung hinlänglich ausweisen könne.
Man habe ihr Mißtrauen blicken lassen, und ihr endlich
unverhohlen gesagt, daß sie die Stadt innerhalb dreier
Tage längstens wieder verlassen müsse. Sie habe es
nicht gewagt, mit dieser Nachricht zu Mad. Miller zu=
rückzukehren, und getraue sich auch nicht, die kleine Stube
in der Vorstadt zu beziehen, die ihr Jungfer Brigitte
empfohlen habe; denn auf dem Wege hierher sei sie von
zwei Männern verfolgt und sehr zudringlich um ihre

Samuel Brink's letzte Liebesgeschichte.   33

Wohnung gefragt worden; sie fürchte sehr, diese Herren
führen nichts Gutes gegen sie im Schilde.

Das wäre leicht möglich, sagte ich lächelnd. Sein
Sie ruhig, Gretchen! Das Alles hat wenig zu bedeuten.
Ihre Sache bei der Polizei nehme ich auf mich. Sie
sollen die Stadt nicht verlassen, wenn Sie nicht selbst
wollen; dafür steh' ich Ihnen.

8.

Diesmal mußte Gretchen meinen Willen thun und
tête-à-tête mit mir speisen. Sie war zu muthlos, um
auf ihrem Verlangen, bei Brigitten bleiben zu dürfen,
lange zu bestehen. Ich that, was ich vermochte, um sie
aufzuheitern. Paul, der sich beim Aufwarten um uns
geschäftig machte und so einen Theil von Gretchens Be-
sorgnissen erfuhr, unterstützte mein Vorhaben aus allen
Kräften. Er spottete gutmüthig über ihre Furchtsamkeit
und machte sich besonders über die Herren von der Polizei lustig, die sich auf der Straße so angelegentlich um
Gretchens Wohnung erkundigt hatten. Solcher Polizei-
spione, sagte er, haben wir zehn bis zwölf Tausend hier,
deren Hauptgeschäft es ist, hübschen Mädchen auf allen
Wegen und Stegen nachzuspüren. Ja, Mamsellchen, die
machen Ihre Wohnung ausfindig, und wenn Sie in einem
Winkel der schmutzigsten Vorstadt versteckt wäre. — Gretchen wurde feuerroth; sie errieth, daß sie die Absicht
der beiden Männer mißverstanden habe, und fing an,

sich ihrer zu großen Aengstlichkeit überhaupt zu schämen. Allmählich wurde sie ruhiger, doch blieb immer noch eine Spur von Nachdenken und Sorglichkeit auf ihrem schönen Gesichte.

Als uns Paul auf einige Augenblicke verließ, machte ich ihr den bestimmten Antrag, noch einige Tage in meinem Hause zu bleiben, wo sie vollkommen sicher wäre. In der Zwischenzeit fände sich vielleicht eine andere Aussicht, wobei ja auch Mad. Miller zu Rathe gezogen werden könnte. Gretchen hörte mir mit gesenkten Blicken zu; endlich sah sie auf, und mit dem Ausdrucke großer Innigkeit, worein sich einige Wehmuth mischte, sagte sie: Was soll ich Ihnen antworten, theurer Herr? Ich kann Ihre Güte nicht entbehren, und ich muß fürchten, sie schon gemißbraucht zu haben. Alles, was mir seit Kurzem begegnet, scheint darauf abgesehen, mein ganzes Schicksal in die Hände eines großmüthigen Mannes zu legen, dem ich vor zwei Tagen noch völlig fremd war. In allem Dem ist etwas so Außerordentliches, daß ich mich nicht zu fassen weiß und vor dem Glücke, welches mich Sie finden ließ, beinahe nicht weniger erschrecke, als vor den Unfällen, die mich betroffen haben. — Wie, Gretchen! sagte ich, sollten Sie mir mißtrauen? Ich Ihnen mißtrauen? rief sie. Wäre ich dann noch Ihres Schutzes und der sichtbaren Vorsorge des Himmels werth, der Sie mir, in meiner größten Trübsal, als einen seiner Engel gesandt hat? Aber ach, mein Herr! es ist ein so drückendes Gefühl, so ohne alle Selbständig=

keit, und blos von fremder Hülfe abhängig, in der Welt
zu sein!

Ich wollte antworten; da brachte Paul den Kaffee,
welchen mir Gretchen einschenkte.   Während ich zerstreut
dastand und meine Tasse schlürfte, war sie an das Forte=
piano getreten und machte stehend ein paar Gänge auf
den Tasten.   Wie? rief ich; Sie sind musikalisch? —
Ein wenig, war ihre Antwort; meine Tante liebte die
Musik und gab mir selbst Unterricht darin. —   O,
spielen Sie doch dem Herrn etwas vor, sagte Paul, ihr
einen Stuhl setzend; er hat das gar zu gern. —   Sie
spielte einige bekannte Melodieen mit vieler Präcision und
Leichtigkeit.   Ich schlug eine Sonate auf, die eben auf
dem Pulte lag. —   Das ist wohl etwas schwer? sagte
sie, lächelnd zu mir aufsehend, aber ich will versuchen,
wie weit ich darin fortkomme. —   Sie machte, vor=
spielend, einige Passagen, fing dann die Sonate zuerst
etwas unsicher an, kam aber bald in den Gang und
überraschte mich endlich durch die Richtigkeit und den
Ausdruck ihres Spieles, das besonders am Ende einige
recht glänzende Momente hatte.   Bravissimo! rief Paul. —
Wirklich, sehr brav! sagte ich; aber Sie kannten die
Sonate schon früher? — Nein, gab sie zur Antwort;
von neuer Musik bekamen wir selten etwas zu sehen.
Meine Tante hielt mich vorzüglich an, die Werke von
Bach, Scarlatti und Mozart zu spielen, die sie noch
von ihrer Jugend her besaß. —   Nun, Gretchen, sagte
ich, mit diesem Talent schon allein sind Sie hier nicht

ohne Stütze. Fassen Sie Muth, liebes Kind! Sie sind
nicht so hülflos und abhängig in der Welt, als Sie sich
vorstellen.

Dieser Gedanke, schien besonders wohlthätig auf
Gretchens Gemüthsstimmung zu wirken. Die letzte Spur
von Trübsinn war aus ihren Gesichtszügen verschwunden.
Sie blätterte unter meinen Musikalien herum und legte
Einiges davon bei Seite. Wenn ich es erlaube, sagte
sie, wolle sie Abends noch ein paar Stücke durchspielen.
Darauf machte sie mir ihren anmuthigsten Knix und
hüpfte zur Thüre hinaus.

Charmantes Mädchen! murmelte Paul, und ich mußte
mir Gewalt anthun, um es nicht laut zu wiederholen. —
Wissen Sie, Herr, fuhr er, sich vertraulich zu mir wen=
dend, fort, was ich ausgedacht habe? — Nun? — Ich
habe den Frauenschneider aus dem oberen Stockwerk herab=
bestellt, um die schönen Sachen zu übernehmen, die Sie
für Gretchen gekauft haben. Er versprach mir, in der
Nacht aufzusitzen, damit der Anzug bis morgen fertig
werden könne. — Welch ein Einfall! sagte ich halb
unwillig; es ist jetzt nicht Zeit, von dieser Armseligkeit
mit Gretchen zu reden. — Sie soll es ja noch gar
nicht wissen, antwortete er hastig; das ist eben das Feine
von der Sache. Ich habe dem Schneider das Kleidchen
gewiesen, das Gretchen gestern Abends auszog; er
braucht nun weiter kein Maß zu nehmen, wie er sagt.
— Nun, wenn's so ist! — Ja wohl, Herr! Und ich
will die Sachen nur gleich selbst hinauftragen, so

merkt die Alte nichts davon; die verdürbe uns sonst den
ganzen Spaß.

Ich setzte mich an Gretchens Stelle an das Forte=
piano und durchlief, nicht ohne sympathetische Empfin=
dung, die Tasten, die ihre Finger berührt hatten. Ein
Satz aus der Sonate, welche sie gespielt hatte, wurde
unvermerkt das Thema, worüber meine Phantasie sich
in unregelmäßigen Variationen ergoß. Die Ideen ström=
ten mir in ungewöhnlicher Fülle und Klarheit zu; ich
habe vielleicht nie so gut gespielt, wenigstens nicht mit
so lebendigem Ausdruck. Als ich von ungefähr aufsah,
glaubte ich im Spiegel Gretchens Köpfchen, mit schalk=
hafter Neugierde durch die Thür horchend, wahrzuneh=
men. Warte, Schelm! rief ich, mich umwendend. Sie
war es wirklich, zog sich aber schnell zurück und schlug
die Thür zu. Nun war es um mein ruhiges Phanta=
siren geschehen. Ich sprang auf und ergriff meinen
Hut, um meinen aufgeregten Gefühlen durch einen Gang
im Freien Luft zu machen.

9.

Es war ein ziemlich heißer Tag. Das Gewühl in
den Straßen schien mir lästiger als gewöhnlich. Ich
stieg in einen Fiaker, der am Wege stand. Wohin.
Ew. Gnaden? fragte freundlich der Kutscher, den Schlag
offen haltend. — Ja so! Wohin du willst. In
den S** ischen Garten meinetwegen!

Wohin du willst, sagte ich, in den sanft schaukeln=
den Wagen zurückgelehnt, wohin du willst, freundlicher
Fährmann, Zufall! Hab' ich denn einen anderen Weg,
als den du mich führtest, bis hierher, und der jetzt
lockender als je durch blumige Auen und frischbelaubte
Hügel sich hinzieht? Wo das Ziel ist, ob wir's erreichen —
ich weiß es nicht. Aber ihm zu folgen, so weit Na=
tur und Unschuld uns begleiten, — wer könnte sich's
versagen?

Der Garten war beinahe leer von Menschen. Ich
schlenderte, mich meinen Gedanken überlassend, in den
schattigen Gängen umher und setzte mich endlich vor
einem blühenden Rosengebüsche, welches ein Kranz von
Pinien umfaßte. Die sinnige Zusammenstellung, welche
in ihrer symbolischen Bedeutung den Reiz des Lebens
durch den Ernst der Betrachtung zu erhöhen schien,
machte, wiewohl kein neuer Gedanke der Gartenkunst,
Eindruck auf mich und däuchte mir Beziehung auf
meine und Gretchens Lage zu haben. Die Rosen ge=
deihen in dieser Nachbarschaft, sagte ich zu mir selbst;
sie finden Schutz unter dem befreundeten Baume, dessen
melancholischen Ernst sie erheitern, und der, nach oben
strebend, der Luft und dem Lichte Zugang zu ihnen
läßt, aber nicht den Stürmen und der brennenden Hitze
des Tages.

Warum, wenn ihr unbefangenes Herz der Neigung
nicht widerstrebt, die still und mächtig mich zu ihr hin=
zieht, warum wär' es denn Thorheit, dem süßen Hange

zu folgen? Will ich nicht ihr Glück, und besitz' ich nicht,
was es ihr sichern kann? — Die Jugend? — Elender
Nothbehelf der Gemeinheit! Wird sie vermissen, wovon
ihre reine Seele nichts ahnet? — Und bin ich denn ein
Greis? Klopfen diese Pulse nicht oft noch allzu rasch?
Trag' ich mein ungebleichtes Haupt weniger frei und auf=
recht, weil es nicht so leer an Urtheil und Erfahrung
ist, als der schwindelnde Kopf eines Jünglings? — Laß
uns den Zweck der Weisheit nicht verlieren, Samuel,
aus eitler Furcht vor der Thorheit! Nicht erzwingen will
ich das Glück des Lebens, nicht mit List und Mühe er=
jagen; aber es fröhlich hinnehmen, wenn es von selbst
sich mir darbietet.

Rasch erhob ich mich und ging auf das Rosenge=
büsch zu, um die jüngste und schönste der erst entfalteten
Knospen zu pflücken und sie zum Andenken dieser Stunde
an meine Brust zu stecken. Mit munteren Schritten
durchstreifte ich noch einmal die verschiedenen Partieen
des Gartens; da stieß mir unvermuthet ein alter Be=
kannter auf, der, wie ich wußte, vor Kurzem eine Frau
genommen hatte. Der Mann ist wenig jünger als ich,
und ich habe ihn stets für einen recht verständigen Men=
schen gehalten. Er erzählte mir, wie glücklich er in sei=
nem neuen Stande sei, fragte nach meiner ländlichen
Besitzung und war sehr verwundert, daß ich so selten
dahin käme; er seines Theils, versicherte er, habe keinen
sehnlicheren Wunsch als den, seine übrigen Tage mit
seinem jungen Weibchen auf dem Lande zubringen zu

können. — Wir trennten uns nach einer ziemlich langen Unterhaltung, welche für mich mehr Interesse hatte, als mein Gesellschafter wußte oder vermuthen konnte.

Es war beinahe Abend, als ich nach Hause kam. Paul, der mir in der Thür begegnete, gab mir lächelnd ein Zeichen, daß ich ohne Geräusch in mein Zimmer treten möge. Ich that es, und sah Gretchen an meinem Schreibtische sitzen. Leise näherte ich mich und faßte sie sanft an den Schultern. Sie sah etwas erschreckt zurück, lächelte aber, als sie mich erkannte, so anmuthig zu mir empor, daß ich nicht umhin konnte, einen flüchtigen Kuß auf ihre Stirn zu drücken. Darf ich wissen, was Sie schreiben, liebes Kind? sagte ich. — Sie reichte mir das Blatt hin. Es war ein Brief an den Gerichtshalter ihrer Heimath, der, wie ich erfuhr, zugleich ihr Vormund war, aber sich stets sehr wenig um sie bekümmert hatte. Der Brief betraf die Erbschaftssache ihrer Tante; er war zweckmäßig und mit einer sehr zierlichen Hand geschrieben. Sie könnte, bemerkte ich, Schreib= und Musikmeisterin sein, sobald sie wollte. — Glauben Sie wirklich, sagte sie vergnügt, daß ich geschickt genug wäre, als Lehrerin oder Gouvernante in einem kleinen bürgerlichen Hause einzutreten? — Hätten Sie denn Neigung zu einem solchen Geschäfte? erwiderte ich. Es ist eben nicht das harmloseste. — Auf ihre Neigung, meinte sie, komme es hierbei wohl nicht an; diese habe sie auch nicht in die Stadt geführt; sie wäre lieber auf dem Lande geblieben: aber sie müsse für ihren Unterhalt sorgen, und man habe ihr

gesagt, auf diese Weise könne es hier vielleicht am
ehesten geschehen.

Wie aber, sagte ich nach einigem Stillschweigen,
wenn sich eine Stelle für Sie fände, frei von den lästi=
gen Rücksichten, welche den Aufenthalt in den sogenannten
guten Häusern oft so unangenehm machen, mit einer
einfachen, Ihrer ehemaligen Lebensweise angemessenen Be=
schäftigung, wobei Sie zugleich mehr von sich selbst als
von Anderen abhängig wären, nicht in der Stadt, son=
dern auf dem Lande und in einer der schönsten Gegen=
den, die man sehen kann? — Gretchen wurde sehr auf=
merksam. Und worin bestände diese Beschäftigung? fragte
sie. — In der Aufsicht über das Innere einer kleinen
Landwirthschaft, antwortete ich, die — einem meiner Freunde
gehört; einem Manne ungefähr von meiner Art und
meinem Alter, der Sie mit der größten Achtung behan=
deln und Ihre Einsamkeit selten oder nie durch seine
Gegenwart stören würde, es wäre denn, daß Sie es selbst
wünschen sollten. — Das liebe Mädchen war abwech=
selnd blaß und roth; sie schien meine Gedanken zu er=
rathen und auch wieder zweifelhaft darüber zu werden.
Und glauben Sie, sagte sie, daß es sich für mich schickte,
diese Stelle anzunehmen? — Wie ich das Haus und
die Gesinnung meines Freundes kenne, allerdings! war
meine Antwort. — Sie sah eine Zeitlang still vor sich
hin. — Nun, Gretchen? sagte ich, indem ich sie leicht
umfaßte. — Muß ich mich sogleich entschließen, mein
väterlicher Freund? fragte sie, mit kindlichem Vertrauen

zu mir aufblickend. — Nein, Liebe! Sie sollen es über=
legen. — Tausend Dank! erwiderte sie schnell; und
nun gute Nacht, lieber Herr! — Schon fort? und keinen
herzlicheren Abschied von Ihrem Freund? — Unbefangen
reichte sie mir die Wange hin. Meine Lippen suchten
die ihrigen. Es war eine geistige Berührung, rein und
innig. — Sanft machte sie sich los, und, mit einem
holdseligen Blick auf mich, eilte sie aus dem Zimmer. —
Gute Nacht, Gretchen! rief ich ihr nach. — Gute
Nacht! hört' ich, kaum vernehmbar.

10.

Wo bleibst du, Paul? rief ich meinem Alten am
andern Morgen entgegen; ich habe schon dreimal ge=
schellt. — Herr, es ist noch nicht fünf Uhr; ich bin
erst aufgestanden. — Warum nicht gar? sagt' ich und
sah nach meiner Uhr. Sie stand still; ich hatte ver=
gessen sie aufzuziehen. — Was befehlen Sie, Herr?

Nun, wenn es noch so früh ist! — Ich wollte
dich fragen, ob der Schneider Gretchens Anzug gebracht
hat. — Nein, Herr! Doch, ob er fertig ist, kann ich
gleich sehen; er ist gewiß wach, und sitzt an seiner Arbeit.
— Laß sein, Paul! es könnte Aufsehen im Hause machen.
— Nicht im geringsten! Brigitte war schon auf den
Beinen und wollte eben ausgehen, als ich herein kam. —
Hören Sie? Die Hausthür wird auf= und zugeschlossen. —
Die Alte ist fort, und Gretchen sitzt vermuthlich bei ihrer

Nätherei; die merkt nicht auf uns. — Ich bin gleich
wieder da, Herr!

Ich warf mich geschwind in einen Ueberrock. Die
Thurmuhren schlugen fünf.. Lächelnd trat ich vor meine
Spieluhr und zog sie auf. Wenn wir die Zeit ver=
gessen, sagte ich, sind wir am glücklichsten. Sollten wir
sie aber vergessen? — Die Rose fiel mir in die Augen,
die neben der Uhr in einem Glase Wasser stand; sie
war über Nacht frisch aufgeblüht. Unwillkürlich neigte
ich mich zu ihr herab. Es ist der Hauch ihres Mundes,
sagte ich, und meine Lippen berührten leise die zarten
Blätter, — aber es ist nicht ihre Seele, was mir
darin begegnet!

Paul kam voll Freude mit dem fertigen Anzuge.
Soll ich ihn ihr bringen? fragte er hastig. — Ja,
Paul! Aber nimm dort das feinste Paar Schuhe dazu;
sie werden ihr passen, denk' ich. Sag ihr, ich ließe sie
bitten, dies zu meinem Andenken zu tragen und, wenn
es ihr nicht unbequem wäre, die Schuhe sogleich anzu=
ziehen. Das soll sie wohl, Herr! erwiderte Paul und
eilte davon.

Nach einer kleinen Weile erschien Paul wieder unter
der Thür, die er offen ließ, mir heimlich und vergnügt
zuwinkend, daß ich herauskommen und ihm folgen möchte.
Er ging vor mir her mit großen Schritten, aber auf
den Zehen, und gab mir drollig zu verstehen, es ihm
nachzuthun. So kamen wir vor Gretchens Kammerthür,
welche gleichfalls offen stand. Sehen Sie einmal, flüsterte

er mir zu, das liebe Mädchen schläft noch. Ich habe
ihre alten Kleider weggenommen und die neuen dafür
hingelegt; nun muß sie wohl die unsrigen anziehen. —
Sie lag, den schönen Kopf etwas zurückgebeugt, züchtig
in ihre Decke eingehüllt, in gerader Stellung, nur das
rechte Knie ein wenig heraufgezogen, wodurch, unter der
straff anliegenden Hülle, die zierliche Form ihres Beines
sichtbar wurde. Ich warf einen fast eifersüchtigen Blick
auf den Alten, der das reizende Schauspiel mit mir
theilte. — Jetzt schien sie sich zu regen; schnell ergriff
ich Paul's Hand, und indem ich ihn mit mir fortzog,
schloß ich die Thür ziemlich laut hinter uns. In dem
Augenblick hörten wir ein Geräusch in der Kammer und
schlichen auf den Zehen davon, wie wir gekommen waren.

Du magst sehen, sagt' ich etwas ernsthaft, wie du
deinen Einfall bei Gretchen gut machst; denn schwerlich
wird sie auf eine angenehme Weise davon überrascht
sein. Sobald sie sichtbar ist, melde ihr, welchen Auftrag ich dir gab, und daß alles Uebrige deine eigene
Erfindung war. — Ei, erwiderte Paul ziemlich trotzig,
das will ich schon noch ausfechten; war es doch in allen
Ehren gemeint.

Ob nicht der kleine Teufel Asmodi in den alten
Kerl gefahren ist? sagte ich zu mir selbst, als er fort
war. Was er seit drei Tagen thut, scheint ganz darauf
angelegt, mich Hals über Kopf in ein Meer von Liebe
hineinzustürzen, während ich nichts anderes im Sinne
hatte, als an seinen blumigen Gestaden in aller Unschuld

und Freiheit zu lustwandeln. Wenn ich dies unruhige
Herzklopfen recht verstehe, so mengt sich etwas in meine
Empfindungen, wogegen meine horazische Weisheit schwer=
lich wird Stand halten können.   Nimm dich in Acht,
Samuel! nimm dich in Acht! Ich fürchte, du wirst
bald gar nicht mehr wissen, wie es an der Zeit ist;
deine Jahre hast du schon halb und halb vergessen.

Nun, Herr, Alles ist gut! rief Paul, als er, nach
geraumer Zeit, munter hereintrat.   Aber Sie hatten
Recht; Gretchen fand meinen Einfall gar nicht fein.
Mit genauer Noth hab' ich verhindert, daß sie unsere
neuen Kleider wieder ablegte, sobald sie die ihrigen zu=
rück erhalten hatte.   Bloß die Vorstellung, welche Freude
es Ihnen machen würde, sie in dem Anzuge zu sehen,
schien sie nach und nach zu besänftigen.   Sie wird kom=
men, glaub' ich, Ihnen für das Geschenk zu danken. Nu,
ich will nichts verrathen: aber sie sieht aus — wunder=
schön! und die Schuhe passen auf ein Haar; darnach
hab' ich gleich geguckt.

Asmodi! murmelte ich zwischen den Zähnen, —
hebe dich hinweg, Versucher! Da ging die Thür auf,
und Gretchen trat mit dem Frühstück herein.   Meine
unsicheren Blicke glitten von der reizenden Gestalt ab
und blieben am Boden haften, so daß die netten Füß=
chen das Erste waren, was mir in die Augen fiel. Paul
hatte Recht; die Schuhe paßten wie angegossen. —
Gretchen lispelte einige Worte von Dank. Ich sah auf
und fühlte, daß mir das Blut ins Gesicht stieg, wäh=

rend sie selbst über und über glühte. Ich danke Ihnen,
Gretchen, stotterte ich, daß Sie meinem Wunsche nach=
gegeben haben; wenn ich jedoch ganz zufrieden sein soll,
so bitte ich Sie, dieser unbedeutenden Sache nicht mehr
zwischen uns zu erwähnen.

Mamsell Gretchen! Mamsell Gretchen! rief Brigitte
durch die halb geöffnete Thür. — Was giebt's denn,
Jungfer Brigitte? brummte Paul. — Es ist ein Frauen=
zimmer hier, sagte die Alte gar freundlich, das mit
Mamsell sprechen will. Kommen Sie doch heraus, liebes
Kind!

Liebes Kind! äffte Paul der Alten nach, als sie
mit Gretchen fort war. Haben Sie das Fratzengesicht
gesehen, Herr, das die alte Trude dazu machte? Ich bin
doch begierig, was das für ein Besuch ist.

Paul ging, und kam nach einiger Zeit sehr übel=
launig zurück. Eine Mad. Miller sei da, erzählte er,
und schon eine gute Weile mit Gretchen eingeschlossen.
Nach Brigittens Aeußerungen, welche sehr vergnügt scheine,
vermuthe er, daß von einem Dienstantrage für Gretchen
die Rede sei. Er wolle wetten, die ganze Sache sei von
der Alten angestiftet und stehe mit ihrem heutigen frühen
Ausgange in Verbindung. Sie werde auch nicht ruhen,
setzte er hinzu, indem er wieder wegging, bis sie das
liebe Mädchen aus dem Hause vertrieben habe.

Paul's Vermuthungen schienen nicht ungegründet.
Nach einigen Minuten trat Gretchen selbst in mein Zim=
mer, etwas nachdenklich und, wie ich mit Verwunderung

bemerkte, zum Ausgehen bereitet. Sie bestätigte mir,
daß Mad. Miller da gewesen und ihr einen Dienst an=
geboten habe; zugleich habe sie ihr gemeldet, daß Frau von
Reichard sie noch diesen Vormitttag zu sprechen wünsche. —
Und was werden Sie thun, Gretchen? fragte ich, nicht
ohne Besorgniß. — Hören, was mir die gnädige Frau
zu befehlen hat, erwiderte sie ganz ruhig. — Und
wegen des Dienstantrages? — Ich habe der Mad. Miller
gesagt, daß ich ihr noch keine bestimmte Antwort geben
könne. — Gutes, liebes Gretchen! Sie dachten also
meinem Vorschlage nach? — War es denn wirklich Ernst
damit? sagte sie, mit lächelnd prüfender Miene. — So
vollkommen Ernst, liebes Kind! daß Sie Ihre Stelle
antreten können, sobald Sie wollen. — Und der Herr,
dem die Wirthschaft gehört, wird er auch so viel Ver=
trauen in mich setzen, als Sie, und kann ich es — in
ihn? — Ich denke, ja! — Wenn das ist, sagte sie
nach kurzem Besinnen, so bestimmen Sie über mich, wie
Ihnen gut däucht, — und fort war sie.

Sie ist ein Engel! rief ich, — und ist dein,
Samuel! Dein! Hast du das verdient, Ungläubiger? — —
Ich klingelte Paul, um mich vollends anzukleiden; denn
ich wollte einen Gang durch die Stadt machen. Gieb
Acht, sagte ich zu ihm, was Brigitte etwa Neues aus=
heckt; das Erste, worüber sie brütete, waren Windeier. —
Wissen Sie das so gewiß, Herr? Die alte Katze sieht
mir so lauernd und unheimlich aus; ich glaube, die
ärgsten Tücken hat sie noch im Hinterhalt. — Bah! bah!

Was können ihre Lücken uns am Ende schaden? —
Uns nicht, aber dem armen Gretchen! Ich bleibe dabei:
Sie sollten die Mamsell auf Ihr Gut schicken; da wäre
sie auf einmal geborgen.   So! Höre, Paul, du
hast doch Gretchen nicht von deinem Projecte vorge=
geplaudert? — Bewahre, Sie weiß kaum, glaub' ich,
daß wir ein Gut haben. — Desto besser! sagt' ich, ihm
lächelnd auf die Schulter klopfend. Adieu, alter Pro=
jektmacher!

11.

Ich trieb mich eine halbe Stunde in der Stadt
herum. Als ich wieder zu meinem Hause zurückkam, sah
ich den Baron S** im Thore stehen, einen alten Wüst=
ling, der mir zuweilen die Ehre erweis't, mich seinen lieben
Freund zu nennen. — Eh, lieber Freund! rief er mich
an, da er mich auf die Treppe zugehen sah, sind Sie
in dem Hause bekannt? — So ziemlich. Was steht zu
Diensten, Herr Baron?   Sagen Sie mir, liebster
Freund, erwiderte er mit einem vertraulichen Lächeln, kennen
Sie das wunderhübsche Mädchen, das hier im Hause
wohnt? Sie ist, wie ich höre, erst vor ein paar Tagen
angekommen und soll einem alten Grillenfänger Gesell=
schaft leisten, der vermuthlich gar nicht weiß, was er an
ihr hat. — Wie sieht das Mädchen ungefähr aus?
fragte ich, an mich haltend.   Er beschrieb mir Gret=
chen ganz genau. — Und wo haben Sie das Wunder=

kind gesehen? fragte ich. — Hier auf der Straße,
Freund! schon zweimal; aber sie ist mir immer so schnell
entwischt, daß ich nicht entdecken konnte, in welchem
Stockwerke sie wohnt. — Ich kenne das Mädchen,
Baron, sagte ich trocken; und, um es kurz zu machen,
der Grillenfänger, dem sie Gesellschaft leisten soll, bin
ich. Verlangen Sie sonst noch etwas, mein Herr? —
Liebster Freund! rief der Geck mit erzwungenem Lachen,
ich bitte tausendmal um Vergebung! Das war dumm,
ich gesteh' es, aber auch drollig; wie? Ha, ha, ha! —
Ich ließ ihn mit einem verächtlichen Blicke stehen und
ging rasch die Treppe hinauf.

Das Erste, was ich beim Eintritte in meine Woh=
nung hörte, war, daß Herr von Ebert, derselbe, welcher
mir den Possen mit Gretchens Schuhen gespielt hatte,
sich zum Mittagessen habe anmelden lassen. — Sind
denn heute alle Narren und Pflastertreter in Bewegung,
rief ich zornig, um mich aus den Thoren zu treiben?
Geh sogleich hin, Paul, und sage Herrn von Ebert, daß
ich heute unmöglich die Ehre haben könne, ihn zu be=
wirthen. — Wenn er aber nicht zu finden ist und
geraden Weges herkommt? — So — verwünscht! —
so — bestelle Pferde, Paul, Pferde! Wir gehen
aufs Land, Alter! — Juchhe! So ist's recht!
rief Paul. Gleich will ich Ihre Aufträge besorgen, die
Pferde zuerst. Sehen Sie indeß, Herr, wie Sie das
liebe Mädchen trösten können, das in ihrem Kämmerchen
sitzt und weint. — Sie weint, Paul? Was hat man

ihr gethan? -- Ich weiß nicht; aber ich sagte Ihnen
wohl, Herr, daß die alte Katze Brigitte ihre ärgsten
Tücken noch im Nacken hätte.

An Brigitten vorbei, die eben herausging, eilte ich
in Gretchens Zimmer. Sie kam mir mit einer freundlichen Begrüßung entgegen; aber ihre Augen und Wangen zeigten die frische Spur von Thränen. Sie haben
geweint, theures Gretchen! sagte ich, Verhehlen Sie mir
nichts! Was ist geschehen? — Nichts, was mich er-
niedrigen, oder das Vertrauen, das Sie mir einflößen,
mindern könnte, erwiderte sie mit großer Ruhe. —
Also doch etwas, das darauf abgesehen war? Sprechen
Sie, liebes Kind; ich beschwöre Sie! — Sie erzählte
mir nun, daß Frau von Reichard sie Anfangs mit einer
befremdenden Rückhaltung und Feierlichkeit aufgenommen,
sie an ihre brave Tante erinnert und den Antheil, welchen sie an Gretchen nehme, durch die freundschaftliche
Verbindung, worin sie mit der Tante gestanden, gerechtfertigt habe. Hierauf habe sie verschiedene Fragen über
Gretchens Bekanntschaft mit mir und über die Verhältnisse meines Hauses an sie gestellt. Da ihr Gretchen
Alles umständlich und aufrichtig erzählt, was sie selbst
davon wisse, sei Frau von Reichard nach und nach zu-
traulicher und endlich recht freundlich und offen geworden. Die Dame habe meinem Rufe und Charakter Gerechtigkeit widerfahren lassen, sie aber doch ermahnt, gegen
die Männer überhaupt auf ihrer Hut zu sein. Zum
Schlusse habe ihr Frau von Reichard unverhohlen gesagt,

man habe ihr Gretchens Aufführung verdächtig machen
und sie als Werkzeug zu ihrer Entfernung aus meinem
Hause gebrauchen wollen; sie halte es für ihre Pflicht,
das allzu günstige Zeugniß zurück zu nehmen, welches
sie der Mad. Miller ertheilt habe, auch müsse sie Gret=
chen vor einer andern Person warnen, die dabei
haupsächlich im Spiele sei.

Abscheulich! rief ich; die boshafte Brigitte! —
Verzeihen Sie der Verblendeten, erwiderte Gretchen;
ich habe ihr verziehen. Sie fürchtet wahrscheinlich, durch
mich von ihrer Stelle verdrängt zu werden, und fürchtet
es vielleicht mehr aus Anhänglichkeit für Ihre Person,
als aus Eigennuß. — Die Elende! sagte ich; was hat
ihr Küchenregiment mit Ihnen und mit den Absichten
gemein, welche ich in Betracht Ihrer haben kann? Es
giebt nur eine Stelle in meinem Hause, die — doch
an diesem Orte nichts davon! Kommen Sie, edles Mäd=
chen! Wenigstens soll der Rang, der Ihnen in meiner
Meinung gebührt, nicht länger durch eine niedrige Um=
gebung zweifelhaft gemacht werden. Sie haben mir Ver=
trauen bewiesen; ich will zeigen, daß ich dessen werth
bin. — Mit diesen Worten führte ich sie aus Brigittens
Zimmer in das meinige, worin ich sie bat, sich bequem
zu machen, indessen ich in meinem Cabinette einige
Schreibereien zu besorgen hätte.

Paul kam zurück, mir zu melden, daß er meinen
Auftrag bei Herrn von Ebert ausgerichtet habe, und daß
der Wagen in einer Stunde längstens hier sein werde.

4 *

Laß geschwind etwas zum Essen richten, sagte ich, dann
packe das Nöthigste zusammen, was wir zu einem kurzen
Sommeraufenthalte brauchen. Den Brief hier trägst
bu zu meinem Freunde, dem Doctor Morbach; ich werde
künftige Woche auf ein paar Tage in die Stadt kommen,
um das Weitere mit ihm zu besprechen. — Gut, Herr!
— He, Paul! Kein Wort zu Gretchen; und vergiß
nicht, ihre übrigen Sachen aus meinem Schranke mitzunehmen, — auch die Pantöffelchen! — Ich glaube, der
alte Kerl lachte, wie mir das Wort entwischte; aber er
nickte so treuherzig zurück, daß ich es gut sein ließ.

Das Mittagessen war bald vorüber. Ich beschäftigte Gretchen am Klavier, bis Paul mir einen Wink
gab, daß angespannt sei. Liebes Kind, sagte ich, wenn
Sie es zufrieden sind, so fahren wir jetzt nach dem Landsitze
meines Freundes. In dritthalb Stunden sind wir dort.
Gefällt es Ihnen nicht, so bringe ich Sie heute noch in
die Stadt zurück. — Sie war überrascht, aber, wie ich
zu bemerken glaubte, auf keine unangenehme Weise. Ich
habe mich in Herrn Brink's Hände gegeben, sagte sie
mit Anmuth und Würde, und will seinen Planen nicht
entgegen sein. In drei Minuten saßen wir in dem
Wagen und fuhren, ohne uns nach Jungfer Brigitten,
die ganz bestürzt am Fenster stand, noch nach den Gaf-
fern auf der Straße umzusehen, zu dem Stadtthore
hinaus.

12.

Ein froherer Emigrantenzug, als der unsrige, ward
nicht leicht gesehen. Mir ging das Herz auf unter dem
freien, heiteren Himmel; Gretchens liebliche Gesichtszüge
wurden immer sprechender und lebendiger, und Paul
lachte und gesticulirte auf dem Kutscherbock, als ob er
unklug werden wollte. — Der Weg wendete sich von
der Hauptstraße ab, gegen das Gebirge zu, an dessen
Fuße er eine geraume Strecke hinläuft. Zwischen zwei
Bergrücken, die von ferne sich zu decken scheinen, öffnet
sich seitwärts der Eingang in ein breites Thal, in dessen
Tiefe meine kleine Besitzung liegt. Die Landschaft wird,
wie man weiter hineinfährt, von hundert zu hundert
Schritten romantischer und bilderreicher, bis der Eingang
des Thales sich wieder zu schließen scheint und man
sich in einem Kessel von terrassenförmigen Wiesengründen
und waldigen Gipfeln befangen sieht. Gretchen, mit
dem neuen Anblicke beschäftigt, war eine Zeitlang still;
jetzt rief sie aus: O wie schön ist's hier! und die Gegend hat Aehnlichkeit mit meiner Heimath! — Wir sind
dem Orte unserer Bestimmung nahe, sagte ich; das
Gebäude am Abhang jenes Birkenwäldchens ist das Haus
meines Freundes. — Gretchen blickte mich mit freude-
strahlenden Augen an; sie ließ ihre aufgehobene Hand
auf meinen Arm sinken, und ich glaubte einen leisen
Druck zu empfinden. Es schien mir die Weihe meines

Landhauses zu sein; jetzt erst hatte sein Besitz einen
Werth für mich.

Der Wagen fuhr langsam auf dem nach und nach
beschwerlich werdenden Wege hin, durch das kleine Dörf=
chen, ein paar schöne einzelne Bauernhöfe vorbei, bis an
die Mühle, welche hart an meinen Garten stößt. Paul,
von mir unterrichtet, stieg ab und ging voraus, um,
wie er sagte, Herrn Max Spohr, dem Verwalter des
Gutes, unsern Besuch zu melden. Wir mußten den
ziemlich breiten, vom Regen stark angeschwollenen Wald=
bach durchfahren, über welchen einige Schritte oberhalb
der Mühle ein leichter Steg für Fußgänger gebaut ist.
Als wir am Hausthore hielten, kam uns Paul mit der
Nachricht entgegen, Herr Max habe Geschäfte beim Holz=
rechen und werde erst morgen wieder kommen; doch
seien die Schlüssel zu den Zimmern vorhanden, und er
werde, da er hier Bescheid wisse, schon die Honneurs
des Hauses machen. Gretchen sah mich lächelnd an, als
ob sie erwartete, daß ich nun das Räthsel lösen würde.
Aber ich stieg ganz ernsthaft aus und hob, eben so
ernsthaft, sie aus dem Wagen. Geh voran, Paul!
sagte ich, und mache dem Hauswirth Ehre.

Das Haus ist von meinem Vorgänger in einem
launenhaften, aber nicht unangenehmen Geschmacke gebaut
und stellt von außen ein Mittelding von schweizerischer
und holländischer Herrenwohnung dar. Das Erdgeschoß
hat neben der Küche und den Gesindestuben ein paar
artige Zimmer, die mein Vetter Max, der Oekonom des

Gütchens, bewohnt. Das obere Stockwerk ist durch einen gegen den Garten offenen Salon in zwei Hälften ge= theilt, wovon die eine für den Eigenthümer, einen alten Junggesellen, wie ich, die andere für eine Freundin be= stimmt und eingerichtet war, welche aber nie darin ge= wohnt hat. Beide Abtheilungen sind bequem und anstän= big eingerichtet, ohne überflüssigen Aufwand; ich habe sie größtentheils gelassen, wie ich sie fand, sogar das Porträt des ehemaligen Besitzers ist in einem Cabinete hängen geblieben.

Ich führte Gretchen zuerst in die Zimmer, die, wie ich ihr sagte, für sie bestimmt wären. Das ist viel zu vornehm und weitläufig, sagte sie, nachdem sie sich ein wenig umgesehen; hier könnte ja eine kleine Familie Platz finden. Wer weiß, wozu das in der Folge gut ist! erwiderte ich scherzend. Gretchen sah fast etwas finster darein, weßhalb ich für gut fand, sie ohne weitere Bemerkungen in den Hof und den Garten zu führen. Was sie dort und in den Wirthschaftsgebäuden sah, hatte ihren ganzen Beifall. Es ist hier Alles im besten Stande, bemerkte sie; ich wüßte wenig, was sich anders oder zweckmäßiger einrichten ließe. Das macht Alles unser Herr Max, fuhr Paul heraus — o, er ist ein tüchtiger Wirthschafter! — Wer ist Herr Max? fragte Gretchen neugierig. — Ih, der liebe junge Vetter, erwiderte Paul — meines Freundes, ja! fiel ich ihm ins Wort, und nahm Gretchen unter den Arm, um ihr auch die Wohnung des Hausherrn zu zeigen.

Mit Vergnügen bemerkte ich, daß Gretchen der bequemen und artigen Einrichtung meiner Wohnzimmer eine besondere Aufmerksamkeit widmete, und daß selbst die etwas zu weit getriebene Sorgfalt für die Gesundheit und Bequemlichkeit des Besitzers, welche hin und wieder sichtbar war, ihr nicht mißfiel. Sie schien ganz eingenommen von der Vorstellung einer behaglichen Häuslichkeit und schwatzte überaus gemüthlich und angenehm von den hundert kleinen Genüssen, welche das Familienleben auf dem Lande darbietet. Nie hatte ich sie offener und liebenswürdiger gesehen; es war das Hausmütterchen, in der Gestalt und mit dem Betragen einer Grazie. — Nun, Gretchen, sagte ich, nachdem ich ihr lange zugehört, darf ich diesem Hause zu Ihrem Besitze Glück wünschen? Werden Sie gerne hier bleiben? — Wer sollte das nicht! erwiderte sie recht freudig. Ich stand neben ihr, den Arm um ihren Leib geschlungen, als sie dieses sagte, und drückte sie mit einer Regung inniger Zärtlichkeit an mich. — Gleichsam um mich zu zerstreuen, warf sie einen Blick auf das Porträt, dessen ich vorhin erwähnte. Wessen Bild ist dies? fragte sie. — Das Bild des Besitzers, — erwiderte ich ohne Absicht. — Wie? fiel sie mir ins Wort, so wär' es doch? — Ihre Verwirrung ergötzte mich; ich wollte sehen, wie weit es damit kommen könnte. — Allerdings, sagte ich ernsthaft, es ist der Freund, von dem ich mit Ihnen sprach; er hat dieses Haus gebaut und Alles, was Sie hier sehen, so eingerichtet. — Sie schwieg und schien eine innere

Bewegung unterdrücken zu wollen; plötzlich wandte sie
sich hinweg, um mir ein paar Thränen zu verbergen,
die sich in ihre Augen drängten. — Nein! rief ich,
meiner selbst nicht mehr mächtig, es ist nicht ganz so,
liebstes Gretchen! Jener Mann lebt nicht mehr, — ich
selbst bin der Besitzer! — Sie sah mich an mit einem
Blicke, worin ein Vorwurf mit einer Aufwallung der
Freude kämpfte. Böser Mann! sagte sie, mit dem Finger
drohend, mich so zu necken! und als ich sie besänftigend
in meine Arme ziehen wollte, machte sie sich, mit einer
halb strafenden, halb verzeihenden Miene, los und eilte
davon.

Sie ist dein, rief ich entzückt; das liebenswürdige,
bezaubernde Geschöpf ist dein! Ihr Herz hat für dich
entschieden; es hat sich wider den Gedanken aufgelehnt,
diesen Aufenthalt, der ihr so lieb ist, mit einem Andern
als mit dir zu theilen! — Still, aber selig träumend,
ging ich in meinen Zimmern umher, Gretchen erwartend,
die zum Nachtessen wieder kommen sollte. — Sie hatte
sich bequem gemacht und ein weißes Corsett angezogen,
welches ihr ein noch vertraulicheres Ansehen gab. Unwillkürlich schielte ich nach den Pantöffelchen, welche
Paul auf mein Geheiß in ihre Schlafkammer gelegt hatte;
aber die Füßchen waren mit züchtiger Strenge beschuht.
Nie habe ich die Sittsamkeit so liebenswürdig und so
entfernt von aller Prüderie gesehen. Gretchen war an
dem Abend besonders gesprächig; ich vergaß mich selbst
und meine Wünsche, indem ich, ihrem sinnigen Geplauder

zuhörend, an ihrer Seite saß. Die kindliche Unbefangen=
heit ihres Gemüths theilte sich unvermerkt dem meinigen
mit, ich genoß das Vergnügen eines freundlichen Bei=
sammenseins, das durch keinen Affect und keine Regung
der Selbstsucht gestört wird. Ruhig sah ich das holde
Mädchen sich in ihr Schlafgemach zurückziehen und hörte
sie nach einer Weile die Thür abschließen, welche von
ihrer Seite in den gemeinschaftlichen Salon führt.

Keine Absicht und keine Befürchtung stört den Frie=
den dieser reinen Seele, sagte ich zu mir selbst, als ich
allein war. Wär' es nicht Sünde, sie durch das Ge=
ständniß einer Leidenschaft zu beunruhigen, die sie jetzt
noch kaum verstehen, gewiß nicht erwidern kann? Die
Zeit mag vollenden, wofür der Zufall in Kurzem bei=
nahe schon zu viel that. Sind wir doch aus dem wilden
Treiben der Welt in die stille Befriedigung der Einsam=
samkeit gerettet! Der schöne Baum der Hoffnung, mit
seinen Knospen und Blüten, hat Wurzel in dem Boden
deiner Wünsche geschlagen; laß ihn Kraft gewinnen und
zur Zeitigung gelangen! Ist es nicht auch ein Genuß,
die goldenen Früchte wachsen und reifen zu sehen, bis
sie, in süßer Fülle schwellend, sich selbst von den Zweigen
lösen und uns freiwillig in den Schooß fallen? —
Mit diesen Gedanken legte ich mich zur Ruhe, und mit
einem leisen: gute Nacht, Gretchen! sank ich dem Schlaf
in die Arme.

13.

Die Sonne stand schon ziemlich hoch, als Paul mich mit der Nachricht weckte, daß Max im Vorzimmer sei, um mir seine Aufwartung zu machen. — Ist er da? Wie sieht der Junge aus? sagt' ich, mich ermunternd. — Wie die Gesundheit und der Frohsinn selbst, Herr! Er ist noch etwas männlicher geworden; — man kann wohl sagen: ein Bild von einem jungen Menschen! Sie werden eine rechte Freude an ihm haben. — So! Gieb mir meinen Schlafrock, Paul, — und laß ihn hereinkommen. — Er hat auch unsre Mamsell Gretchen schon gesehen, fuhr Paul fort, und ein Langes und Breites mit ihr gesprochen. Die jungen Leute, denk' ich, werden sich gut mit einander vertragen; Herr Max kann nicht Rühmens genug davon machen, wie klug und bescheiden das Mädchen ist. Ja, das wußt' ich wohl; alle Welt muß dem lieben Kinde hold sein! — Gut, gut, Paul! Mach ein Ende, und führe den Max herein.

Es ist doch wunderlich, sagt' ich zu mir selbst, als Paul fort war, daß mir bis in den Augenblick das gar nicht einfiel!

Die Thür flog auf, und Max eilte auf mich zu, mich offen und herzlich willkommen heißend. Ich dachte schon, sagte er, wir wären ganz von Ihnen vergessen, so lange ist's, daß Sie uns nicht besucht haben. — Ich bemerkte, daß ich erst seit ein paar Tagen von der Reise

zurück gekommen sei. Uebrigens ist hier Alles auch
ohne mich recht gut gegangen, wie ich sehe; und du —
sagte ich, ihn in die rothen Backen kneipend, — hast
dich, Gottlob! auch nicht abgekümmert. — Dazu, meinte
er, habe man auf dem Lande weder Zeit noch Anlaß;
zugleich gab er mir mein Compliment zurück, denn er
fand, ich sei während der Zeit um zehn Jahre jünger
geworden. — Findest du das? sagte ich lächelnd; halb
und halb kommt es mir selbst so vor, Max.

Ich erklärte ihm nun, daß ich den Rest des Som-
mers auf dem Gute zubringen würde, worüber er sehr
vergnügt schien. Ich habe auch an deine Erleichterung
gedacht, fuhr ich fort; das junge Frauenzimmer, das
du schon kennen gelernt hast, wie ich höre, — wird
künftig die innere Wirthschaft führen. Du bist es
doch zufrieden, Vetter? — Er habe immer gewünscht,
antwortete er, daß eine weibliche Aufsicht im Hause wäre;
Mamsell Berger scheine dazu alle Eigenschaften zu besitzen. — Nicht wahr, Max? Und wie gefällt sie
dir sonst? Man kann sie wohl in den Augen leiden;
nicht? — Sie ist ein schönes Mädchen, sagte der Junge
ganz ruhig und wurde nicht einmal roth. Ich fand
aber doch für gut, das Gespräch auf etwas Anderes zu
bringen, wozu es nicht an Stoff fehlte, indem mir Max
über den Zustand des Gutes und über seine Anstalten
zur Verbesserung desselben umständlich Bericht zu er-
theilen hatte.

Maxens Ankunft und der neue Wirkungskreis, worin

Gretchen von diesem Morgen an trat, machten auch in
meiner Tagesordnung und in meinem gewohnten Um=
gange mit dem lieben Kinde eine bedeutende Veränderung.
Ich sah das fleißige Mädchen jetzt beinahe nur an dem
gemeinschaftlichen Tische, wo ich mich außerdem, meines
jungen Vetters wegen, nicht so frei wie bisher mit ihr
unterhalten konnte. Gretchens Betragen gegen Max war
natürlich und offen, so auch das seinige gegen sie; eine
besondere Theilnahme, wie man zwischen zwei so jungen
und ausgezeichnet hübschen Personen oft schnell genug
entstehen sieht, konnte ich nicht wahrnehmen. Gretchen
schien bloß für ihr neues Geschäft Sinn und Aufmerk=
samkeit zu haben, und Max hatte mir so viel zu berichten,
zu zeigen und zu erklären, daß auch ihm keine Zeit für
seine schöne Hausgenossin übrig blieb. Es war viel Be=
wegung, aber fürs Erste noch keine recht gesellige Zu=
sammenstimmung unter uns.

Ich brachte den größten Theil des Tages damit
zu, in Maxens Begleitung meine ziemlich weitläufigen
Grundstücke in Augenschein zu nehmen, die sich wirklich
in einem trefflichen Zustande befanden. Nachmittags ritten
wir in den Wald, auf welchen Max sein Hauptaugen=
merk bei seinem Wirthschaftsplane gerichtet hatte. Auf
dem Wege dahin gesellte sich der landesfürstliche Ober=
förster zu uns, ein würdiger Mann, den ich schon früher
kennen gelernt hatte. Mit Vergnügen bemerkte ich, wie
freundschaftlich und achtungsvoll der wackre Mann meinen
Vetter behandelte. Er sprach mit Beifall von den Ein=

richtungen und neuen Anlagen, welche Max in den
Wäldern gemacht, und mit Wärme von den Verdiensten,
die er beim Ausbruch der Viehseuche im vorigen H . :.
sich um die ganze Gegend erworben habe.   Ich halte
sonst nicht viel von gelehrten Oekonomen, sagte er, aber
das Geld, Herr Brink, das Sie auf den wissenschaftlichen
Unterricht des jungen Mannes da verwendet haben, trägt
Ihnen und wird einst noch dem Lande gute Zinsen tragen.
Für die drei Jahre, die er hier ist, hat er viel geleistet.
Sehen Sie zu, Herr, wie Sie Ihren Vetter fest halten;
denn ich habe große Lust, ihn Ihnen für den landes=
fürstlichen Dienst abwendig zu machen. — Nun, wenn
es zum Glücke meines Vetters ausschlägt, — sagte ich;
aber Max unterbrach mich mit einer Heftigkeit: Der
Herr Oberförster scherzt nur; er weiß recht gut, wie ich
in diesem Punkt denke. — Ja, ja, ich weiß es, sagte
der Alte lächelnd.   Den macht man Ihnen nicht ab=
wendig, Herr Brink! Er hat ein dankbares Gemüth
und hat mir zu oft selbst gesagt, was er Ihnen schuldig ist.
Damit verließ uns der Oberförster, und wir ritten tiefer
ins Holz.

Alles, was ich in dem Walde sah, bestätigte das
rühmliche Zeugniß des Oberförsters.   Die Pflanzungen
hatten seit einem Jahre beträchtlich gewonnen, der Holz=
schlag war im besten Gange, und die neue Verbindung
mit den Schleusen verdiente musterhaft genannt zu werden.
Zugleich war das Nützliche überall mit dem Schönen
verbunden; mein kleiner Forst hatte beinahe das Ansehen

eines wohlgepflegten Parkes. Um so auffallender war
mir eine noch ganz verwilderte Stelle, ungefähr in der
Mitte des Waldes. Ich war im Begriff, nach der Ur=
sache dieser Erscheinung zu fragen, als ich Max mit
düstern und scheuen Blicken sich hinweg wenden sah und
mich erinnerte, daß dies der Ort sei, den er sich von
mir zu einem Denkmal für seinen armen Vater erbeten
hatte. Der Unglückliche war vor zwölf Jahren verloren
gegangen und hatte, man weiß nicht wo, seinem ver=
worrenen Leben wahrscheinlich selbst ein Ende gemacht.
Es scheint, daß Max noch immer nicht mit sich einig
werden konnte, auf welche Weise er ein so theures und
schmerzliches Andenken hier, in seiner übrigens so heiteren
Schöpfung, erhalten sollte.

Wir fanden am Ausgange des Waldes einen Knecht,
dem wir unsere Pferde übergaben, um den Rückweg zu
Fuß über die Wiesen zu nehmen, auf welchen in der
künftigen Woche die Heuernte anfangen sollte. Es ward
ziemlich spät, bis wir zu unserem Hause kamen; zur
Abkürzung des Weges gingen wir daher durch des Müllers
Garten über den Steg, dessen ich schon einmal gedacht
habe. Nicht ohne ein kleines Grausen und ohne mich
an Max zu halten, konnte ich den gefährlichen Steg zu=
rücklegen; denn unter ihm braus'te der Waldstrom und
stürzte mit reißender Gewalt auf die Mühlräder, von
deren lauten Schlägen der morsche Bau erzitterte.

Eine kurze Abendunterhaltung an dem gemeinschaft=
lichen Tische beschloß diesen geschäftigen Tag. Die Rede

fiel auf die Waldcultur, die mir auf einmal interessant
zu werden anfing. Gretchen mischte sich bescheiden in
das Gespräch und überraschte Maxen durch die Richtigkeit ihrer Bemerkungen. Du weißt noch nicht, sagte ich,
daß Gretchen eine geborene Forstmännin ist; sie hatte
mich schon halb und halb zu deinem Lieblingsfache be-
kehrt, eh' ich hierher kam. Diese Entdeckung, so wie
mancher Zug, den ich von Gretchen erzählt hatte, schien
einige Annäherung zwischen den jungen Leuten zu bewir-
ken, was mir nicht entging, aber bei der Offenheit ihres
Benehmens ganz unbedenklich vorkam. Weil am nächsten
Tage Sonntag war, erbot sich Max, Gretchen in die
eine halbe Stunde entfernte Kirche zu führen; ich versprach, ihnen dahin zu folgen, und entließ, ziemlich ermüdet und schläfrig, meine Gesellschaft.

14.

Der Kirchgang war belebter und feierlicher, als ich
vermuthet hatte; denn als ich den jungen Leuten in
meiner Kalesche nachgefahren kam, zeigte sich, daß eben
Kirchweihe gefeiert wurde. Um sie dem Gedränge zu
entziehen, nahm ich Gretchen auf dem Rückwege in meinen
Wagen. Ich war in vier und zwanzig Stunden nicht
so eng und vertraulich mit ihr beisammen gewesen und
fühlte um so lebhafter, wie nahe sie mein Herz anging.
Sie war freundlich, beinahe weich, schien aber zuweilen
zerstreut, was ich dem uns umgebenden Gewühle zuschrieb.

Auf einige hingeworfene Fragen gab sie mir nur halbe
oder unpassende Antworten; da ich sie darüber halb
scherzend zur Rede stellte und dabei tändelnd ihre Hand
drückte, entschuldigte sie sich leicht erröthend und erwi=
derte, kaum merklich, meinen Händedruck.

Hat Sie Mar so ernsthaft gestimmt? fragte ich,
ohne Arges darin zu suchen. — Ein wenig mag er
wohl Ursache davon sein, erwiderte sie. — Wie, Kind?
sagte ich, ziemlich betroffen. — Sie erzählte mir nun
sehr treuherzig, daß sie auf dem Gange nach der Kirche
einen Theil von Marens Jugendgeschichte erfahren habe:
— von dem unglücklichen Ende seines Vaters; von der
Hülflosigkeit seiner früheren Jahre; von dem, was nach=
her ich für seine Erhaltung und seinen Unterricht ge=
than; von seiner Anhänglichkeit an mich und von seinen
jetzigen glücklichen Verhältnissen. Sie sei durch die Aehn=
lichkeit ihrer Schicksale innig gerührt worden, und sie
leugne nicht, daß ihr Mar durch dieses Alles recht lieb
geworden, aber — noch lieber der, dem er und sie so
viel zu verdanken hätten. — Sie zog, indem sie dieses
sprach, meine Hand an ihr Herz, und aus ihren über=
quellenden Augen fielen ein paar Thränen darauf. —
Mein Kind! sagte ich, innigst bewegt, Sie wissen nicht,
daß dieser Augenblick mich reicher belohnt, als Alles werth
ist, was ich je für Sie und ihn thun kann.

Die Zweifel, welche über Gretchens Gesinnung
augenblicklich in mir aufgestiegen waren, verschwanden
eben so bald wieder; vielmehr glaubte ich meines Glückes

mehr als jemals versichert zu sein. Max selbst war ja
ein neues Band zwischen uns geworden; und so bestand
mein Vertrauen in die beiden Lieblinge meines Herzens
neu befestigt und völlig hergestellt.

Der Mittag gehörte zu den frohesten, welche ich,
in lieber, kleiner Gesellschaft, jemals zugebracht habe.
Max war anfangs etwas still, nahm aber bald an meiner
und Gretchens aufgeweckten Laune Theil. Ich schlug
vor, daß wir gegen Abend auf das Kirchweihfest fahren,
und daß Gretchen mit Max einen ländlichen Tanz machen
solle. Nach Tische setzte sich Gretchen an das Klavier.
In meiner humoristischen Stimmung fiel mir ein, meinem
Vetter, der eben kein starker Violinspieler ist, zuzumuthen,
sie bei einer Sonate zu accompagniren. Er that es
nach einigem Widerstreben. Es ließen sich bald einige
falsche Griffe und kratzende Töne vernehmen. Gretchen
sah ein paar Mal gutmüthig verweisend auf Max zurück;
als aber ich und er selbst darüber zu lachen anfingen,
stimmte sie munter in unsere Lustigkeit ein und spielte
unbekümmert fort, bis das drollige Concert unter allge=
meinem Gelächter ein Ende nahm. — Ich habe mich
selbst zum Besten gegeben, fing Max nach einer Pause
an, weil ich sah, daß meine Ungeschicklichkeit Sie wirklich
belustigte; aber von heute an bitte ich, die Violine nicht
mehr anrühren zu dürfen. — Was fällt dir ein? sagte
ich. — Ich würde fürchten, fuhr er fort, Mamsell
Gretchens seelenvolles Spiel mit jedem Striche zu ver=
derben, ja ihr die Musik selbst zu verleiden, und schon

diese Furcht macht es mir unmöglich, die Geige je wieder
in die Hand zu nehmen. — Nicht doch! rief Gretchen
lächelnd. — Ich weiß, was ich sage! antwortete Max
sehr bestimmt; die disharmonischen Töne, die uns heute
so viel zu lachen machten, werden oft noch recht ernsthaft
in mir nachklingen. — Sieh, sieh! sagte ich leise für
mich, das ist eine Zartheit, die ich dem jungen Forst=
manne kaum zugetraut hätte!

Wir fuhren schon frühzeitig zum Kirchweihfest. Max
hatte seine Forstuniform angezogen und saß, neben unserer
Kalesche herreitend, recht stattlich auf seinem Pferde.
Auf halbem Wege kam uns ein Zug von Bauernjungen
mit einer bunt ausgeschmückten Kirchweihstange entgegen,
um welche sie fröhlich herumsprangen, lärmten und musi=
cirten. Der Weg war nicht der beste und verengte sich
gerade, wo wir mit dem Zuge zusammentrafen. Max
wollte ausweichen und über einen Graben am Fahrwege
setzen. Da wurde sein Roß scheu und machte einen
falschen Sprung, so daß er zu stürzen drohte. — Ach!
hörte ich Gretchen erschreckt ausrufen; aber der Angst=
schrei lös'te sich in ein Lächeln der Zufriedenheit auf,
denn der junge Mann saß fest und sicher und sah von
seinem beruhigten Gaule munter nach uns zurück. —
Er ist ein geschickter Reiter, sagte sie mit merklichem
Wohlgefallen. — Und sieht recht gut aus, setzt' ich
hinzu; nicht wahr, Gretchen? — Sie wurde roth, oder
ich bildete es mir wenigstens ein. — Paul hat Recht,
dachte ich; der verdammte Junge ist wirklich bildschön!

5 *

Max hob Gretchen und dann auch mich aus dem
Wagen, als wir vor dem Wirthshause ankamen. Aus
dem geräumigen, festlich verzierten Hofe schallte uns die
Tanzmusik und das frohe Getümmel der Landleute ent=
gegen. Unser Eintritt erregte Aufmerksamkeit, denn wir
waren die ersten Städter, die bei dem Feste erschienen.
Aber noch mehr Bewegung entstand, als Max von eini=
gen der Umstehenden erkannt wurde. Herr Max ist hier
— Willkommen Herr Max! hörte ich von mehreren
Seiten rufen. Alte und junge Leute kamen auf ihn zu
und schüttelten ihm treuherzig die Hände. Mir und
meiner Begleiterin ward viele Ehre erwiesen, als er uns
den Leuten vorstellte; Gretchen besonders gewann bald
die allgemeine Theilnahme, denn man schien sie für
Marens Geliebte zu halten.

Es half kein Weigern, Max mußte die erste Menuet
mit ihr eröffnen. Alles stand umher, das schöne Paar
tanzen zu sehen; ich selbst mußte gestehen, daß Max,
auch seiner reizenden Tänzerin gegenüber, sich noch ganz
wohl ausnahm. Die Musik ging in das Tempo der
Deutschen über, und Max flog mit Gretchen an mir
vorbei unter dem lauten Jubel der Zuschauer. Die
jungen Paare schloßen sich an, bald war die Lust und
die wirbelnde Bewegung allgemein. Nach einigen Touren,
welche Gretchen mit Max gemacht hatte, gab sie einem
jungen Bauernburschen die Hand, der jauchzend nach
Ländlerart mit ihr zu drehen anfing. Es war der Lieb=
lingstanz ihrer Heimath; mit grazienhafter Leichtigkeit

führte sie die kühnen, oft muthwilligen Figuren und
Wendungen aus, aber die Sittsamkeit schien jede ihrer
Bewegungen und selbst den Faltenwurf ihrer Kleidung
zu bewachen, indeß der kindlichste Frohsinn aus ihrem
offenen Gesichte lachte. Ich war in den Anblick verzückt;
ungern sah ich, daß Max mit ernstem Lächeln sie an-
hielt, indem er sagte: es ist zu viel! — Gretchen kam,
von der Bewegung und von Freude glühend, auf mich
zu und hing sich an meinen Arm. Das Herz schlug
mir mächtig; ich führte sie aus dem Gedränge, um mich
und sie durch einige Züge frischer Luft in dem Garten
zu erquicken.

Max war uns gefolgt. Er scherzte über Gretchens
übertriebene Neigung zum Tanze, konnte aber, als wir
uns der Musik wieder näherten, sich dennoch nicht enthalten, sie noch zu einem Walzer mit ihm aufzufordern.
Lachend gab sie ihm die Hand und hüpfte in die Reihen.
Nach wenig Augenblicken sah ich sie, von Max umschlun-
gen, unter den Tanzenden dahin schweben. Sie schienen
beide von der Musik getragen zu werden; Gretchens
Auge hing an den Feuerblicken des kräftigen Jünglings,
der, sich selbst und seine Umgebung vergessend, fünf bis
sechs Mal die ganze Länge des Tanzbodens mit ihr
durchflog.

Es ist genug, Kinder! rief ich ihnen zu, als sie
an mir vorbei kamen; und, wie aus einem tiefen Traume
geweckt, traten sie schnell und etwas betroffen aus dem
Kreise. — Es wird dunkel, fuhr ich fort; wir wollen

nach Hause, Max! — Ohne Widerrede ging er, unsern
Kutscher zu suchen, und ließ sein Pferd vorführen. Ich
stieg mit Gretchen in die Kalesche, und stiller, als nach
so lebhaften Eindrücken zu vermuthen war, kamen wir
vom Kirchweihfeste wieder auf meinem Landhause an.

15.

Es ist natürlich, sagte ich mir selbst, als ich Nachts
allein auf meinem Zimmer war, daß die jungen Leute
Gefallen an einander finden. Liebe kann noch nicht im
Spiele sein, aber es würde geschehen, wenn es so fort=
ginge; auch das ist natürlich. — Du mußt ein Ende
machen, Samuel, ohne weitern Verzug. Die Unbestimmt-
heit der Verhältnisse taugt überall nicht. — Sie ist dir
gut; Dankbarkeit und Pflicht werden der Neigung zu
Hülfe kommen, und gegen diese dreifache Schutzwehr wird
ein flüchtiger Geschmack, eine Regung der unverwahrten
Sinne kaum anzukämpfen wagen. — Mach ein Ende,
Samuel! du hast dich lange genug besonnen.

Am andern Morgen befahl ich Paul, Anstalt zu
machen, daß wir gleich nach Tische in die Stadt fahren
könnten. Ich sah Gretchen den ganzen Vormittag nicht;
sie hatte in der Wirthschaft zu thun. Max war auf
dem Felde, wo der Anfang mit der Heuernte gemacht
wurde. Bei Tisch erschien Gretchen allein. Ich fand
sie so unbefangen als jemals, und vergaß über ihren
heiteren Gesprächen beinahe den ernsthaften Zweck, der

mich auf einen oder zwei Tage von ihr trennen sollte.
Als sie hörte, daß ich in die Stadt ginge, bat sie mich,
ihr, nebst ihren übrigen Kleidern, die Papiere zu brin=
gen, die sie in ihrem Koffer zurückgelassen hätte. --
Was für Papiere sind das? fragte ich. — Einige
Schriften, welche zum Prozeß ihrer Tante gehörten, war
die Antwort, mehrere Briefe, die ihr besonders interessant
wären, und ihr Taufschein. — Ihr Taufschein? rief
ich; das ist mir lieb! aber ich faßte mich schnell und
setzte lächelnd hinzu: Soll ich das Alles durchstöbern?
Fürchten Sie nicht, Gretchen, mir Ihre Geheimnisse zu
verrathen? — Ich habe keine Geheimnisse vor Ihnen,
erwiderte sie mit dem Tone des herzlichsten Vertrauens,
indem sie mir die Schlüssel zu ihrem Koffer übergab. —
Ich war innig gerührt. Möge es immer so bleiben,
liebes, liebes Kind! sagte ich, indem ich ihre Hand an
meine Lippen drückte, und ging schnell fort, um mich in
meinen Wagen zu werfen.

Ich stieg in der Stadt bei meinem Freunde, dem
Doctor Morbach ab, den ich ersucht hatte, Brigitten in
meiner Abwesenheit zu verabschieden und ihr einen Jahres=
lohn unter der Bedingung auszuzahlen, daß sie sogleich
auf vierzehn Tage in ihre Heimath reis'te und vor ihrer
Zurückkunft weder meinen noch Gretchens Namen vor
einem Menschen aussprächc. Er lachte, als ich zu ihm
kam, und versicherte, mein Auftrag sei pünktlich voll=
zogen. — So ist die Luft in meinem Hause rein, sagte
ich, und ich kann meine Braut in die Stadt bringen,

wann ich will. — Ihre Braut? rief der Doctor im
höchsten Erstaunen; Braut! Ist's möglich? — Keine
Ausrufungen, lieber Doctor, wenn ich bitten darf, und
keine juristischen Schwierigkeiten! Seien Sie so gut, mir
einen bündigen Ehe-Contract aufzusetzen. Hier sind die
Hauptpunkte, Heirathsgut und Witthum betreffend. Der
Name der Braut ist Margarete Berger. — Berger?
Margarete Berger? Derselbe Name, den Jungfer Bri-
gitte nicht nennen sollte? — Derselbe! Und den ich auch
Sie bitte nicht zu nennen, so wenig als meiner Heirath
Erwähnung zu thun, bis sie vorbei ist. — Brink!
Lieber Freund Brink! sagte Morbach, den Kopf schüt-
telnd — Liebster Doctor! war meine Antwort, ich weiß,
was Sie sagen wollen. Ich habe mir die Sache über-
legt; vielleicht hätte ich besser gethan, vor fünf und zwanzig
Jahren daran zu denken: aber damals kannte ich Gret-
chen Berger nicht, oder vielmehr war sie noch nicht in der
Welt. — Eben deßwegen, Freund! — Genug, fiel ich
ihm ins Wort und wandte mich zum Weggehen; wenn
Sie den Contract nicht aufsetzen wollen, so thut es ein
Anderer; auf Ihre Verschwiegenheit rechne ich. — Warten
Sie doch, Freund! Sie vergessen die Schlüssel zu Ihrer
Wohnung, die ich Brigitten abforderte.

Morbach brachte mir lächelnd die Schlüssel; zugleich
erklärte er sich bereit, die Ehestiftung zu entwerfen.
Wann soll denn die Trauung sein? fragte er.   In
acht Tagen, Herzensdoctor! — Da brauchen wir Dispensation wegen des Aufgebots; die Einwilligung des

Vormunds muß schriftlich vorliegen. — Ich schreibe ihm heute noch. Einwendungen sind nicht zu erwarten; in vier Tagen kann die Antwort hier sein. —— Gut! sagte Morbach ziemlich ernsthaft; den Taufschein der Braut, und was sonst noch nöthig ist, hole ich mir morgen selbst bei Ihnen ab.

Ich verließ den Doctor sehr vergnügt und fuhr eiligst nach Hause, um sogleich an Gretchens Vormund zu schreiben. Paul war seit dem frühen Morgen in einer drolligen Unruhe. Er hätte gern gewußt, was ich vorhatte, scheute sich aber doch, mich danach zu fragen. Als er indeß sah, daß Brigitte abgezogen sei, wurde er sehr aufgeräumt und that unverlangt, was er mir nur an den Augen abzusehen glaubte. Soll ich nicht die Stube gleich scheuern und ein wenig hübscher ausmalen lassen? fragte er; es kann ein recht artiges Zimmer für das liebe Mädchen werden, wenn sie zuweilen zu uns in die Stadt kommt. Laß das noch, Paul! sagte ich; es wird sich schon ein Zimmer für Gretchen finden.

Den Abend brachte ich sehr angenehm mit Gret= chens Papieren zu, welche ich aus ihrem Koffer zu mir genommen hatte. Ich fand mehrere Briefe ihrer Tante und drei oder vier von ihrem verstorbenen Lehrer darun= ter, einem alten Geistlichen, von welchem sie mir einige Mal mit großer Liebe und Dankbarkeit gesprochen hatte. Beide schienen treffliche Menschen gewesen zu sein; ich erkannte nun um so deutlicher, wie das seltene Mädchen in solcher Umgebung werden konnte, was sie war. End=

lich fiel mir auch der Taufschein in die Hände; er war
in weißes Papier eingeschlagen und mit Gretchens Namen, von ihrer eigenen zierlichen Hand, überschrieben.
Nie habe ich eine Urkunde mit größerer Theilnahme, ja
mit einer so andächtigen Empfindung, betrachtet. Es
schien mir eine Anweisung auf meinen Antheil irdischen
Glückes. Als sie ins Dasein trat, sagte ich zu mir
selbst, erneuerte und verjüngte sich das meinige; sie ward
geboren, damit ich nicht umsonst gelebt hätte.

Am andern Morgen währte es mir zu lange, bis
der Doctor kam. Ich ging also, ihn in seiner Wohnung
aufzusuchen, wodurch es geschah, daß wir einander ver-
fehlten. Als ich wieder nach Hause kam, hörte ich, er
sei inzwischen da gewesen und habe die Nachricht hinterlassen, daß ein dringendes Geschäft ihn auf das Land
rufe, von wo er nicht vor dem nächsten Mittage zurück-
kehren werde. — Was blieb mir zu thun übrig, als
mich in Geduld zu fassen, so schwer es mir auch fiel?
Paul konnte nicht begreifen, worüber ich so übellaunig
war, und warum ich nicht geraden Weges auf unser Gut
zurückfuhr, nach welchem ich einige Mal überlaut geseufzt
hatte. Damit nur die Zeit verginge, trieb ich mich in
zwanzig Fabriken und Kaufläden herum, ließ mir eine
Menge Dinge zeigen, die ich nicht nöthig hatte, und
kaufte Manches, mitunter auch Unnützes, zu Gretchens
Ausstattung. Mein Seel, Herr! sagte Paul, als ich
mit der dritten Ladung angefahren kam, ich glaube, Sie
wollen eine Krambude oder eine Lotterie von Putzsachen

anlegen; das kann ja Mamsell Gretchen in zehn Jahren
nicht gebrauchen. — Schweig, Paul! sagte ich kurz
und verdrießlich; denn ich fühlte, daß ich dem Alten
nicht viel Kluges zu antworten hätte.

Der sehnlich erwartete Mittag kam, und Morbach
brachte den Entwurf der Ehestiftung, in bester Rechts=
form aufgesetzt. Nun gab es aber neue Schwierigkeiten
wegen der Dispensation. Ich mußte mich entschließen,
noch einen Tag in der Stadt zu bleiben. Meine Un=
geduld stieg aufs Aeußerste. Am dritten Nachmittage
seit meiner Trennung von Gretchen ward endlich die
Bewilligung zur Trauung ausgefertigt; ich nahm von
meinem Freunde Morbach Abschied und fuhr, mit Allem
versehen, was meinen Wünschen günstig sein konnte, wie=
der zu den Thoren der Stadt hinaus.

16.

Das Dach meines Landhauses blinkte mir im Strahl
der Abendsonne entgegen. Ein armer Hirtenknabe blies,
so gut er konnte, den Kuhreihen, indem ich vorbeifuhr,
und wiederholte sein Kunststück, zum Dank für die Schei=
demünze, welche Paul ihm zuwarf. Aus der Ferne klang
die Weise ziemlich angenehm und stimmte harmonisch zu
den Gefühlen der Sehnsucht, die meine Brust bewegten.
Als wir zu der Wasserfuhrt nah an meinem Hause kamen,
sahen wir Bauersleute aufwärts am Bache stehen, noch
mehrere am Steg oberhalb der Mühle. Der Steg, wie

wir bemerken konnten, war zur Hälfte eingebrochen. Ich
erinnerte mich augenblicklich an den gefährlichen Gang,
den ich vor ein paar Tagen darüber gemacht hatte. Vor
meinem Hause, in dessen Thor wir eben fahren wollten,
standen auch Landleute, meist Weiber und Kinder. Eine
meiner Mägde kam weinend zu ihnen heraus.

Da ist ein Unglück geschehen! rief Paul; und ich,
von einer plötzlichen Ahnung ergriffen, sprang aus dem
Wagen, eh' er noch still hielt. Was ist's? Was ist's?
rief ich, mich durch die Leute drängend. — Ach! hört'
ich Jemand sagen, Mamsell Gretchen ist mit dem Steg
in den Bach gestürzt. — Und ist doch gerettet? stam=
melte ich; — meine Knie brachen mir, ich war auf dem
Punkt niederzusinken. — Herr Mar, sagte die Magd
weinend, hat sie mit Gefahr seines Lebens herausgezogen,
eh' der Schwall des Wassers sie in die Mühlräder riß.
Wir haben sie hinauf in ihr Bett gebracht, aber sie
giebt kein Lebenszeichen seit einer Viertelstunde schon.

Paul und ein junger Bauer führten, oder trugen
mich vielmehr über die Treppe nach Gretchens Zimmer,
wohin ich verlangte. Sie lag ausgestreckt auf ihrem
Bette, in warme Tücher eingeschlagen, farblos und ohne
sichtbares Lebenszeichen. Mar stand am Haupt des Bettes,
ihre Gesichtszüge mit gespannter Aufmerksamkeit betrach=
tend und ihre Schläfe sanft streichelnd, während zwei
Mägde damit beschäftigt waren, ihr die Füße zu reiben.
— Sie ist nicht todt, sagte Mar, da er mich, auf Paul
gestützt, leichenblaß vor sich stehen sah. Sie kann nicht

todt sein, setzte er leiser hinzu; ihre Hände und Schläfe sind warm, und ich glaube von Zeit zu Zeit eine leise Regung ihres Pulses zu fühlen.

In dem Augenblicke trat der Arzt aus dem näch= sten Marktflecken in das Zimmer. Er bestätigte, nach der ersten Untersuchung, Maxens Vermuthung und ord= nete Einiges zur weiteren Behandlung der Scheintodten an. Ich hatte mich auf einen Stuhl niederlassen müssen und erwartete mit unbeschreiblicher Bangigkeit den Aus= gang der Sache. Plötzlich hörte ich Max aufschreien: Sie lebt! Sie schlägt die Augen auf. — Ich stürzte auf ihn zu und drückte ihn sprachlos in meine Arme.

Der Arzt bedeutete uns, still zu sein, weil die Kranke noch nicht ganz zur Besinnung gekommen wäre. Wir zogen uns behutsam zurück, indem wir unsere Freude so viel als möglich unterdrückten. Gretchen lag eine Weile mit offenen, gerade aufwärts stehenden Augen; ihre Wangen fingen an, sich zu färben; endlich wandte sie Gesicht und Blicke nach unserer Seite. — Max! rief sie, ihm ihre Hand freundlich entgegenstreckend. Der junge Mensch eilte auf sie zu und küßte die ihm dar= gebotene Hand mit großer Innigkeit. Auch ich war näher getreten; sie wurde mich gewahr und reichte mir die andere Hand hin. Er hat mir das Leben gerettet, sagte sie, mit dem Kopf gegen Max nickend; es war ein grauser Tod, der mir drohte, lieber Herr Brink! — Sie leben, sagte ich, ihre Hand an meine Lippen drückend, Sie sind uns wiedergegeben, theures Gretchen! Er hat

Anspruch auf Alles, was ich besitze; nie kann ich ihm lohnen, was er heute that. — Gretchen wurde wieder blässer; ihr Athem schien noch nicht frei. Der Arzt verlangte, daß wir uns entfernten; eine Stunde Ruhe sei für Gretchen nun das Nöthigste. Ich nahm Maren mit mir und ließ den Arzt mit den Mägden bei der Kranken zurück.

Von Max erfuhr ich jetzt, wie der Unfall begegnet, und durch welches Wunder er selbst im Stande gewesen sei, das holde Geschöpf zu retten. Die Mäher waren seit Tagesanbruch auf der großen Wiese beschäftigt, welche jenseits des Baches, ein paar hundert Schritte über der Mühle liegt. Max hatte den Arbeitern verboten, über den Steg zu gehen, von dessen gebrechlichem Stande er neuerdings überzeugt worden, und hatte dem Müller, wie vorher schon oft, noch heute früh dringend angelegen, den gefährlichen Bau sogleich abtragen zu lassen. Nach Mittag war Gretchen über die obere Brücke auf die Wiese gekommen, und dort geblieben. Später hatte indessen Max, von einer unerklärbaren Unruhe getrieben, die Wiese verlassen, und war noch einmal in die Mühle gegangen, wo er den fahrlässigen Mann endlich vermochte, ihm zu folgen, um den Schaden selbst in Augenschein zu nehmen. Als sie aus der Mühle traten, erblickte Max zu seinem Schrecken Gretchen auf dem schwankenden Steg, und einen Moment nachher sah er sie mit den morschen Brettern in die Tiefe stürzen. Einige Augenblicke war Gretchen, welche Maxen noch im Fallen be-

merkt zu haben schien, und der er, nur den Rock von
sich werfend, schnell nachsprang, über dem Wasser sichtbar:
aber bald riß der Strudel sie hinab, so daß sie Mar,
der sich selbst nur mit großer Anstrengung über dem
Strom erhielt, ein paar Minuten gar nicht sah und
schon verloren glaubte. Endlich tauchte, unfern von ihm,
eine Hand empor; mit Mühe erreichte er sie, und seine
letzten Kräfte aufbietend, gelang es ihm, sie schwimmend
ans Ufer zu ziehen. Hier halfen ihm die Knechte des
Müllers, dessen Geschrei sein ganzes Haus um ihn ver=
sammelt hatte, Gretchen auf einen nahen Rasenplatz brin=
gen, bis sie später, noch ganz leblos, von Mar und den
herbeieilenden Mägden auf ihr Zimmer getragen wurde.

Ich fiel dem wackeren Jungen noch einmal um den
Hals und überhäufte ihn mit Lobsprüchen und Lieb=
kosungen. Aber meine eigenen Kräfte waren durch die
furchtbare Gemüthsbewegung erschöpft; ich mußte mich
auf mein Ruhebett legen, um mich zu erholen. Nach
einer Stunde ungefähr sagte man mir, daß Gretchen
nach mir und Mar verlangt habe. Ich traf den letztern
schon an ihrer Seite, ihre Hand in der seinigen hal=
tend. Gretchen rief mir zu, als sie mich eintreten sah,
und nöthigte mich freundlich, auf ihrer anderen Seite
Platz zu nehmen. Die ganze Heiterkeit und Energie
ihrer himmlischen Seele waren zurückgekehrt, aber ihre
körperlichen Kräfte schienen noch etwas schwach und nie=
dergedrückt, was besonders an dem öfteren Wechsel ihrer
zarten Gesichtsfarbe merkbar wurde. Mit großer Ruhe

sprach sie von dem erlittenen Unfalle und entwickelte
sehr deutlich den Gang ihrer Vorstellungen und Empfin=
dungen, so weit sie sich derselben bewußt war. Sie
glaubte, ihre volle Besinnung erst verloren zu haben, als
sie an das Ufer gebracht wurde. Ich war gewiß, sagte
sie, daß mir Max nahe sei, und daß er mich retten
würde. Das furchtbare Brausen der Mühlräder habe
sie übrigens auch unter dem Wasser vernommen, und
dies sei der letzte Eindruck vor ihrer Ohnmacht, dessen
sie sich erinnere. Ehe sie ihrer äußeren Sinne wieder
mächtig gewesen, sei sie sich bewußt geworden, daß sie
gerettet sei und in ihrem Bette liege; es sei ihr vorge=
kommen, Max stehe über ihrem Haupte und sie höre
ihn von Zeit zu Zeit sprechen; auch meinen Eintritt
habe sie bemerkt und sei durch meinen stummen Schmerz
sehr geängstigt worden, aber sie habe sich weder regen,
noch ihre inneren Anschauungen mit Worten oder Zeichen
ausdrücken können. Lieber Herr Brink! sagte sie, indem
sie meine Hand ergriff, ich habe auch nachher gesehen,
wie tief Sie von meinem Unfalle ergriffen waren. Sie
sind so gut; bin ich denn Ihrer Theilnahme werth? —
Ich konnte nicht sprechen, sondern ließ mein Angesicht
auf ihren Arm sinken, den ich unbemerkt mit zärtlichen
Küssen bedeckte.

Nach einer Weile stand ich auf. Das Alles, sagte
ich, greift Sie zu sehr an, liebes Gretchen! Wir wollen
Sie für heute der Ruhe überlassen. Morgen früh, wenn
Sie gut geschlafen und sich ganz erholt haben, werde

ich Sie besuchen. Ich habe Allerlei für Sie aus der
Stadt mitgebracht, was ich Ihnen zeigen will. Gute
Nacht, liebes Kind! Zugleich gab ich Max einen Wink,
mir zu folgen, und verließ mit ihm Gretchens Schlafgemach.

17.

Ist deine Mamsell aufgestanden? fragte ich die
Magd, die eben aus Gretchens Zimmer kam, da ich früh
am Morgen über den Vorsaal ging. O ja, Herr! war
die Antwort; und sie befindet sich recht wohl. — Ich
pochte leise an der Thür und trat hinein, da ich nicht
antworten hörte. Gretchen stand in ihrem Nachtcorsett
am offenen Fenster, mit dem Rücken gegen den Eingang
gekehrt, und trillerte ein Liedchen in den Garten hinaus.
Sie hatte mich nicht kommen hören, sondern blieb nachlässig im Fenster gelehnt, indem sie mit dem einen
Fuße den Takt zu ihrer Melodie leise anschlug. Ich
sah, daß es meine Pantöffelchen waren, mit denen sie
auf dem Boden klapperte. Alle meine heitersten Gedanken
und Wünsche wurden in dem Augenblick rege, und indem ich mich ihr unbemerkt genähert hatte, umfaßte ich
ihren schlanken Leib, so daß sie, sich umwendend, gerade
in meinen Armen lag. — Sie haben mich wirklich
erschreckt, sagte sie, über und über erröthend, indem sie
sich von mir losmachte; ich bin noch kaum angezogen. —
Kein Anzug kleidet Sie besser als dieser, Gretchen! er-

widerte ich, und glücklich der, welcher ein Recht hat,
Sie immer so zu sehen. — Sie ging vom Fenster
weg und bat mich, zu sitzen, während sie selbst in eini=
ger Entfernung von mir stehen blieb. — Wissen Sie,
fing sie nach einer Weile an, daß mir heute Nacht von
Ihnen geträumt hat? Wir machten wieder eine Reise
mit einander, und zwar eine sehr weite, denn wir gingen
sogar über See und fuhren durch Klippen und Stürme
hin; aber am Ende war Alles gar still und freundlich,
und wir kamen in ein schöneres Land, als ich mir je
eines vorgestellt habe. — Dieser Traum, erwiderte ich,
könnte erfüllt werden; ja, ich hoffe gewiß, er wird es,
und ich nehme ihn als eine gute Vorbedeutung an.
Setzen Sie sich zu mir, liebes Gretchen! — Sie that
es. Ich möchte doch nicht, sagte sie, daß der Traum
in Erfüllung ginge; denn ich bin gerne hier, wo ich
Alles um mich habe, was mir lieb ist. — Desto besser,
mein Kind! Auch brauchen Sie Ihre Stelle nicht zu
verlassen; die Reise, die Ihnen im Traume vorkam, ist
— die Lebensreise, und hier können Sie sie vollenden.
Wollen Sie mich heirathen, liebes Gretchen? — Ach
Gott! rief sie, — darauf war ich nicht gefaßt, mein
theurer Herr!

Sie wurde abwechselnd blaß und roth und sah
mich mit scheuen, aber nicht untheilnehmenden Blicken
an. Eine mächtige Empfindung schien ihr Inneres zu
bewegen; sie wollte einige Mal sprechen, vermochte es
aber nicht. Nach einer längeren Stille sagte ich: Ge=

liebtes Mädchen! Ich wollte Sie nicht überraschen; eben
so wenig möchte ich Sie zu etwas überreden, was nur
das Werk Ihrer freien Entschließung sein darf. Wie
ich bin, haben Sie gesehen; was ich Ihnen sein kann,
muß Ihnen Ihr Herz sagen. Gehen Sie mit sich selbst
zu Rathe; in einigen Tagen geben Sie mir Antwort.
Nehmen Sie dies, setzte ich hinzu, indem ich einen Ring
mit einem einfachen Smaragde hervorzog, zum Andenken
dieser Stunde. Er trägt die Farbe der Hoffnung, aber
er verbindet Sie zu nichts. Sie werden diesen Ring,
der nun der Ihrige ist, einst mir, oder — einem Andern
geben; wer ihn von Ihnen erhält, wird glücklich sein. —
Mit diesen Worten stand ich auf und ging fort, ohne
eine Antwort abzuwarten.

Paul sah mich forschend an, als ich auf mein
Zimmer zurückkam. Die heftige Erschütterung, worin er
mich bei Gretchens Gefahr erblickt hatte, schien ihm unerwartet Aufschluß über Alles, was um ihn vorging,
gegeben zu haben. Er errieth meine Absicht und
schien selbst nicht ruhig dabei zu sein. Obgleich ich
nicht gern beobachtet bin, war mir Paul's Zuthätigkeit
doch nicht unangenehm, denn ich glaubte, ihn milder und
theilnehmender zu finden, als sonst. Wollen Sie nicht
ein wenig um die Felder reiten, Herr? sagte er, da er
mich unbeschäftigt und ziemlich ernst in meinem Zimmer
herumgehen sah; es ist ein herrlicher Morgen, und die
Leute sind recht fröhlich draußen beim Heumachen. —
Du hast Recht, Paul; laß mir den Braunen satteln. —

Als ich in den Hof hinab stieg, kam mir Max entgegen, der schon vom Felde zurückkehrte. Er grüßte mich
recht munter, und da ich fragte, wo er hingehe, antwortete er offen, er wolle sehen, wie Gretchen geschlafen
habe. — O, sehr gut, erwiderte ich, grüße sie von
mir; und nachdem ich mich auf meinen Gaul geschwun-
gen, ritt ich zum Thore hinaus.

Der schöne Morgen und die Heuernte, obschon sich
das Volk rüstig genug dazu anstellte, wollten keine rechte
Wirkung auf mich thun. Ich ließ mein Roß ziemlich zerstreut und nachlässig gegen den Wald hinschlendern, als
mir der Oberförster aufstieß und mich durch einen wackeren Waidmannsgruß aus meiner Träumerei weckte. Er
fragte mich nach Gretchens Befinden; denn er hatte das
Mädchen während meiner Abwesenheit kennen gelernt,
und ihren gestrigen Unfall erfahren. Der gute Max,
sagte er, muß außer sich gewesen sein; denn ich habe
wohl gemerkt, daß die jungen Leute einander lieb haben.
— Das ist natürlich! erwiderte ich schnell. — Ja
wohl! war seine Antwort. Da sollten Sie ein Einsehen
haben, Herr Brink, und ein Paar aus den hübschen
Kindern machen. Mamsell Berger ist ganz dazu geschaffen, die Frau eines braven Forstmannes zu werden.
— So? sagt' ich. — Ja, ja! erwiderte er lachend;
ich habe sie vorgestern Abends eine ganze Stunde exa-
minirt und mich an ihren kunstfertigen Antworten recht
ergötzt. Sie könnte zur Noth selbst einem kleinen Forste
vorstehen. Und das Mädchen ist guter Leute Kind,

Herr! Ich habe ihren Vater in jüngeren Jahren gekannt;
er war ein Ehrenmann. — Das freut mich, Herr Ober=
förster! — Nun, wie gesagt, Herr Brink! Sie sollten
das Mädchen Ihrem Max zur Frau geben. Heirathen
muß er doch bei Zeiten; das geht auf dem Lande nicht
anders. — Hat Max mit Ihnen von der Sache ge=
sprochen, Herr Oberförster? — Kein Wort; es war bloß
mein Einfall, aber er däucht mir gut, und Sie sollten
im Ernste daran denken, Herr Brink! — Gut, gut;
ich will mir's überlegen. Adieu, Herr Oberförster! —
Ich lenkte um und gab meinem Braunen die Sporen,
um geschwind nach Hause zu kommen.

Ist Max noch bei Mamsell Gretchen? fragte ich
Paul, als ich ihm auf der Treppe begegnete. — Er
verließ sie vor einer kleinen Weile, Herr, und ist eben
wieder aufs Feld gegangen. — Und wie sah er aus,
Paul? Sage mir's ehrlich! — Paul schüttelte den Kopf.
Nicht wie sonst, Herr! Seit einer Stunde haben sich alle
Gesichter im Hause verändert; auch Gretchen sieht ganz
traurig aus und hat sogar geweint, glaub' ich. —
Bring mir eine gestopfte Pfeife in mein Kabinet, Paul,
und laß Niemand zu mir; ich will allein sein, Alter!

Ich hatte Stoff genug zum Nachdenken, aber die
Ruhe der Ueberlegung fehlte mir. Die Pfeife war ver=
dampft, ohne daß ich mehr wußte, als zuvor. Es war
etwas von schlimmer Vorbedeutung im Hintergrunde mei=
ner Seele, aber ich scheute mich, das Dunkel aufzuhellen.
Am Ende sind es Vermuthungen und Einfälle von Leu=

ten, sagte ich zu mir selbst, die von der eigentlichen Lage
der Sachen weniger wissen, als nichts. — Da kam
Paul, mich zum Essen zu rufen.

Gretchen stand bei ihrem Stuhle, Max, ein wenig
abgewandt, bei dem seinigen. Wir setzten uns schwei=
gend. Ich warf einen Blick auf Gretchen, die, mit dem
Vorlegen beschäftigt, ziemlich ernst, aber ruhig schien.
Max sah auf seinen Teller und mußte sich anreden
lassen, um Gretchen seine Suppe abzunehmen. Ich selbst
war wenig gestimmt, die Unterhaltung anzufangen, doch
that ich einige Fragen an Max, die er beantwortete,
ohne aufzusehen. Gretchen suchte öfters ein Gespräch in
Gang zu bringen, aber die Worte wollten ihr nicht fließen,
und der Versuch hatte keine Folge. Sie vermied es
sichtbar, die Rede an Max zu richten. Dagegen ließ
dieser zuweilen einen Blick auf sie fallen, worin ich die
Glut einer mühsam verhehlten Leidenschaft zu erkennen
glaubte. — Er liebt sie, sagte ich zu mir selbst, und
weiß, was zwischen ihr und mir vorgegangen ist. —
Die unerfreuliche Tischgesellschaft ward endlich aufgehoben;
wir verließen alle Drei fast zugleich das Speisezimmer.

Meine Unruhe trieb mich bald wieder ins Freie.
Diesmal wollte ich meiner Stimmung Meister werden;
ich machte einen weiten Spaziergang, von dem ich erst
Abends ziemlich ermüdet zurückkehrte. Als ich in mein
Zimmer treten wollte, öffnete sich die Thür auf Gret=
chens Seite, und Max kam heraus. Er war bestürzt
und blieb stehen, als wollte er abwarten, bis ich weg=

ginge. — Max! sagte ich, mich zu ihm wendend, du
bist jetzt oft hier oben. — Er näherte sich mir einige
Schritte. — Du hast dir gestern, fuhr ich mit gemä=
ßigtem Ernste fort, große Ansprüche auf meine Dank=
barkeit erworben. Was ich für deine Erziehung gethan
habe, ist kein Ersatz dafür; — ich möchte nicht, lieber
Max, daß Etwas zwischen uns träte. — Seine Blicke,
welche bisher am Boden gehaftet, erhoben sich jetzt und
begegneten den meinigen. Ich sah Thränen darin; er
ergriff meine Hände, drückte sie gegen seine Brust und
entfernte sich schnell.

Einen Augenblick stand ich, ihm nachsehend, dann
ging ich in Gretchens Zimmer. Ich sah sie am Fenster
sitzen, den Kopf in die Hand gestützt. Sie stand auf
und kam mir langsam entgegen; ihre Augen waren ver=
weint. — Max ging eben von Ihnen? sagte ich, in
möglichst ruhigem Tone. — Ja! war ihre Antwort. —
Er schien sehr bewegt, — und auch Sie haben geweint.
— Sie schwieg. Ich setzte mich und winkte ihr, es
auch zu thun. — Es ist nicht mehr, wie es war, sagte
ich nach einer Pause; während meiner kurzen Abwesen=
heit hat sich viel verändert. — Sie wollte reden, schlug
aber die Augen nieder und schwieg. — Max liebt
Sie. — Es ist so, antwortete sie, vor sich hin=
sehend. — Und Sie lieben ihn! — Sie zögerte. —
Reden Sie, Gretchen! — Ich glaub' es fast, sagte sie,
mit kaum vernehmbarer Stimme. — Ich stand auf
und ging ein paar Mal auf und ab. — Gute Nacht!

sagte ich und ging gegen die Thür. — Herr Brink!
rief sie mir nach. — Was verlangen Sie, Gretchen?
— Er hat mir entsagt, und ich ihm, sagte sie, still
weinend. — Gute Nacht, Gretchen!

18.

Still ging ich an Paul vorbei, in mein Cabinet.
Der Alte kam in einer Weile nach, und da er sah, daß
ich in der Abendkühle ausgekleidet da stand, nöthigte er
mir schweigend meinen Schlafrock auf. — Soll ich
Ihnen Ihre Pfeife bringen, Herr? — Nein, Paul! —
Ist Ihnen nicht wohl, lieber Herr? — Ich bin nicht
krank, Paul; aber bringe mir ein Glas Wein, und sage
den Kindern, wenn sie ins Speisezimmer kommen, sie
möchten nur allein essen. — Ach Gott! seufzte Paul
fortgehend; ich dachte wohl, daß es nicht gut enden würde.

Er hat ihr das Leben gerettet, sagte ich zu mir
selbst; und doch ist's nicht das, wodurch er sie mir ab=
gewann: seine Jugend ist's, und eine Entfernung von
drei Tagen! — So wenig gilt der Mensch, der innere.
— Deine Jahre, Samuel, — warum vergaßest du
deine Jahre! — Ich setzte mich an mein Schreibepult.
Gretchens Papiere fielen mir in die Hände; ihr Tauf=
schein, die Eheverschreibung und die Dispense. Ich
schämte mich vor mir selbst. — Was man ein Kind
ist! sagte ich, und wie die Natur uns verlockt und täuscht,
bis an den Rand des Grabes!

Paul brachte mir Wein und Brod. Gretchen sei
sehr bekümmert, erzählte er, daß ich nicht zum Nachtessen
käme; und Max hab' es sich gleichfalls verbeten. Er sei
unten in seiner Stube und arbeite an seinen Wirthschafts=
büchern; nach meinem Befinden habe er sehr theilnehmend
gefragt, Gretchens aber nicht erwähnt. — Ich lasse den
Kindern eine gute Nacht wünschen, sagte ich nach einer
Weile; — und geh du nun auch, Paul, heute bedarf
ich nichts mehr.

Ich schlief wenig, fühlte mich aber ziemlich gestärkt
und beruhigt, als ich am andern Morgen aufstand. Da
trat Paul herein und übergab mir einen Brief. —
Von wem? — Ach, von dem armen Max! Er ist fort,
Herr, und ich glaube, wir sehen ihn nicht wieder. —
Was sagst du, Alter? — Ich erbrach schnell den Brief,
und las einen förmlichen Abschied, voll von Ausdrücken
der wärmsten Dankbarkeit. Er hoffe, schrieb er, seine
Entfernung werde für die Wirthschaft keinen bedeutenden
Nachtheil haben, da Alles in guter Ordnung sei, und
Mamsell Berger die Oberaufsicht recht wohl führen könne;
auch empfehle er mir den Oberknecht als einen sehr
brauchbaren Menschen. Er bat mich um Verzeihung,
daß er, unbekannt mit meinen Absichten, dem Wunsche
meines Herzens einen Augenblick entgegen getreten sei;
mit der innigsten Theilnahme werde er in der Ferne von
meinem Glücke hören. Wegen seines Fortkommens bitte
er mich, außer Sorgen zu seyn; er habe durch meine
Unterstützung genug gelernt, um überall sein Brod zu

finden. Uebrigens denke er sich wegen einer Anstellung
in den landesfürstlichen Forsten an seinen Freund, den
Oberförster, zu wenden, an welchen er mich auch bitte
ihm von seinen Sachen nachzusenden, was ich selbst für
gut finde, vor Allem aber ein Zeichen der Vergebung
und der Fortdauer meines Wohlwollens. — Braver
Junge! rief ich aus; er hat sie mit Gefahr seines Le=
bens dem Tod in den Mühlrädern entrissen und geht
in die weite Welt, um meinem Glücke mit ihr nicht im
Wege zu stehen! — Laß dir sogleich einen Klepper
satteln, Paul, und reite hinüber zum Oberförster. Ich
lasse ihn bitten, heute Mittag zum Essen zu kommen
und den Max mitzubringen! — Warte! — Nein; be=
sorge schnell das Pferd und komm dann wieder. Ich
will dir ein paar Zeilen mitgeben. Aber verrathe nicht
im Hause, am wenigsten vor Gretchen, wo du hin reitest.

Ich schrieb das Billet an den Oberförster und
schärfte Paul, der es abholte, ein, sich gegen Max nicht
merken zu lassen, was ich zu seinem Briefe gesagt habe.
Der Alte war schwindelig vor Freude, und schwur, ent=
weder gar nicht, oder mit Max wieder zu kommen. —
Mit leichterem Herzen und freierem Blick, als ich seit
zehn Tagen gehabt hatte, trat ich ans Fenster, von
welchem ich Gretchen eben aus dem Garten kommen sah.
Sie bemerkte mich nicht, sondern ging ernst und sinnend
mit ihrem Körbchen voll Kirschen über den Hof die Treppe
herauf und erschrak, als ich ihr unvermuthet aus meiner
Thür entgegen trat und ihr einen guten Morgen bot.

Sind es saure Kirschen? fragte ich, mich ihr nähernd.
Sie reichte mir das Körbchen her. Alles ist süß, was
von Ihnen kommt, sagte ich, nachdem ich ein paar Kir=
schen gekostet hatte, — selbst ein Korb. Gretchen war
so verlegen, daß mich mein ungeschickter Scherz bald
reute. Ich fragte nun ernsthaft, ob sie um die Flucht
unsers Max gewußt habe? Sie nickte: ja! — Und wozu
soll das führen? sagte ich. — Zu Ihrer Ruhe und
der seinigen, antwortete sie mit bescheidener Würde. —
Sie trauen mir also wenigstens zu, erwiderte ich, daß
ich mich des Vortheils nicht überheben werde, den mir
seine Entfernung zu geben scheint. — Ich traue Ihnen
Alles zu, sagte Gretchen, dessen ein edles Herz fähig ist.
Aber es ziemt mir nicht, von dem zu reden, was Sie
zu thun oder zu lassen für gut finden werden. — Haben
Sie keinen Wunsch für sich, Gretchen? — Zu bleiben,
wie ich bin, erwiderte sie mit großer Milde, und in
dem harmlosen Geschäfte, für das Sie mich anfangs
bestimmten, so nützlich zu sein, als es mir möglich ist. —
Ich unterdrückte die Antwort, die mir auf den Lippen
schwebte, und indem ich Gretchen freundlich zuwinkte,
ging ich auf mein Zimmer zurück.

Es war eine schöne Phantasie, sagte ich zu mir
selbst; der Fehler war nur, daß ich sie für Ernst nahm.
Fahre hin, holder Traum meines Nachsommers! Ward
ich doch in früherer Zeit oft unfreundlicher geweckt, und
nicht immer, wie jetzt, ohne Reue! — Mit voller Hei=
terkeit setzte ich mich an meinen Schreibtisch und nahm

Gretchens Papiere wieder zur Hand. . Ohne Beimischung
einer bitteren Empfindung blätterte ich nur darin und
legte die Stücke bei Seite, von denen ich Gebrauch zu
machen dachte. Der Taufschein des lieben Kindes, sagte
ich, indem ich lächelnd das Datum betrachtete, kam zwar
um zwanzig Jahre zu spät, aber nur für mich; — den
haben wir nöthig. Die Dispensation — lachen wirst
du, ehrlicher Morbach! — ist jetzt überflüssig; aber die
Eheverschreibung — mit einigen Abänderungen kann sie
auch so noch ihre Dienste thun. — Ich machte diese
Abänderungen und legte den Contract zu Gretchens Ge=
burtsschein. — Glückliche machen zu können, sagte ich,
indem ich aufstand, ist ja doch das reinste Glück; und
wie sollten wir verstehen, es Anderen zu bereiten, wenn
wir nicht selbst dafür empfänglich wären? Habe Dank,
gütige Natur, für diesen letzten Frühlingsschein in mei=
nem herbstlichen Leben! Dem sanften Zuge der Neigung
glaubte ich zu folgen, und es war eine höhere Hand,
die zwei schuldlose Wesen durch mich vereinigen wollte.

Ich machte einen Gang durch die Felder, um die
Zeit bis zum Mittagsessen hinzubringen. Kaum war ich
zurück, so traten der Oberförster und Max herein. Mit
treuherziger Munterkeit führte Jener den sehr verlegenen
jungen Menschen auf mich zu, indem er sprach: Hier
haben Sie den Ausreißer. — Ist es recht, Max, sagte
ich, daß du auf und davon gehst, ehe du mir einen
Nachfolger gestellt hast, und sogar, ehe wir noch Gret=
chens wunderbare Erhaltung gefeiert haben? — Richte

den Tisch drüben, Paul, in Mamsel Gretchens Zimmer;
wir sind heut' ihre Gäste.

Was meinen Sie, Herr Oberförster, redete ich nun
Diesen an, da mich der Junge mit der Wirthschaft sitzen
läßt, wenn ich mein Gütchen in Pacht gäbe? — Dazu
rath' ich nicht, erwiderte der Oberförster schnell. — Aber
der Mann ist tüchtig, gab ich zur Antwort, und hat
selbst Ihren Beifall. Denn, kurz, weil Max das Gut
nicht mehr für meine Rechnung verwalten will, mag er's
für seine thun; ich geb' es ihm für einen billigen Pacht-
zins, jedoch unter einer Bedingung. — Die wäre?
fragte der Oberförster aufhorchend. — Daß er die Ansprüche befriedige, die ich einer gewissen Person auf mich
und einen Theil meines Eigenthums eingeräumt habe.
Die Sache ist hier schriftlich aufgesetzt; sieh selbst, Max,
ob du die Bedingung erfüllen kannst. — Max starrte
mich und die Ehestiftung an, die ich ihm hinreichte. —
Wahrhaftig, rief der Oberförster, der einen Blick in die
Schrift that, das ist ein Heirathscontract, und Ihr
Name, Max, steht hier neben Gretchens Namen. —
Max war noch immer wie ohne Bewußtsein. — Nimm
doch, Max! sagte ich, ihm das Papier aufbringend; du
hast dich nicht so lange besonnen, als du das Mädchen
aus dem Wasser zogst. — O mein Wohlthäter! mein
Vater! rief er nun, und lag an meinem Hals. — Geh
hin, Glücklicher! unterbrach ich seinen Freudentaumel,
und hole dir ihr Jawort selbst. Ich will es ihr er-

sparen, vor meinen Augen roth zu werden, so gern ich
sie auch erröthen sehe. — Er flog zur Thür hinaus.

Das ist brav, Herr Brink! sprach der Oberförster,
und wahrlich noch mehr, als ich von Ihnen erwartete,
was doch nicht wenig gesagt ist. — Loben Sie mich
nicht, Freund! erwiderte ich; er wollte für mich viel
mehr thun. Was ist der Wunsch eines Mannes, der
von dem Leben beinahe schon Abschied nimmt, gegen die
erste Liebe zwei solcher Herzen?

Gretchen kam, an Maxens Arm geschmiegt, zur
Thür herein. Es war, als sollte ich für meine Selbst-
verläugnung durch den lieblichsten Anblick belohnt werden,
denn ihre ganze Gestalt glühte von dem Ausdruck der
holdesten Schamhaftigkeit. Die Farbe Ihrer Wangen,
rief ich ihr entgegen, giebt mir Antwort auf Maxens
Werbung. Ich habe nur noch Eins beizusetzen: in drei
Wochen muß Hochzeit sein; Alles ist vorbereitet, sogar
die Einwilligung Ihres Vormundes. — Und nun, Gretchen, geben Sie mir den Arm als Brautvater, weil es
nicht als Bräutigam geschehen konnte. Wir wollen heute
Ihre jungfräuliche Wohnung zu dem glücklichen Aufenthalt einer kleinen Familie einweihen. Sie schien
Ihnen zu weitläufig; hatte ich nicht Recht, als ich
sagte: wer weiß, wozu das in der Folge gut ist?

Herr von Sacken.

Von

Wilibald Alexis.   (W. Häring.)

K. Büchner's „Deutsches Taschenbuch für das Jahr 1837."
(Berlin. Dunker und Humblodt.)

G. Wilhelm Heinrich Häring, geboren zu Breslau den 29. Juni 1798, aus einer Refugié-Familie der Bretagne stammend, erlebte als Knabe 1806 die Belagerung Breslau's, wurde nach dem Tode des Vaters nach Berlin verpflanzt, wo er das Werder'sche Gymnasium besuchte, machte als Freiwilliger 1815 den Feldzug und die Belagerungen der Ardennenfestungen mit, studirte seit 1817 in Berlin und Breslau die Rechte und trat in den Staatsdienst, aus welchem er aber schon als Kammergerichtsreferendarius zur Literatur (unter dem Namen Wilibald Alexis) überging.

Nachdem er durch den unter Walter Scott's Maske geschriebenen, wirklich ebenbürtigen und überall als echt aufgenommenen, von Scott selbst für die kühnste Mystification des Jahrhunderts erklärten Roman „Walladmor" (welchem „Schloß Avalon" folgte) seinen Ruf weithin begründet, verdiente er sich durch die selbstständigen großen Romane aus der Geschichte Brandenburg-Preußens, „Cabanis", „Roland von Berlin", „Der letzte Waldemar", „Dorothee", „Die Hosen des Herrn von Bredow" ꝛc. ꝛc., den Namen des „preußischen Walter Scott". Allgemeine Verbreitung erlangte seine mit Hitzig unternommene Sammlung von Criminalfällen: „Der neue Pitaval".

Am 16. December 1871 nahm ihn der Tod aus einem durch sechzehn Jahre in voller Heiterkeit des Gemüthes erduldeten Leidenszustande hinweg.

Aus seinen zahlreichen Novellen, worin er die Tieck'sche Schule allmählich mit einer ihm durchaus eigenthümlichen Kunstweise vertauschte, eine einzige auszuwählen, ist keine leichte Aufgabe. Häring ist nicht eigentlich Novellist im strengen

Novellenschatz. Bd. X.

7

Sinne. Seine Neigung zu breitangelegter Handlung und behaglicher Schilderung historischer Personen und Zustände, seine
Liebe zu allem Detail der Culturformen vergangener Zeiten werden durch die knappe Technik der Novelle beengt
und machen sich dann oft zum Schaden des Eindrucks in
allerlei wunderlichen Gewaltsamkeiten geltend. Manche dieser kleineren Erzählungen, die er für Taschenbücher schrieb,
sind nichts als sehr ungleich durchgeführte Skizzen zu Ro-
manen, in denen das große Talent des Verfassers oder
vielmehr sein Talent für das Große sich überall verräth,
etwa wie ein Meister im Symphoniestil auch in der
Sonate stets interessant bleibt, wenn er sich auch in der
engeren Form nicht immer zu seinem Vortheil bewegen sollte.

Die von uns hier mitgetheilte Novelle zeichnet sich
vor andern durch gleichmäßigen Fluß und eine sorgfältigere
Beobachtung des novellistischen Contrapunktes aus. Ueber-
dies glauben wir mit der Aufnahme derselben eine jener
räthselhaften Unbilden des Zufalls zu sühnen, der über
literarische Werke unverantwortlich regiert, da diese treffliche Arbeit, völlig verschollen, in keiner der späteren Sam-
melausgaben wieder abgedruckt, ja den nächsten Freunden
des Dichters unbekannt geblieben war.

Die Sarmaten feierten den Abgang ihres Seniors von der Akademie. Halb Königsberg war auf den Straßen und an den Fenstern, als Zuschauer eines reichen Comitates, welches die Landsmannschaften dem jungen Prinzen gaben. Polen, Kurländer, Liefländer und Esthländer wetteiferten in Pracht der Kleidung, der Pferde, Geschirre, Wagen und einer Dienerschaft, deren goldbesä'te Livréen noch die ausgewählt phantastischen Ordenstrachten ihrer Herren überstrahlten. Die gezogenen Hieber, die Federbüsche auf den deutschen Hüten und sarmatischen Mützen und die stolzen Reiherbüsche auf den Köpfen der Pferde blinkten um die Wette mit den Standarten und Fähnlein im Scheine der hellen Nachmittagssonne. Der Held des Tages, im schwarzsammtenen sarmatischen Rocke, von Goldschnüren strotzend, saß zurückgelehnt in der prächtigen Carosse. Ihm gegenüber die erwählten Marschälle, während die Senioren der Landsmannschaften, die blinkende Waffe in der Faust, um den von sechs Schimmeln gezogenen Wagen als Ehrenwache ritten. In dem dunkeln Auge des blassen Jünglings schien sich noch einmal der flüchtige Wiederschein des schnell vergangenen Jugendrausches zu spiegeln; aber in

7 *

demselben Auge lag auch das bleierne Gefühl der Sät=
tigung, und um die aufgeworfenen Lippen spielte ein
Hohn, der wenig zu dem Schaugepränge und dem Schmet=
tern der Pauken und Trompeten stimmte.

Der Advokat Behrend antwortete seinem Nach=
bar, der ihn darauf aufmerksam gemacht: Was wundert
uns dies, mein werther Herr Lauson? Unser Starosten=
sohn sieht nunmehr anderem Schaugepränge, anderen
Kämpfen und Ehren entgegen, die ihn vielleicht bis neben,
wo nicht auf den Thron setzen, daß ihm die Auszeich=
nungen, so unsere akademische Jugend ihm erweist, da=
gegen unbedeutend dünken mögen. Was hindert den
polnischen Edelmann, sein Auge bis zum Diadem zu
erheben, zumal in diesen Tagen der Republik? Wenn
unser Prinz die Goldrollen dort so geschickt springen läßt,
wie er sie hier leichtsinnig verstreute, hat er darauf bes=
sere Anwartschaft als der arme Stanislaw Leszinski, der
wohl noch auf dem Throne säße, wenn er, statt mit
schwedischem Eisen, mit eigenem Golde Stimmen gewor=
ben hätte.

Einige meinten, wenn der glückliche Fall sich er=
eigne, werde es der Stadt zu Ehre und Vortheil gerei=
chen. Der Advocat lächelte: Was kann ein König von
Polen der Stadt unseres allergnädigsten Monarchen Nutzen
bringen! Und wenn er es könnte, meine verehrten Nach=
barn, so würde der dereinstige König es Königsberg's
Bürgern wenig Dank wissen, daß sie Zeugen seiner Ju=
gendthorheiten waren. Wenn Niemand gern daran er=

innert wird, so am wenigsten die kühnen und ehrgeizigen
Männer, welche hohe Stufen des Glückes erklimmen.
Erinnerung und Dankbarkeit sind Tugenden, welche in
unserm entarteten Zeitalter abnehmen. — Man sprach
von den vielen verwegenen Abenteurern, welche in Ruß=
land, Frankreich, Corsica und der Türkei ihr Glück ge=
macht und gern mit dem Schleier des Geheimnisses ihr
früheres Leben, oder gar ihre Geburt umhüllten.

Glücklich, wem in diesen Zeiten der Verwirrung
ein bescheidenes Loos fiel, mit dem er zufrieden ist, sprach
Behrend. Wer sagt uns, welche Leidenschaften und Ent=
würfe unter diesen jungen Köpfen da unten gähren, an
welche Klippen der Ehrgeiz Diesen verschlägt, und an
welcher fremden Höhe Jener plötzlich, uns allen zur Ver=
wunderung, empor klimmt. Seit ein christlicher Baron
Großvezier, ein Pastetenbäckerjunge Premierminister und
eine Pfarrerstochter Zaarin werden konnte, verschwör' ich's
nicht, daß der trübsinnige Herr von Sacken, der bei
mir wohnt, nicht einst Dalai Lama wird. Erwarten
mögen wir Alles, nur nicht Dank, meine Freunde, von
Denen, die wir klein gekannt, wenn sie groß wurden.

Lauson schüttelte lächelnd den Kopf: Nicht das
Kind mit dem Bade verschüttet, mein Herr Advocat.
Dort da hingeschaut auf den kecken jungen Reiter, der
die blitzenden Schelmaugen allen hübschen Gesichtern zu=
wendet. In dem Burschen glüht ein Feuer des Ehr=
geizes, so stark, als seine Mittel schwach sind, und der
Sinn möchte so hoch hinaus, daß die Stirn immer gegen

meine niedrige Decke fährt. Er wird auch noch etwas,
in Indien oder in Rußland, drauf verlaßt Euch, und
er vergißt mich nicht, wenn er Nabob ist oder Groß=
vezier, so gewiß ich Lauson heiße.

Der Advocat lachte gegen seine Gewohnheit laut
auf: Gute Nachbarn und schöne Frau Muhmen, wißt
ihr, woher Gevatter Lauson so viel auf ihn hält?
Weil der Bursch ihm noch keinen polnischen Groschen
Miethe für die Erkerkammer gezahlt hat; darum hofft
er von ihm etwas. Weil er unsern lieben Gevatter
aber einmal, als er ihn mahnte, zur Thüre hinaus warf,
und ich glaube gar, die Treppe hinunter, darum ist
sein Angedenken ihm unvergeßlich. Endlich ist er ihm
einmal, als er vom Commers kam und Lauson mit der
Laterne die Hausthür öffnete, um den Hals gefallen, denn
im Rausch hielt er unsern Vetter für seine hübsche Magd;
darum meint Lauson, er liebe ihn.

Die Frauen hatten den schönen Reiter bewundert,
der sein Pferd auch vor ihrem Fenster tummeln ließ. —
Da seht Ihr's, Advocat, sagte Lauson, unsere Frauen
hat er schon gewonnen, troß Euren Lästerungen. Wer
sich auf Weiber und Pferde versteht, hat den Weg ge=
funden, auf dem man steigt.

Wohlgesprochen, fiel Behrend ein. Es ist die Leiter,
auf der man auch bis zum Galgen kommt.

Uebrigens thut Ihr ihm Unrecht, fuhr Lauson fort.
Uebermüthig ist er, das lieb' ich an der Jugend; flott
lebt er, dafür ist er Student, und was er mir schuldig

bleibt, braucht Niemand zu wissen, als ich. Aber er wirth=
schaftet mit dem Wenigen, was er von Haus erhält,
wie unser König, den Gott erhalte. Und wenn er nichts
hat, scheint er doch immer etwas zu haben. So
müssen es die Leute anfangen, die gelten wollen. Toll,
leichtsinnig, eitel, verliebt; aber sein Wort hält er, drauf
gebe ich meines.

Wie unser Lanson in seinen Kurländer verliebt ist!
sagte ein Dritter.

Ich habe mehr Grund dazu, fuhr der aufgeräumte
Wirth fort, als Ihr, Vetter, mit Eurem. So vornehm
zu sein, und so wenig es verstehen, sich geltend zu ma=
chen; so reich, und mit dem Gelde nichts anzufangen
wissen; so gelehrt und klug, als Ihr sagt, und so duck=
mäuserig. Pfui! Das ist kein Mensch, kein Cavalier und
kein Student. Schlüge er nicht eine so scharfe Klinge,
Euer Herr von Sacken, in dessen Temperament Ihr Euch
vernarrt habt, er würde gehänselt werden, wie er's ver=
dient. Solche Temperamente sind mir auf allen Wegen
zuwider, vor Allem aber bei einem Königsberger Stu=
denten. Was gilt die Wette, aller seiner Schätze, Schön=
heit, Klugheit, Gelahrtheit und Vettern ungeachtet, er
bringt's nicht weit. Denn er versteht keine Oekonomie,
und unter Oekonomie verstehe ich, daß jeder seine Gaben
scheinen läßt und auf den Markt bringt, wo sie gelten.

Der Zug war vorüber, die Trompeten und Pauken
schallten nur noch aus der Ferne, und die Menge ver=
lor sich, Viele folgten dem Comitate vors Thor. Behrend

sagte im Nachhausegehen, indem Laufon ihn begleitete: Ihr habt Recht, Gevatter, es liegt in der Oekonomie, was wir Glück nennen. Wer nicht auf dem rechten Markt feil bietet, was er hat, führt die Fortuna nicht nach Haus.

Wie's schon geschrieben steht, fiel Laufon 'ein: Du sollst dein Licht leuchten lassen vor den Leuten, und nicht im Keller.

Der Sarmate bringt es zu nichts, fuhr Jener fort, anscheinend mehr seinem Gedankenlaufe folgend, als daß er sich um die Fortsetzung des Gesprächs mit dem Freunde kümmerte. Er giebt nur aus und sammelt nichts, und wie reich er auch ist, an Talenten, Geld, Muth, Land, es gestaltet sich zu nichts. Wir Handvoll Deutsche hier, die der Zufall, der Handelsgeist, oder der Fanatis= mus unserer Vorväter an diesen Küsten aussä'te, wurden gezwungen, unter der sarmatischen, lettischen, finnischen Bevölkerung zusammenzuhalten; der Oekonomie, mit der wir zu Werke gingen, verdanken wir unsere Existenz, unsern Wohlstand. Nun aber scheinen wir berufen, durch das genaue Wirthschaften mit unsern Kräften nicht uns allein zu schützen und erhalten, sondern auf die Andern einzuwirken. Der germanische Einfluß erstreckt sich von den baltischen Küsten durch unermeßliche Landstriche bis in das ferne Asien. Zwei deutsche Reiche blühen hier unmittelbar im Lande der alten Preußen und Kuren, ein Deutscher sitzt auf dem Throne der Polen, und mehr und mehr erheben sich deutsche Köpfe neuordnend, schaf= fend, regierend, im weiten Rußland.

Bis sie — abfliegen, unterbrach Lauson; mit einer Bewegung der Hand die Worte begleitend.

Ein Kopf ersetzt den andern. Wer glaubte nicht, daß die deutsche Herrschaft mit dem Fall von Diesem und Jenem zu Ende sei, und immer tauchte sie wieder auf, wie etwas Nothwendiges, Unvermeidliches. Dort ist das Feld für die wild gährende Kraft unserer Jugend, für die die Formen im Vaterlande zu kalt, steif und unbequem wurden. Da werden sie wirken, schaffen, und ohne Feuer und Schwert durch ihr Ingenium unserer Sitte und Sprache ein neues, unermeßliches Reich erobern.

Lauson lächelte: Ei, ei, Gevatter, wohin fliegen Eure gelehrten Gedanken! Ihr seid nicht Soldat und wollt erobern und, ohne Professor der Philosophie zu sein, Discurse halten, was in der Welt geschehen soll und kommen muß! — Als ob Euch die Luft schon angesteckt hätte, von der jener Italiener sagte, sie röche ihm hier so philosophisch. Und auf all die Sprünge ins Blaue hat Euch nichts als mein gewesener flotter Miethsmann gebracht, weil ich von ihm sagte, daß er trotz seiner lustigen Sprünge ein vortrefflicher Wirthschafter ist. Wenn die Polen und Russen und Finnländer, wie Ihr sagt, mehr ausgeben als sammeln, so bin ich für meine Person mit dem Profit, der uns dadurch zufällt, vollkommen zufrieden und überlasse Jedem, der da Lust hat, die Einflüsse, von denen Ihr redet, auf die kuriosen, unsaubern Nationen. Wollt' es Euch übrigens

auch gerathen haben, Gevatter, sintemal pro primo Ihr
in das Privilegium unseres allergnädigsten Königs Fried=
rich Wilhelm eingreift, pro secundo aber Eure Clienten
sehr den Kopf schütteln würden, wenn der fleißige Ad=
vocat Behrend um das Wohl von Nationen▸ihr eigenes
vergäße.

Behrend schüttelte dem Freunde die Hand: Wieder
habt Ihr Recht. Deutsche sollten immer zusammenhal=
ten, zunächst nur an sich denken; dann stünde es um
unsere Angelegenheiten, um unser deutsches Reich besser.

Bester Gevatter, Ihr werdet mir durchaus Philo=
soph; denn beim einfachsten Wort, was von meinen
Lippen fällt, macht Ihr Schlüsse auf Gott weiß was,
woran ich nicht gedacht. Wie steht's um unsere Wette,
wegen meines Kurländers? Ein Fäßchen Ungerwein!
Ehe wir es uns versehn, wird aus ihm etwas
Großes.

Gelüstet's Euch so sehr, lächelte der Advocat, das
Faß in meinen Keller zu rollen? Ein Fäßchen Franz=
wein dagegen, wenn der Bursch nicht in diesem Seme=
ster wegen eines dummen Streiches bei Nacht und Nebel
aus der Stadt muß, und am Morgen sein Name am
schwarzen Brette steht.

Topp! rief Lauson und schlug ein. Vorerst ver=
suchen wir aber ein Gläschen von dem Unger, damit
Ihr lüstern auf das Fäßchen werdet, für das sich kein
Platz in Eurem Keller finden wird.

Behrend ging es unter der Bedingung ein, daß

Lauson am folgenden Tage seinen Franzwein probire, der eben so wenig Luft spüre, seinen bisherigen Platz zu vertauschen.

＊   ＊

Nicht so mäßig, als in dem Flurstübchen der ehren= werthen Bürger, ging es in der Schenke vor dem Thore zu, wo beim Abschiedsgelage der Studenten mächtige Humpen mit demselben feurigen Getränke kreif'ten. Aus einem Fasse auf dem Ecktisch wurde gezapft, und die Kugelgläser flogen, wenn sie den Kreislauf gemacht, zum Fenster hinaus, ohne daß man sich die Mühe nahm, die Flügel zu öffnen. Gesang und rauschende Gesund= heiten, von lärmender Musik begleitet, wechselten; Brüderküsse und Schwüre ewiger Freundschaft wurden über die Tische geschleudert, und auf die Bänke sprang, wer, was er in sich fühlte, den Drang empfand, von sich zu geben, zu Allen, die es noch hören konnten, oder wollten. Das feierliche Gaudeamus war längst verhallt, die Hüte durchstochen, die Hieber rollten in den Unger= strömen auf den langen Tischen hin und her, und die Mützen lagen von den lockigen Häuptern gefallen unter den Bänken. Die wilde Natur mit fremden Erinner= ungen und alter Wuth mischte sich als barockes Spiel in den Ernst des wehmüthigen Abschiedsfestes. Die Prä= sides hatten ihr Geschäft, Ordnung zu erhalten, aufge= geben. Auf einem Tische thronte der blasse Jüngling,

in deſſen ſchwarze Augen die Ströme Weines und die
Aufregung der vorangehenden Auftritte wieder ein wildes
Feuer gegoſſen, und ſang mit unſicherer Stimme das
Zechlied:

> Ich bin der Fürſt von Thoren,
> Zum Saufen auserkoren!
> Ihr Andern ſeid erſchienen,
> Mich fürſtlich zu bedienen.

Warum bloß von Thorn? — König von ganz Polen-
land ſoll er ſein, unſer Bruder Oginski!, rief ein junger
Sarmate, des Deutſchen vermuthlich noch nicht mächtig
genug, um das Narrenreich von der Stadt der Pfeffer-
kuchen zu unterſcheiden. Aber das Mißverſtändniß zün-
dete blitzartig. — König von Polen! Rex Polonorum!
hallte es durch den Saal. Hatte man ſich doch vorher
in überträufende Begeiſterung für den Abreiſenden hinein
geſprochen, geſchrieen und getrunken. Man wollte das
Leben laſſen für ihn, den Herrlichen, Großmüthigen,
deſſen Eigenſchaften auf Flammenſtrahlen zu den Sternen
gefahren waren, warum ihm nicht die Krone geben,
Polen war ja ein Wahlreich, und ſie alle freie Männer!
Mit gezücktem Säbel ſprang Einer auf den Tiſch
und, ihn ſchwingend über dem Haupte des Sitzenden,
hob er mit der linken Hand das gefüllte Glas: Pro
Patria, Landsleute, und ein Schuft, wer Oginski ſeine
Stimme weigert! — Rex noster! hallte ein wilder
Jubel, und Mehrere folgten dem erſten Jünglinge mit
blanken Säbeln auf den dröhnenden Tiſch. — Was die

ehrbaren Königsberger am Fenster als möglich besprochen,
wurde von den weinglühenden Jünglingen in der Schenke
als Wirklichkeit parodirt. Doch war es kein verab=
redetes Spiel, auch mochte keine bestimmte Absicht hinter
der von der Weinlaune eingegebenen Farce liegen; der.
Ernst hatte sich nur vermöge der Leidenschaftlichkeit, mit
welcher der sarmatische Charakter jede Rolle auffaßt, ins
Spiel geschlichen. Des Zufalls Stimme machte aber
die berauschte Stimmung zu einem Omen. Alle gezück=
ten Säbel huldigten dem Piasten. Die erhitzten Stim=
men schrieen seine Erhebung durch Balken und Wände in
die Lüfte, obschon die draußen Versammelten wenig
mehr als einen chaotischen Lärm mit einzelnen Namen
hörten.

Wahlkönig! Nun zur Sache. Quidnam promittis
et quidnam dabis Confoederatis? brüllte ein bärtiges
Angesicht, ein gewaltiger Schläger, der schon mehr als
drei akademische Lebensalter den Commersen präsidirt
und in der allgemeinen Erhitzung eine Ruhe behalten
hatte, die nicht vom minderen Genusse, nur von der
mehreren Uebung herrühren mochte. Der Prinz erhob
sich und schleuderte einige flammende Worte hin von der
Herrlichkeit der Republik und seinem glühenden Haß
gegen die Fremden. So wahr du das Glas leerst,
machst du Polen rein! rief Einer, ihm das gefüllte
Kelchglas reichend. — Er trinkt, der König trinkt, rex
noster bibit! schrie der verworrene Chor, ob der trun=
kene Jüngling doch nur die Hälfte über die Lippen ge=

bracht, und das Glas mit dem Reste fallen ließ, daß es zerbrach. Reinen Tisch gemacht! jubilirte der Chor, und Gläser und Flaschen flogen über die Köpfe und Tische gegen die Wände.

Warum steht deines noch ganz vor dir? rief das bemoos'te Haupt einem Jünglinge zu, der im Winkel zu= rückgezogen saß, die breite Hand auf seine Schultern legend. — Weil ich noch trinken will, entgegnete Dieser, und schüttelte sie ab. — Was! will der Kurländer nicht huldigen? rief ein Anderer. Der Zuruf eines Beson= nenern, es sei der melancholische Sacken, der über Plato und Seneca vergesse, was drei Schritte von ihm vor= gehe, wurde überschrieen durch den Tumult der Stim= men: Kurland muß huldigen! — In dem Prinzen schien in diesem Augenblicke der Rausch auf dem Gipfelpunkte. Er sprang auf, stieß den Sessel mit dem Fuß um und schrie: Es muß — ich schwör' es euch, Brüder, es muß — so wahr Piastenblut mir in den Adern rinnt: keine Provinz, keinen Flecken, kein Dorf, die uns ge= hörten, lassen wir los. — Wir lassen sie nicht los, wiederholte der Chor. Sie sind unsere Lehnsmänner! Kuronia heran! Auf die Knice vor unserm erwählten Könige. Sie sollen aufs Neue um Belehnung bitten! oder —

Ein junger Bursch von blühendem Gesicht und kräf= tiger, aber gedrängter Figur arbeitete sich über die Schultern zweier Polen durch einen tecken Satz auf den großen Tisch. Der Wein glühte auch in seinem blonden

Geficht und den schwarzen runden Augen, die halb schel-
misch, halb herausfordernd blitzten. Die Hand in die
Seite gestemmt, rief er trotzig die Wortführenden an:
Was, oder?

Auf die Kniee, Kurone! schrieen diese.

Die Kuronia will nicht knieen, die Kuronia mag
um nichts bitten, was sie schon hat, rief mit höhnendem
Blicke der Jüngling: Wir sind deutscher Nation. Die
Independenzia, so unsre Väter, ohne Euch darum mit
einer Frage zu molestiren, sich selbst procurirten, werden
ihre Enkel zu conserviren wissen, ohne sich um Eure
krummen Säbel und Worte zu scheren.

Was meint ihr zu dem Milchbart? rief der Prinz.
— Sie haben zu lange nicht gekniet, ein Anderer. —
Lehrt sie wieder das Verlernte, ein Dritter.

Bei allen Wundern von Czenstochau, schrie ein
Vierter auf, er soll deinen Stiefel küssen und mit der
Rindssohle auf seinen Rücken die Belehnung empfangen.

Küß den Stiefel! jauchzte der Prinz und streckte
den Fuß aus.

Der Tumult überbot sich selbst, als der junge
Mensch, statt, was ihm geboten, zu thun, durch eine
rasche Bewegung das Bein des Beleidigers faßte und
sich zu den Landsleuten umwendend fragte: Landsleute,
den Stiefel habe ich, und den Fuß dazu. Probiren
wir, ob er die Polonaise mit dem andern allein
tanzen kann!

Es wäre dem Verwegenen übel ergangen — die

Säbel der erhitzten Sarmaten zückten schon unter wildem
Geschrei über seinem Haupte, — wenn nicht der Senior der
Kurländer raschen Sprunges auf dem Tische gewesen
wäre. Er schleuderte den jungen Menschen zurück, und
seine lange Gestalt und ein kräftiges Halt hemmten für
den Moment die Wuth der Bewaffneten. Mehr noch
that es sein zornschnaubender Anruf an Jenen:

Brandfuchs! in dein Loch, oder mein Fußtritt lehrt
dich, wie man nicht mit abligen Männern verkehrt. —
Viri nobiles und freie Leute! wandte er sich an die
Polen, das fehlte noch, daß Einer vom Pack, ein glebae
adscriptus, uns verträte. Wollt ihr mit Kurland reden,
hier steht Kurland. Wenn ihr mit uns etwas auszu-
machen habt, bei unsern Vätern, wir werden euch Rede
stehen, wie es unter nobiles und guten Burschen Sitte
ist, aber der Wiedehopf kann so gut für den Adler
Herold sein, als Der für uns.

Haut ihn in Stücke, schrie der taumelnde, seiner
nicht mehr mächtige Held des Tages, von Zweien gehalten. — In Stücke ihn, er hat die Republick gehöhnt!
tos'te ein Meer verwirrter Stimmen.

Das wäre zu Viel um Nichts! rief der Senior
mit aufgehobener Hand. Sonst trocknet dem Brandfuchs das nasse Gesicht, wie euch beliebt. Uns schiert
es nicht.

Wer ist's, wie heißt er? fragte es.

Was kümmert mich sein Name, entgegnete hochmüthig der Senior. Birne oder Bier, glaube ich, nennt

er sich, und wenn er deutsches Blut prätendirt, ist's ein
verlorenes Korn, das eine Schwalbe von einem deut=
schen Misthaufen auf unsern Weizenboden fallen ließ.
Weil es aufging, eh wir's zertraten, darum hat es noch
nicht gleiches Recht mit unsern alten Stämmen.

Sein Großvater war ein Stallknecht, sein Vater
schacherte! rief der zweite Senior der Kurländer.

Der, um den es sich handelte, wollte sprechen,
wild rollten seine schwarzen Augen, aber die Wuth der
erzürnten Mehrheit ließ es nicht zu. — Zur Thür hin=
aus mit ihm! — schrie ein Theil. Das Fenster ist
näher und bequemer! — ein anderer. Der junge Mensch,
umringt, gedrängt von den Tobenden und daher un=
fähig, seinen Hieber zu gebrauchen, flog, ehe seine Lands=
leute einig schienen, welche Partei sie ergreifen sollten,
zum Fenster hinaus. Der Sprung war indessen nicht
unbedingt gefährlich, und wer noch Besinnung dazu
hatte, konnte sehen, daß er unversehrt, wenigstens nicht
bedeutend beschädigt, den Boden erreichte.

Damit war die Aufregung jedoch keineswegs be=
schwichtigt. Die Polen tobten um Genugthuung, die
ihnen die Mehrzahl der Kurländer auch auf der Stelle
zu geben bereit gewesen wäre, wenn nicht unter den
Senioren der Rausch noch so viel Besinnung gelassen
hätte, um einzusehen, daß beiden Theilen dazu die Kräfte
abgingen. Man beschloß, auf der Stelle in die Stadt
zurück zu galopiren. Dort soll pro patria geschlagen
werden. Noch heute! tobte der Prinz. Wir wollen

sehen, ob ihre steifen Kniee und geraden Degen sich
nicht knicken lassen. — Drinnen, drinnen auf der Mensur,
meine Brüder, sprach das bemoos'te Haupt, den Arm
um die Schulter des Prinzen legend, daß er nicht um=
sinke, oder um einem ungeziemenden Ausfall auf Gegner
vorzubeugen, die er kaum mehr zu unterscheiden fähig
schien. Schielen sie nach Moskau, oder nach den Bran=
denburger Sandpilzen — ich will ihre Augen gerade
richten. — Auf Seiten der Gegner war die Aufregung
kaum geringer, und auch ihre Senioren hatten Mühe,
die Erhitzten zurückzuhalten. Man trank aufs Neue, um
sich zu der blutigen Entscheidung vorzubereiten, vielleicht
auch, weil die noch Ruhigeren im Uebermaß des Weines
ein letztes Mittel gewahrten, um die andere Gährung
für den Augenblick niederzuschlagen. Wirklich sah man
nach so heftigen Auftritten wieder geschüttelte Hände,
Brüderküsse, und in Unordnung und Hast, mit eben so
umgedrehten Gedanken, als der Auszug in eine Rückkehr
umschlug, warfen sich Alle auf ihre Pferde und spreng=
ten bunt durch einander mit wildem Halloh dem Thore
wieder zu.

　　Der Herr von Sacken, welcher auf unschuldige
Weise zu dem Auftritt den Anlaß gegeben, kam neben
dem Senior seiner Landsmannschaft, der in demselben
eine so entschiedene Rolle gespielt, zu reiten. Sie blie=
ben, wie es schien, absichtlich hinter dem sich überstürzen=
den Schwarme zurück. Ich begreife dich nicht, Keyser=
lingk, was du damit wolltest? sagte er.

Sollte es zu einem Gemetzel kommen, entgegnete Jener, einer niederträchtigen Schlägerei, die, wie die Polen waren, und wir zum Theil auch, in dem engen Raum mit zerschlagenen Hirnschädeln und einem Dutzend gebrochener Arme und Beine geendet hätte? Hattest du Lust, der Criminaljustiz dieses Königs in die Hände zu fallen, der um den lumpigsten Todtschlag einen Edelmann so leicht hängen läßt, wie einen Zigeuner? Die Ehre des Corps war so oder so gefährdet. Dem Maulaffen aufs Maul zu schlagen, war die leichteste Art herauszukommen.

Der Bursch, entgegnete Sacken, muß es also ausbaden, was er in gratiam Unserer sprach. Das ist hart.

Regt sich wieder einmal deine philosophische Milzsucht? Hier ist sie am Schlechtesten angebracht. Grade weil ich es Diesem gönnte und er es verdient, kam mir die Affaire zu Paß.

Wer ist es? Ich erinnere mich nicht, ihn gesehn zu haben.

Keyserlingk lachte auf: Das kann abermals nur mein Freund Theosophus Sacken sein, der den aberwitzigen, neugierigen, vorlauten, eiteln Burschen noch nicht kennt, einen, bei dem es mich in den Fingern juckt, wenn er mir in den Weg läuft. Spreizt er sich nicht mit seinem glatten Kinn, seinen französischen Hacken, seinem gesalbten Haar und seinen Katzenaugen, wie eine Krähe mit Pfauenfedern, drängt er sich nicht in unsere

8*

Convivien, als duftete sein Taufschein von tausendjährigem
Modergeruch, und möchte mit dem Scheitel in die Wolken zurück, ob er doch nichts aufzuweisen hat, als daß
sein Vater, der ein treuer Lakay bei den Kettler's war,
sich ein Pfandrecht auf das Vorwerk Clangallen erknau-
sert und erbettelt hat. Die Groschen sind ihm zuge-
zählt, und er wirft die Gulden um sich, um zu prahlen.
Vor Frauen ist er ein Held, und seine Allodien und
Benefizien sind Schürzenstipendien.

Gewiß kam er dir in die Quere.

Wenn das wäre, sagte Keyserlingk, hätte ich ihm
einen Riegel vorgeschoben, über den er springen müßte,
und ich meine, er wäre so auf seine weiße Nase gefallen, daß er das Aufstehn vergessen hätte. Nein, es
war heut das erste Mal, daß uns die Fortuna auf die
Art zusammenbrachte. Es giebt Physiognomieen, die
einem von Geburt aus zuwider sind, wo die Natur den
Widerwillen ins Blut legte, und der erste Blick thut
es. Der ist abgefertigt, und auf den großen Steinen
wird er mir nicht wieder in den Weg treten.

Sacken schwieg eine Weile: Bei alledem geschah
ihm Unrecht. Ob aus Eitelkeit oder aufrichtigem Gefühl, — was er that, that er doch für uns, für die Ehre
des Corps und des Vaterlandes. In diesen zerrütteten,
drohenden Zeitläufen sollten wir selbst zusammen halten,
eng gegliedert, und um kleinen Zwist nicht den größern
Hader wecken.

„Wer sind denn Wir! fuhr der Senior auf. Rech-

nest du den zu uns? Für die Kameradschaft dank' ich.
Wir sind gegliederte Männer, da hast du Recht. Eine Kette
mit festgeschlossenen Gliedern, wir brauchen keines von
fremdem Guß hinein. Und was ist denn für uns Vater=
land? Der Streifen Landes, den unsere frommen,
schwertumgürteten Väter an einem wilden Strande, unter
noch wilderen Barbarenvölkern sich erstritten, noch jetzt
durch Seeen, Steppen, Wälder unerreichbar getrennt von
der Wiege unserer Väter, ist das Vaterland? Die
Erinnerung an unsere Abstammung, das ist Vaterland
für uns, daß wir eng und stolz zusammen halten, in
reinem Blut, in reiner Sprache, in derselben Sitte.
Durch diese Absonderung schützten wir uns allein vor
dem Loose, das so viele Deutsche traf, aufgelös't, ver=
schmolzen, endlich unterjocht und eins zu werden mit
den Barbaren. Wenn wir nicht mehr Erz am Leibe
tragen, so sei es Oel, wovon die fremden Stoffe, die
uns berühren möchten, abgleiten. Darum Keinen aufge=
nommen, der nicht zu uns gehört. Auch sie nicht heran=
gelassen, denn Gewöhnung frißt edle Sitten, wie der
Rost das Eisen. Das Pferd hat einen angebornen
Widerwillen gegen den Esel, aber wenn man sie lange
in Einen Stall sperrt, fressen sie wohl aus Einer Krippe.
Darum bei Zeiten jede Anmaßung niedergeschlagen, und
wenn uns auch nicht so zu Muthe wäre, den Kopf hoch
getragen und dem Pack imponirt.

Ihr Gespräch ward durch einen Tumult unter=
brochen. Statt des verabredeten Kampfes der beiden

Landsmannschaften war es am Thor zu einem zwischen den Studenten und der Stadtwache gekommen. Die vorderſten, toll und blind anſprengenden Reiter hatten der Schildwacht nicht Rede und Antwort geſtanden. Die nächſten, den gefeierten und ſeiner Sinne am wenigſten mächtigen Jüngling in ihrer Mitte, fanden ſchon einen Auftritt, der ihrer Raufluſt willkommen war. Der Prinz herrſchte in dem Tone, zu welchem ihn die vor= gehenden Scenen zu berechtigen ſchienen, die Stadtraßen an, ihnen Platz zu machen. Sie machten nicht Platz, und mit Gewalt preſchten die Trunkenen hindurch. Sacken und Keyſerlinkg kamen unangehalten durchs Thor, denn der Schauplatz des Tumultes hatte ſich tiefer in die Stadt gezogen, und hier wirbelte die Trommel, Hieber wetzten auf dem Pflaſter, und der Ruf: Lichter aus, Burſche 'raus! dröhnte durch die Gaſſen. Ueber den Zuſammenhang der Ereigniſſe dieſes ſtürmiſchen Abends iſt auch bei der ſpätern Unterſuchung nichts Genaueres ermittelt worden. Vielleicht ließ man aus Rückſichten manche Fäden fallen. Es hieß, der Fürſt von Thoren habe mit ſeinem Säbel den ſchwarzen Adler von einem Pfeiler der Kneiphöfiſchen Wache gegen= über heruntergehauen, indem er ſeinen Landsleuten zu= ſchrie, der weiße gehöre dahin. Er ſelbſt war darauf vom Pferde gefallen. Die Kneiphöfiſche Wache hatte ihn mit ſeinen Anhängern umringt und gefangen ge= nommen. Bald darauf war ein ſtarker Hauſe deutſcher und polniſcher Studenten mit Hiebern auf die Wache

eingedrungen; es kam zu einem ernſten Gefecht, bei dem
Blut floß.   Ein junger Kurländer hatte die Studenten
angeführt.   Die Polen wurden befreit, die Studenten
zogen ſich fechtend mit Häſchern und Wachen durch die
Gaſſen.

So ſtanden die Sachen, als Lauſon und Behrend,
durch den Lärm aufgeſchreckt, beriethen, ob es ſich für
gute Bürger zieme, nach Hauſe zu gehn, oder ſtill bei=
ſammen zu bleiben, bis der Tumult vorüber.   In dem
Augenblicke ſtieß eine Hand von außen das Fenſter,
welches nach dem Seitengäßchen ging, auf, und athemlos,
blutend, den Degen in der Hand, ſprang ein junger
Menſch in das Zimmer. — Retten Sie mich, verſtecken
Sie mich — ich bin verloren, ſie ſind hinter mir.

Es war derſelbe Kurländer, deſſen Wortführer Lau=
ſon vorhin gemacht, und in dem kaum beendeten Ge=
ſpräche ſchien er ebenfalls der Gegenſtand deſſelben ge=
weſen zu ſein. Es war auch derſelbe, welcher die muth=
willige Urſach zu dem Tumult in der Schenke geworden,
und aus ſeinen eigenen Worten erfahren wir, daß er
an dieſem Abende eine noch bedeutendere Rolle ge=
ſpielt hatte.

Ernſt Gottfried! ſprach Lauſon, was haſt du wie=
der gemacht?

Ich glaube, ich habe Einen todtgeſchlagen, ſagte
der Jüngling, auf ſeine blutige Klinge blickend.

Lauſon ſchlug die Hände über den Kopf zuſammen:
Habe ich dich nicht wie ein Vater geliebt?

Zum Moralpredigen ist nicht Zeit, alter Papa,
unterbrach ihn der junge Mensch. Es war nur ein be=
sessener Pudel; aber zum Hängen hab' ich noch nicht
Lust. — Den Gartenschlüssel! Sie sahn mich um die
Ecke biegen.

Sie sind schon an der Thür, sagte Behrend.

Allmächtiger, was ist da zu thun! Ernst Gott=
fried, das war zu arg! rief Laujon.

Den Degen weg! schrie der Advocat, das ist zu
thun, und riß dem Studenten den Hieber aus der Hand.
Mit einem geschickten Wurf schleuderte er ihn zum an=
dern Fenster hinaus in den Garten, wo er in einem
Krautfelde verborgen liegen blieb.

Die Thür war aufgerissen, die Häscher eingedrun=
gen; an Flucht war nicht mehr zu denken. Der junge
Mensch hatte schnell wieder die lecke Miene angenom=
men, die das Herz seines ehemaligen Hauswirths ge=
wonnen hatte. Da führen sie mich fort, Papa Laujon,
weil ich ein braver Bursch gewesen, der nichts auf sich
darf sitzen lassen. Immerhin! ein Paar Wochen Carcer
sind keine Ewigkeit, und wie mancher Prinz stieg aus
dem Gefängniß auf den Thron. Wenn meine Ranzion
Geld kostet, so weiß ich, ist Papa Laujon zur Hand.
Und wenn ich in Goldgruben greifen könnte, ich nähme
es lieber von ihm an, um dem ehrlichen alten Philister
zu zeigen, wie ich ihn ästimire. Lebe wohl einstweilen,
altes Haus, ich werde im Carcer nicht viel schlechter
wohnen, als dazumal in deiner wurmstichigen Erkerstube,

bis dir der Geist eingab, daß man Meinesgleichen nicht
in solch Mäusenest quartiren darf. Accordire mit meinen
Gläubigern, das erlaube ich dir, aber vergieb nichts
meinen Rechten, das sage ich dir auch. Außerdem kannst
du die schönsten Grüße bestellen an die schmucke Käthe,
an das allerliebste Jettchen und die hübsche adlige
Wittwe drüben, du weißt doch? — Sie sollen nicht
zu viel weinen, denn ich liebe keine rothe Augen. Nun
führt mich fort, ihr Diener der Gerechtigkeit, die da
blind ist.

Lauson wischte eine Thräne aus dem Auge, als der
Student fortgeführt war: Sagt nun selbst, Gevatter, ist
es nicht ein prächtiger Junge, eine Munterkeit und eine
Keckheit, die einem das Herz im Leibe umdreht, und
ein Vertrauen zu mir, das Felsen des Unglaubens er=
schüttern könnte. Was bin ich ihm, was habe ich für ihn
gethan, daß er mit einer solchen Ergebenheit mir lohnt!

Ein alter Narr, würde ich sagen, entgegnete Beh=
rend, wüßte ich nicht, daß Ihr mein Gevatter
und Vetter und außerdem die kreuzbravste Seele in
allen Landen meines allergnädigsten Königs seid. Der
Bursch aber ist ein Prahlhans, ein leichtsinniger Geck,
der im Augenblick, wo eine Blutschuld auf seiner Seele
lastet, der Eitelkeit noch fröhnen kann und eine un=
würdige Komödie aufführt, wann es um Kopf und
Kragen geht.

Das darf es nicht, das darf es nicht! rief eifrig der
Bürger Lauson. Ihr habt recht, Vetter, ich bin manchmal

nicht gescheidt, wenn mir das Blut zu warm durch die
alten Glieder rollt. Darum verderb' ich's, wenn ich
Einem helfen will. Aber ihm muß geholfen werden,
und kostete es mich Haus und Hof; der Goldjunge ist
zu was Anderm berufen, als zu Galgen und Rad. Er
muß, er muß frei werden, und Ihr, immer gescheidter,
besonnener Mann und bester Advocat, müßt ihn los=
machen, ich lasse Euch nicht eher aus der Thür, bis
Ihr's mir mit Handschlag und Wort gelobt habt. Ich
bezahle, ich lohn' es Euch.

Lauson drang so eifrig, bis der Advocat, der die
Art des ehrenwerthen Freundes kannte und wußte, daß
er Tag und Nacht keine Ruhe vor ihm hätte, das Ver=
sprechen gab.

Aber ist es nicht Jammer und Schade, daß so viel
um einen Taugenichts geschehen soll, während so man=
cher Ehrenmann, der das edelste Herz und den reinsten
Willen hat, untergeht, weil der Wille und die Kräfte, so
leichtsinnig anderwärts verschwendet, grade da nicht zur
Hand sind?

Nicht philosophiren! sprach Lauson und streichelte
des Advocaten Wange. Sagt doch die Schrift schon,
daß uns ein verlornes Schaf lieber ist, als die neun
und neunzig auf dem rechten Wege. Bin nun mal ein
alter, curioser Mann, habe nicht viel lieb auf der Welt,
laßt mir den Burschen, den hab' ich lieb. Und wenn
er mir's auch nicht lohnte, so bleibt mir's doch, daß ich
etwas für ihn gethan habe, was kein Anderer thun konnte.

Wunderlicher, wackrer Freund! Sollte man nicht glauben, es gäbe wirklich noch Liebestränke, und der Kurländer hätte Euch einen beigebracht, so Euch um Euren Verstand bringt? Aber, wie dem auch sei, verlaßt Euch darauf: was der Advocat Behrend einmal zusagte, hält er, und nicht wie ein bezahlter Sachwalter, sondern wie ein Mann, dem's Ehr' und Gewissen ist, eine fremde Sache zu seiner eigenen zu machen.

Behrend's Aufgabe war indessen nicht leicht. Ein Stadtsoldat war wirklich an den im Gefecht erhaltenen Wunden gestorben. Alle Aussagen deuteten auf Lauson's Liebling, der zwar diese That in Abrede stellte, aber sich in den Verhören zu dem thätigen Antheil an der Befreiung der Gefangenen bekannte. Ja, in seiner Eitelkeit brüstete er sich, die Commilitonen in dem, was er ihr Recht nannte, angeführt zu haben. Seine Landsleute ließen ihm diesmal kluger Weise eine Ehre, zu der sie ihm unter andern Verhältnissen, wie wir wissen, die Befugniß abgesprochen hätten. Dem akademischen Gericht lag freilich wenig an einem hartem Urtel gegen einen Universitätsbürger, aber Friedrich Wilhelm's strenger Blick hätte jede Nachsicht gegen einen Todtschläger kaum weniger hart als die That selbst gestraft. Um deshalb suchte Büren's oder Biern's Vertheidiger auf geschickte Weise allen Verdacht auf den über Nacht von seinen

Landsleuten aus der Stadt geschafften Prinzen zu wälzen.
Dieser konnte sich nicht, und die Andern mochten ihn
nicht vertheidigen. Auch der Vorfall in der Schenke
vorm Thor ward, nicht ganz zu des Inculpaten Zu=
friedenheit, ins Licht gestellt, um auf einer Seite zu be=
weisen, wie geringen Einfluß der unbedeutende Kurländer
auf die Landsmannschaften übe, seine Angabe, sie zum
Sturm auf die Wache geführt zu haben, deßhalb un=
wahrscheinlich sei. Auf der andern Seite suchte er da=
durch ein straffälliges Attentat gegen die preußischen
Hoheitsrechte hervorzuheben, bei welchen sein Client nicht
allein nicht betheiligt, sondern selbst in Opposition ge=
wesen sei gegen die polnischen Anmaßungen, ein Be=
nehmen, welches ihm den verderblichen Haß seiner Gegner
zugezogen habe. Ihre Zustimmung zu seiner prahleri=
schen Angabe sei daher von gar keinem Gewicht. Alles
dies konnte indeß die Aussagen der vielen Zeugen, die
ihn im Gefecht mit dem Erschlagenen gesehen hatten,
nicht entkräften, und die Anführung, daß er den preu=
ßischen Adler schützen wollen, wurde durch kein Zeugniß
unterstützt. Dagegen ward in der actenmäßigen Verhand=
lung, welche in Königsberg noch existirt, auf den er=
wiesenen Umstand viel Gewicht gelegt, daß er ohne
Waffe ergriffen worden, auch sich dieselbe, alles Nach=
suchens ungeachtet, nirgend aufgefunden hatte.

Mit Ungeduld hatte Theosophus Sacken den Aus=
gang der Untersuchung abgewartet, nicht weil er selbst
darein näher verwickelt gewesen, sondern weil die Akade=

mie Stadtarreſt über alle Studirende verhängt hatte.
Nach vierjährigen Studien wollte er in ˙ die Heimath.
Die Erlaubniß war jetzt gekommen, ſeine Sachen ge=
packt, er hielt das zehnjährige Kind ſeines Hauswirths
auf den Knieen und ſtrich ſeinem Lieblinge die blonden
Locken von der Stirn: Wirſt du mich auch nicht ver=
geſſen, Benigna?

Wenn du mich nicht vergiſſeſt, werde ich dich auch
nicht vergeſſen, antwortete das Kind.

Schon eigennützig, murmelte der Kurländer für
ſich. Gewährung nur, wo Gegendienſte geboten werden;
ſo rechnet die Natur bereits im unſchuldigen Kindes=
alter.

Sprichſt du wieder ſo häßlich, dann habe ich dich
gar nicht lieb, ſagte Benigna. Wenn du mich nicht
lieb hätteſt, warum ſollte ich dich denn lieb haben? Du
biſt ja immer ſo finſter, und ſiehſt ſo ſchwarz aus.

Alſo biſt du mir eigentlich, ich meine von Grund
der Seele, bös, und machſt mir nur darum ein freund=
lich Geſicht, weil ich dir dann und wann ein buntes
Band, oder ein Spielzeug brachte. Und wenn ich dir
keines mehr brächte, würdeſt du eben ſo finſter ausſehen
wie ich. Nun gehe ich fort, aus iſt es mit der Liebe,
und wenn ich dir kein Spielzeug ſchicke, dann ſuchſt du
zuerſt mich zu vergeſſen, alsdann ärgerſt du dich, daß
du überhaupt noch an mich denkſt. Darauf wird aus
dem Aerger Widerwillen, aus dem Widerwillen Haß,
und ſchließlich wünſcheſt du mir alles Ueble auf den Hals.

Benigna lachte: Ach, Onkel Sacken, was bist du doch närrisch! lernst du denn das dumme Zeug aus den Büchern? Vater redet auch bisweilen so, daß Onkel Laufon meint, er spreche es nicht aus sich, sondern aus den Büchern; aber du sprichst doch noch viel häßlicher. Mutter sagt, wenn du zu deiner Braut auch so wärst, wie zu allen andern Menschen, so begriffe sie nicht, warum sie's mit dir aushielte. Sie hätte dir schon längst den Valetbrief schreiben sollen.

Wer weiß, meine kluge Benigna, ob deine Namens-schwester es nicht wirklich thut. Vielleicht liegt er schon geschrieben, und sie wartet nur auf den Augenblick, wo er mich recht schmerzt.

Liebt sie dich denn nicht? fragte das Kind.

Mich liebt Niemand.

Warum ist sie denn aber deine Braut?

Weil ihre Eltern es wollen, weil kein Besserer kam, weil sie arm ist, und ich reich bin.

Pfui! Herr von Sacken, sagte der eintretende Beh-rend. Was freut es Sie, dem Kinde irrige Vorstel-lungen von Ihrer Braut beizubringen? Schämen Sie sich nicht der Lüge vor sich und der Verleumbung des hochverehrungswürdigen Fräuleins? Theilten Sie mir nicht so viel Vortreffliches von ihrem Charakter mit, ließen Sie mich nicht selbst aus ihren Briefen lesen, damit ich Ihre Freude über den klaren Geist des klugen Mädchens theile?

Ja, sie ist klug, entgegnete Sacken, darum ist sie

meine Braut; klug wie das ganze Geschlecht, das seine genauen Berechnungen, wo Vortheil zu erwarten ist, und wo nicht, geschickt in die Maske von Gefühl oder Gleich= gültigkeit zu kleiden weiß. Ihre Tochter, mein theurer Behrend, hat dies selbe Erbtheil der Elternmutter Eva. Machen Sie sich im Voraus darauf gefaßt, oder freuen Sie sich vielmehr. Diese klugen Geschöpfe begehen keinen dummen Streich, der die Speculationen ihrer vorsich= tigen Eltern zu Schanden macht.

Speculire ich etwa, mein Herr von Sacken?

Machen Sie eine Ausnahme von dem Menschen= geschlecht? — Vielleicht bilden Sie sich ein, mich zu lieben, Sie lieben mich auch wohl, so weit Sie es ver= mögen, ich bin Ihnen werth; Sie meinen meiner Eigen= schaften wegen, im Grunde genommen aber ist es, weil ich Ihnen regelmäßig eine hohe Miethe bezahlt, die Ihnen schwerlich ein anderer Student giebt. Ich habe auch manche Geschenke in Ihrem Hause gemacht. Nun ist es Ihnen unangenehm, daß das aufhört; allein die Aussicht, daß ich Ihre Wohnung, Ihren Tisch in meinem Vaterland empfehle, daß ich Ihnen einen noch reichern Landsmann zusende, auch vielleicht, wie es Sitte ist, ein hübsches Angedenken, tröstet Sie doch, wenn Sie es sich auch selbst nicht gestehen. — Keine Worte, keine Worte, mein Freund. Expellas naturam furca. Einer ist wie der Andre.

Mein theurer Herr von Sacken, sagte nicht ohne Rührung der Advocat, wir kennen uns nun durch vier

Jahre, und ich weiß. was hinter dieser rauhen Hülle
steckt. Aber nicht Jeder, mit dem Sie zusammentreffen,
wird diesen Kern entdecken. Sie wollen thätig werden
in Ihrem Vaterlande, vielleicht Reisen unternehmen, man
wird Sie verkennen, und Sie werden die Menschen
nicht kennen lernen.

Desto besser, entgegnete Sacken; je einsamer der
Mensch ist, um so sicherer ist er vor der Täuschung,
die in jedem Winkel lauert. Jahrelang ohne Gemein=
schaft, und er müßte sich doch am Ende kennen lernen.
Wenn das möglich wäre, ich wünschte es.

Und ich wünschte, sagte Behrend, daß Sie in Ihrer
Heimath angelangt keinen Augenblick säumten, das kluge,
klar blickende Fräulein von Trotha vor den Altar zu
führen. Eine solche verständige Frau, die in ihrer Art
für Sie rechnete, thäte Ihnen noth. Sie würden sich
selbst und die Menschen kennen lernen. Wie lange wollen
Sie noch zögern? Sie sind reich, warten auf nichts,
Sie waren kein Jüngling mehr, als Sie die Universität
bezogen; es ist Zeit, Herr von Sacken.

Worauf ich warte? antwortete dieser. Ei, mein
Freund, ich bin uneigennützig. Ich warte, ob für meine
Benigna kein Freier kommen will, der ihr mehr ansteht,
als der alternde, grämliche, schwarzblickende Theosophus
Sacken. Nicht wahr, steht es nicht in einem ihrer Briefe,
daß sie mich mit stiller Sehnsucht erwartet? Das Papier
ist geduldig, die Feder gehorsam. Auch ihr Auge spricht
vielleicht so, möglich, daß sie zittert, wenn ich ankomme.

Aber traue du der Lüge. Wenn dann der Rechte er=
scheint! Darum, Herr Advocat des Menschengeschlechts,
das um kein Haar besser wird, als es war von Anbe=
ginn, halte ich für besser, zu zögern, damit er nicht er=
scheine, wenn es zu spät ist. — Habt Ihr mir etwas
aufzutragen nach Mitau?

Behrend hatte ein solches Anliegen. Ihm war
heute gelungen, einen günstigen Beschluß für seinen
Clienten zu erwirken. Gegen eine starke Caution, die
Lauson bestellte, war er aus dem Carcer entlassen und
ein Hausarrest verfügt. Dennoch sah der Advocat ein
bedenkliches Urtel voraus und hielt es für gerathener,
wenn Lauson die Caution opfern wolle, daß Büren
sich heimlich auf und davon mache. Auch dies war nicht
ohne Schwierigkeiten, und Saden ward um Beihülfe
für seinen Landsmann angegangen.

Haben Sie wieder Einen losgebettelt vom Galgen?
sagte Theosophus. Es muß ein schönes Gefühl sein,
einem Taugenichts das Leben zu retten.

Herr von Saden, den Menschen liebe auch ich
nicht. Doch ist er Ihr Commilitone, Ihr Landsmann.

Viel Ehre für mich.

Sie mögen nichts für ihn thun?

Nein.

Wenn wir ihn über Nacht aus der Stadt schafften,
möchte er morgen früh in Ihrem Wagen am sichersten
über die Grenze und am schnellsten in seine Heimath
kommen.

Im Wagen sitze ich; wen der Kutscher auf dem Bocke zu sich nimmt, geht mich nichts an.

Behrend lächelte und drückte Sacken's Hand. In der Nacht war die Familie geschäftig, dem Abreisenden hülfreich zu sein und ihm alle Annehmlichkeiten zu der beschwerlichen und in jener Zeit gefährlichen Reise vor= zubereiten. Er schien es ihnen nicht zu danken, denn er war mit Allem unzufrieden. Auch der Abschied entsprach nicht einer so langen, vertrauten Bekanntschaft. Nur Benigna erhielt einen Kuß, aber kein Geschenk. Mit einem kurzen Händedruck schwang sich der Freiherr in den Wagen und blickte nicht ein einziges Mal nach seinen Wirthen zurück, welche in der Hausthür mit be= wegtem Blick dem Fortrollenden nachsahen. In seinem Zimmer fand man aber in ein Packet verschlossen ein bedeutendes Geschenk, welches er der Kleinen zurückließ.

Nach Sonnenaufgang stürzte Lauson in das Haus seiner Freunde, und sein Gesicht strahlte von Seligkeit wieder, denn sein ungerathener Schützling war gerettet. Aber, Gevatter, die Wette habt Ihr doch verloren, sagte Behrend.

Einstweilen, Advocate, einstweilen, jubelte Lauson, und mein Fäßchen aus Tokay rollt schon auf der Karre heran; aber nur um Eurem Stückfaß von der Garonne höflichst zu sagen, daß es über kurz oder lang seinen Platz einnehmen soll.

Als der Wagen des Herrn von Sacken über die Vorstadt hinaus war, hatte ein in einen dicken Schiffer= rock eingehüllter Mensch den Kutscher um die Erlaubniß ersucht, zu ihm aufzusteigen. Dies war ohne Umstände gewährt worden. In der nächsten Schenke hatte Sacken, als er sein Frühstück verzehrt, von der Anwesenheit die= ses Fremden Notiz genommen und ihn beim Wiederein= steigen aufgefordert, im Wagen seinen Platz zu nehmen, weil er beim Schnellerfahren den Kutscher auf dem Bock hindern möchte. Der Fremde folgte ohne Umstände der Einladung; als er sich indeß neben Herrn von Sacken niedersetzen wollte, wies ihn dieser auf den Rücksitz, denn jener Platz sei für ihn allein. Der Fremde schwang sich leicht hinüber, und indem er mit lächelnder Miene einen Blick zum Kutschenfenster hinaus warf, bemerkte er, wie er von diesem Platze auch eine bessere Aussicht ge= nieße. Ueberhaupt, sagte er, muß man zuweilen den Blick nach rückwärts frei behalten, wenn man vorwärts will.

Eine sehr weise Bemerkung, entgegnete Sacken, um die ich sie indessen nicht ersucht habe. Er schlug ein Buch auf und las. Der Fremde sah zum Fenster hin= aus und richtete, zur Abwechselung eine Melodie träl= lernd, Fragen an den Kutscher. Als dies nicht auf= hören wollte, und die rührige Lebendigkeit des Menschen ihn störte, suchte sich Sacken auf der breiten Bank ein Lager

wie es ging zu bereiten und erklärte dem Andern, er
wolle schlafen. Vortrefflich! sagte dieser, das will ich
auch, und schwang ebenfalls die Beine auf seine Bank.
Obwohl diese schmaler und kürzer war, hatte doch Sacken
den Verdruß, seinen Gegenfüßler nach wenigen Augenblicken fest eingeschlafen zu sehen, und sein Schnarchen
störte ihn so, daß er selbst kein Auge zuthun konnte
und wieder zur Lectüre greifen mußte.

Dieser Antritt einer Reise, welche in jenen Zeiten
eine langwierige war, eignete sich nicht, sie für Theosophus Sacken zu einer angenehmen zu machen. Fast Alles, was der junge Mensch vornahm und sprach, ge-
reichte zu seinem Verdruß. Seine Zunge ahmte dem
Vögelgesange nach, wenn sie im Walde fuhren, dem
Knarren der Räder, wenn der Wagen sich erhitzt hatte,
dem Blöken des Viehes, dem sie begegneten. Das that
er freilich um sich zu unterhalten, weil sein Reisegefährte
seinerseits nichts dazu that. Aber wo sich nur Gelegenheit fand, mußte er Gespräche anknüpfen, mit des Weges
ziehenden Bauerfrauen und Handwerksburschen, mit den
Fährleuten oder den Schmieden, wo die Pferde beschla-
gen oder der Wagen reparirt wurde. Ueberall benahm
er sich, als sei er der Reisende. In den Wirthshäusern
warf er, wenn Sacken die Rechnung abgemacht, den
Mädchen und Knechten Trinkgelder zu, welche selbst über
dessen Verhältnisse gingen, und erntete durch diese Frei-
gebigkeit Achtungsbezeugungen, während er es nicht für
nöthig hielt, auch nur ein Wort des Dankes gegen

Jenen zu verlieren, der doch alle wesentlichen Ausgaben für ihn berichtigte. Ja selbst mit dem eigenen Kutscher des Freiherrn hatte er sich so in Rapport gesetzt, daß er mehr als Letzterer die Reise zu regieren schien.

Dies lag in der Natur der Sache; denn Sacken sprach wenig oder gar nichts, der Kutscher fühlte aber dies Bedürfniß, und gelegentliche Rücksprachen wegen des Weges und der Einkehr waren nothwendig. Mit jeder Stunde wurde ihm die immer lächelnde Miene des Andern, in der alles Andere eher zu lesen war, als ein Gefühl für die Verhältnisse, unter denen er im Wagen saß, widerwärtiger. Er fühlte sich in seiner Freiheit gebunden. Es war nicht sowohl die Anwesenheit des Fremden, als daß seine Gedanken sich unaufhörlich mit ihm beschäftigen mußten. Die Grenze war glücklich zurückgelegt. Dichtere Wälder, wüstere Steppen, ein unwirthliches Land und schlechte Wege durch die weiten Haiden verstärkten die Monotonie. der Reise. Ein unfreundlicher, kalter Herbstnebel hüllte am nächsten Morgen die Gegenstände ein. Die Beiden waren daher unausweichlich auf sich verwiesen.

In gewissen Momenten fühlt auch der Menschenscheueste sich gedrungen, durch das Mittel der Sprache der Bangigkeit oder der Leerheit in sich zu Hülfe zu kommen. Ein solcher trat an diesem naßkalten Morgen für Theosophus Sacken ein. Er knüpfte ein gleichgültiges Gespräch mit dem ungelegenen Gefährten an. Hatte er erwartet, daß dies des Andern Verwunderung und

Dank anregen würde, so war er getäuscht. Mit derselben Unbefangenheit und Gleichgültigkeit, wie bisher,
ging er darauf ein. Die Beschaffenheit des Landes,
welches sie betraten, führte auf dessen politische Lage und
das europäische Welttheater, welches um wenig Jahre
zuvor zwei seiner größten Heldenspieler, Czar Peter und
der Schwede Karl, verlassen hatten. Wider Absicht ließ
sich der Freiherr verleiten, seine düsteren Ansichten auszusprechen, und schloß mit der Versicherung: Die Welt
geht rückwärts.

Der Andere lachte: Umgekehrt, vorwärts! Zurück
bleibt nur, wer den Muth verliert, vorzurücken.

Aergerlich fuhr Jener fort: Alle Thaten haben
ihren Kreislauf. So geht's mit Individuen und mit
Geschlechtern. Scheinbar rückt man vor, um unvermerkt,
wenn der Höhepunkt erreicht ist, zum Anfange zurück
zu gleiten. So endete der zwölfte Karl, so saß Peter
sterbend auf seinem zusammenbrechenden Riesenbau. Kein
Mensch bringt es weiter.

Es kommt darauf an, wie die Menschen sind, sagte
der Andere.

Wie weit denkt Ihr es denn zu bringen, mein
Herr Biere, oder Büre, so heißt Ihr ja wohl?

Auf Namen kommt es nicht an, antwortete Dieser.

Freilich, sagte Sacken, um Euren kann Euch nicht
viel gelegen sein. Ihr gäbt etwas darum, wenn er in
Königsberg am schwarzen Brett zurückbliebe und Ihr
unterwegs einen andern fändet.

Der Student lachte auf: Was hindert, mich Paläo= logus oder Montmorency, Brahe oder Dolgorucky zu nennen?

Wenn es die Welt Euch glaubt!

Die Welt glaubt Alles, wenn man versteht, es ihr auf die rechte Weise vorzutragen. Sagt selbst, wenn ich Euch allein zum ersten Mal hier in der Wüste begeg= nete, und ich nennte mich Dalberg, würdet Ihr mir's nicht glauben müssen?

Mit der Pistole auf der Brust, vielleicht.

Die Welt ist im Grunde genommen auch eine Wüste. Nur die Namen schwimmen obenauf, die sich geltend zu machen wissen.

Ihr habt einen guten Anfang gemacht.

Alles Große fängt klein an, sagte der Student. Ostermann war ein armer Theolog in Jena. Die For= tuna wollte, daß er im Duell einen Andern erstach, und nun ist er allmächtig in Rußland. Was war Jagu= schinsky? Eines Küsters Sohn. Was Mentschikow? Eines Pastetenbäckers Junge. Was die Czarewna selbst? Eines Pfarrers Tochter und eines Dragoners Liebste. Man kommt vorwärts, mein lieber Baron von Sacken, wenn man sein Talent nicht in den Sack steckt.

Man muß denn doch zuweilen darauf rechnen, daß uns ein Anderer mitnimmt; sonst bleibt man auch wohl am Wege liegen.

Ein höhnisches Lächeln zuckte um des Studenten Lippe, und die gleichgültigen Augen schossen einen bösen Blick auf den Freiherrn: Eine Gefälligkeit ist der an=

dern werth. Wer heute fährt, geht morgen vielleicht zu
Fuß, und wer heut einen Andern mitnimmt, bittet wohl
morgen darum, mitgenommen zu werden.

Ihr sprecht sehr zuversichtlich für Einen, der eben
dem Staupbesen entlief. Noch glänzen nicht Grafen-
kronen für jeden relegirten Studenten.

So hoch fährt auch noch nicht mein Sinn, sagte
der Student. Nur wünschte ich Euch die Gefälligkeit
zu vergelten, die Ihr mir jetzt erweis't, und ich muß
Euch noch einmal eine Strecke Weges fahren, wo ich
den Wagen bezahle, und sollte ich als Kutscher aufsitzen,
da Ihr mich neben Euch doch nicht gern sehen werdet.

Je ferner Ihr mir bleibt, um so lieber wird es
mir sein, sagte Theosophus.

Dazumal vor der Kneiphöf'schen Wache schient
Ihr doch andrer Meinung, warf Büren hin, die Arme
unterkreuzend. Man sollte Niemand beleidigen, wenn
man nicht weiß, was man von ihm erwarten kann, und
noch weniger, wenn man weiß, was man ihm schuldig ist.

Schuldig! fuhr Sacken auf.

Büren lächelte: Ei, ich will Euch nicht daran erinnern, da Ihr schon auf der Rückwärtstour seid, wo
man von selbst zur Erkenntniß kommt. Mein Weg geht
vorwärts, in der Erwartung liegen meine Güter, die
mir, so hoffe ich, Ausbeute genug geben werden, daß
ich nicht nöthig habe, die kleinen Schulden einzukas-
siren.

Deutlicher! Ich möchte auf der Stelle, was ich Euch schulde, bezahlen.

Freilich, als ich mit Worten in der Schenke unsere Ehre gegen den Uebermuth der Polen vertheidigte, schwiegt Ihr, mein Herr von Sacken. Es war auch klug; denn ob es Euch zumal anging, war doch nicht viel mehr zu holen, als Schläge und Stöße, und Ihr wolltet aus Uneigennützigkeit nicht mit mir theilen. Nachher, als es auf dem Markt um Blut, Beulen und Ehre sich handelte, überließt Ihr mit edler Selbstbescheidung Dem vom Pack, Euch vor den Spießen zu vertreten. Wißt Ihr, wer die Häscher aufsässig machte? Wißt Ihr, wer den Adler herunter schlug? — Ich. Nicht um den Adler und nicht um das friedliebende Gesetz und den Universitätsfrieden, sondern um die Schädel und Arme an einander zu bringen, die Polen zu züchtigen, Euch zu beschämen, den Stadtwachen eine Lection zu geben und Kurland's Ehre zu retten. Ihr nahmt Reißaus, Ihr ducktet unter, Ihr salvirtet Euch unter den Fittigen der Nacht. Aber ich hab's gethan; mit dem Degen habe ich meinen Mann gestanden, und wenn Ihr mich angeben wollt, so braucht Ihr nur den Kutscher umkehren zu lassen. Ein hundert Gulden sind, glaub' ich, zu gewinnen.

Sacken ließ den Kutscher halten und den Wagenschlag öffnen. Er sprach:

Mit einer so ausgezeichneten Person, die es allein mit zwei Nationen aufnahm und selbsteigen eine dritte

vertrat, verbietet mir meine Bescheidenheit in demselben
Wagen zu fahren. — Ihr oder ich, Herr Büren!
sprach er, als der Student, über dessen Gesicht eine
schnelle Röthe schoß, ihn verwundert anblickte.

Büren schien zu erkennen, daß es trotz der ihm ge=
stellten Wahl hier keine gäbe. Er warf seinen Capot
um, nahm sein kleines Bündel und sprang hinaus. In=
dem er die Thür zuschlug, sagte er: Wir rechnen ein
andermal ab, Herr von Sacken. Den Kutscher fragte
er, wie viel Meilen sie zurückgelegt, und notirte sich die
Antwort. — Wenn ich's Euch tausendfältig vergelten
will, was Ihr an mir gethan, so weiß ich doch jetzt
die Zahl. Zugefahren, ich hole Euch schon ein! rief er
und verschwand, indem der Wagen auf Sacken's Befehl
fortrollte.

So lange er die leichtfertige Weise hörte, die
Büren sich zum Troste oder ihm zum Trotze sang, kochte
in dem Herrn von Sacken der Aerger über den unver=
schämten Prahler fort. Als sie schwächer wurde und
endlich verstummte, schien auch in seiner Brust die Auf=
regung schwächer zu werden. Er hieß den Kutscher lang=
samer fahren und gab sich Mühe, die verhaßte Stimme
wieder zu vernehmen. Es war ganz still auf der wei=
ten grauen Haide, aber er hörte keinen Laut. Auch der
Kutscher hörte nichts mehr. Er ließ ihn halten. Sacken

stieg aus; die Einöde der lithauischen Haide trat ihm in
ihrer ganzen Schauerlichkeit entgegen. Kein Geräusch als
das Aechzen der windgeworfenen Kiefern; der naßkalte
Nebel rieselte durch Pelz und Rock; der moosbewachsene
Weg war kaum zehn Schritt weit zu entdecken. Der Kut=
scher zuckte die Achseln auf seine Frage, ob nicht Neben=
wege abgingen und der Mensch sich verirrt haben könne?
Es kreuzten wohl hundert Wege, und er, des Ortes kun=
dig, habe schon Mühe den richtigsten zu halten. Er ließ
mit der Peitsche knallen und pfeifen. Es kam keine Ant=
wort. Der Kutscher, der überhaupt auf Seiten des blinden
Passagiers zu sein schien, warf eine Bemerkung hin, die
nicht zur Beruhigung seines Herrn diente, wie mancher
einzelne Reisende schon in diesen ausgedehnten unwirth=
lichen Strichen, von Wölfen, Bären, Auerochsen, Elenn=
thieren und anderm Raubgezücht bevölkert, umgekommen
sei. Er rügte die Grille seines Herrn, die ihn keinen
Diener weiter mitnehmen ließ, und meinte, die Vorsicht,
die er, für solche Gegenden nothwendig, anzuwenden ver=
gessen, sei noch glücklich durch den Zufall, der den Stu=
denten ihnen zugeführt, ausgeglichen gewesen.

Sacken schnürte sich rasch den Pelz zu und hieß
den Kutscher die Pferde hüten, er wolle nachsehn, ob
der junge Mensch nicht irgend wo am Wege liegen ge=
blieben. — So ist er immer, dachte der Mann bei sich,
als sein Herr ihn verlassen: während er alle Menschen
quält, quält er sich am meisten. Wer nur Geduld hat,
sich von ihm anfahren zu lassen, hat es gut, denn er

vergilt es ihm nachher hundertfach, aber weil es allemal zu spät kommt, haben Die nichts davon, und er
noch weniger. Jetzt ist er im Stande, dem tollen Burschen drei Meilen nachzulaufen, und bietet ihm wohl noch
eine Belohnung, daß er nur das annimmt, was er ihm
vorher abgeschlagen hat.

Der Kutscher hatte den Kopf geschüttelt, als sein
Herr dem Studenten nachging. Denn wiewohl er diesem nicht abgeneigt war, hielt er es unter den obwal-
tenden Umständen doch für angemessener, daß Büren
seinem gnädigen Herrn, als daß dieser Büren nachlief.
Allein er mußte, daß jede offenbare Einrede den Melan-
choliker in seinem Eigenwillen nur bestärkte. Um deßhalb erwartete der philosophische Kutscher jetzt mit über-
schlagenen Armen die Rückkehr seines Gebieters. Nur
dann und wann knallte er in die Lüfte und pfiff durch
die hohle Hand; aber als keine Antwort kam, und
Viertelstunden, ja Stunden verstrichen, machte er sich
auch keine Sorge. Denn er war der Meinung, daß
Niemand seinem Schicksal entgeht, wie er es auch an-
fängt; und wenn es schon Thorheit sei, sich selbst dagegen zu sperren, um so unvernünftiger, wenn ein
Zweiter, was dem Andern krumm geht, grade rücken
wolle. Er lachte über die Meinung des tollen Studenten, — denn er hatte auf Alles, was im Wagen
gesprochen wurde, gehorcht — daß Alles in der Welt
vorwärts gehe! — Es geht nicht vorwärts und nicht
rückwärts, monologisirte er, es bleibt Alles, wie es ge-

wefen ift. Wie die Menfchen von Anfang an einge-
theilt waren, fo bleiben fie auch. Wer zu einer Familie gehört, die von Anfang an prügelte, der wird
immerfort prügeln, und wer zu einer gehört, die Prügel
befam, wird fein Lebtag lang, und feine Kinder und
Kindeskinder auch, geprügelt werden. Wie Viele ver-
fprachen uns, was fie Verbefferung unferer Lage nann=
ten, die gnädigen Herzöge, die Kettlers, die Schweden,
die Ruffen, der und jener von unferen Herren; aber es
blieb immer beim Alten, die prügeln und wir werden
geprügelt. Der ift unvernünftig, der da meint, er könne
ändern, was einmal ift; und darum find die Menfchen
eigentlich die unvernünftigften Gefchöpfe, weil fie fich
noch immer Mühe geben, was fchief ift, in die Richte
zu fchieben. Durch alle die Verbefferungsverfuche wird
es eher noch fchlimmer, denn was dabei drauf geht,
macht die Leute ärmer und ärgerlicher, und wer anders
muß es ausbaden, als wir, auf die Alles zurückfällt.
Wir müffen mehr arbeiten, mehr fchwitzen und fchaffen.
Unfere Großväter faßen wärmer und hatten mehr zu
effen. Warum? Weil fie nie daran dachten, daß es
ihnen beffer gehn und die Welt beftehen könnte, wenn
fie weniger Schläge kriegten, als an die fie von Kind
an gewöhnt waren.

Eigentlich find die Thiere die vernünftigften Gefchöpfe, fagte er nach einer langen Paufe, während der
er dem Spiel der Vögel zugefehen. Eins hetzt und
jagt das Andere. Sie wiffen recht gut, daß fie einmal

gefressen oder geschossen werden, der Käfer vom Sperling,
der Sperling vom Habicht, der Habicht vom Adler und
der Adler vom Jäger, und doch kümmert sie's nicht. Sie
sind lustiger als wir. Der Hase spielt im Kohlfeld, die
Eichkatze klettert auf den Aesten, das Reh springt übers
Grün so froh, wie als die Welt geschaffen wurde, und
es kümmert sie nicht, daß im nächsten Augenblick Fuchs
und Wolf ihnen wie ihren hunderttausend Vätern und
Großvätern das Garaus machen werden. Ihnen fällt's
auch gar nicht ein, daß es einmal anders werden könnte,
was sie bei uns Ordnung, Cultur oder Gerechtigkeits=
pflege nennen. Allein der Mensch bildet sich so etwas
ein, und weil das nie zu Stande kommt, was er sich
denkt, ist Jeder unzufrieden. — Wissen möcht' ich nur,
weßhalb die Canaillen, die Krähen, immerfort schreien.
Es geht ihnen doch nicht schlechter, als den andern Be=
stien. Ueberall sind sie zu Haus, auf den Gassen, den
Höfen, am Meeresstrand und im Walde, haben immer
Gesellschaft und vollauf zu fressen, denn überall bleibt
für sie übrig, und doch sind sie die lautesten in der
ganzen Compagnie und machen ein Wesen, als gehörte
ihnen die Welt, ob ihnen doch nur das Aas zukommt.
Kurz, sie haben, was sie nur verlangen können, kein
Mensch und kein Thier ist ihnen besonders feind, und
wenn es nicht müßige Buben thun, so stellt ihnen kaum
Einer nach. Was muß ein Pferd ausstehen, was ein
Hund lernen, wie viel Schläge kriegt der Ochs, bis man
ihm den letzten auf die Stirn giebt und das Leder ab=

zieht; und diese Krähen wissen nichts von Arbeit, Noth
und Sorge, könnten die allerzufriedensten Geschöpfe sein
unter Gottes Sonne, und sind's nicht. Warum? Weil's
ihnen zu gut geht. Daran sollte der Mensch ein Exem=
pel nehmen. Aber er thut's nicht. Warum? — Weil
er meint besser zu sein. Als ob das Thier, das frißt,
wenn es hungrig ist, säuft, wenn es durstet, schläft,
wenn's müde ist, läuft, wo Gefahr ist, und stehn bleibt,
wo es sich seiner Haut wehren kann, dümmer wäre, als
mein studirter Herr, der zu alledem sich erst besinnt,
hierbei ein Buch nachschlägt und dabei erst seine Freunde
fragt, und am Ende doch nur thut, was die Grille ihm
eingiebt.

Der philosophische Kutscher meditirte so lange, bis
die Ungeduld seiner Pferde ihn aufmerksam machte, daß
die Sonne sich bedeutend hinter den hohen Kiefern zu
neigen anfing. Ob der Nebel sich gleich verloren, zeigte
sich doch von seinem Herrn noch keine Spur. Wir
können nicht sagen, daß der Kutscher ungeduldig wurde,
das lag nicht in seiner Natur, und er knallte in so ge=
messenen Zwischenräumen, wie bisher, mit der Peitsche;
aber ein Entschluß kam in ihm zur Reise, der kein an=
derer war, als seinen Herrn im Stich zu lassen. Er
fiel dabei nicht aus seiner Philosophie: Denn, argu=
mentirte er, ich bin angestellt für die Pferde, und nicht
für meinen Herrn. Mein Herr würde mich übel an=
lassen, wenn ich für ihn dächte; er prätendirt, ein ver=
nünftiges Geschöpf zu sein, was für sich selbst sorgt.

Die Pferde können nicht für sich selbst sorgen, für die muß ich denken und handeln. Wenn ich noch über eine Viertelstunde hier warte, finde ich den Weg nicht mehr, der uns an die nächste Schenke bringt. Eine Nacht in diesem Walde, wenn die Wölfe kommen, und es ist um die Thiere geschehen; und wenn auch keine Wölfe erschienen, da sind Moräste, Irrlichter, Abgründe und die Unsicherheit selbst. Von mir, wenn ich nach Hause komme, fordern sie nicht meinen Herrn, sondern meine Pferde. Also — und nachdem er noch einmal vergebens geknallt, gab er seinen Thieren das willkommene Zeichen zum Aufbruch.

Sie liefen vortrefflich, als wenn sie nie einen Herrn gehabt, den sie jetzt verloren hatten. — Sie würden eben so laufen, tröstete sich der Kutscher, auch wenn ich, den sie doch lieb haben, und der ihnen so viel Gutes gethan, vom Bock fiele und die Räder über mich weg gingen. Vieh und Menschen thun nichts, als was ihnen angeboren ist; mehr muß man nicht prätendiren.

Der Kutscher fuhr Tag um Tag, wie es vor der Abfahrt bestimmt war. Aber schon am nächstfolgenden fuhr er nicht mehr allein, sondern während er auf dem Bocke, saß im Wagen das uns wohlbekannte Gesicht des Studenten; um dessen willen die Reise ihren eigentlichen Zweck verfehlte. An der Straße hatten der Wagen und der Ausgewiesene sich begegnet, ohne daß dieser dem Kutscher andere Nachricht geben können, als daß er,

nachdem er es seiner Gesundheit zuträglich gefunden, zu
Fuß zu gehen, der Nase lang gewandert sei, und
dabei sei ihm alles Andere eher aufgestoßen, als der
Herr von Sacken. Jetzt, erklärte Büren, fände er es
seiner Gesundheit wieder zuträglicher, wenn er sich in
den Wagen setze, und der Kutscher hatte nichts dagegen.
Denn sein Herr hatte ja dem Studenten die Wahl gestellt, ob
er oder Büren darin sitzen bleiben solle; nur daß Beide
zusammen führen, dagegen hatte er sich bestimmt erklärt.
Also, da jetzt Sacken nicht drin saß, warum sollte Büren
nicht fahren? Dagegen, als sich Büren in den Fond
setzen wollte, protestirte der Kutscher ernstlich, indem der
Wille seines Herrn, ob er nun todt oder lebendig, so
lange für ihn Befehl bleibe, bis er einen neuen Herrn
erhalten. Also mußte der Student, wenn er es nicht
mit dem Kutscher verderben wollte, auf der ganzen Reise
rückwärts sitzen, während der Vordersitz leer blieb.

Ihr Gespräch war so munter, als das zwischen
Sacken und Büren einförmig und traurig gewesen. Nur
wenn er sich mit seinen Thieren und den Vögeln in der
Luft unterhielt, eine Unterhaltung, von der der Kutscher
versicherte, man lerne mehr, als mit Menschen, und finde
sich bequemer dabei, brach jenes ab. Sie sahen in der
Ferne Zigeunerfeuer, die zerlumpten Gestalten kreiselten
sich durch die Rauchwirbel, wie großes Gewürm. Der
Kutscher behauptete, die Zigeuner seien eine Mittelsorte
zwischen Thieren und Menschen. Und deßhalb wüßten
sie Vieles, was kein Verstand erräth. Büren schlug vor,

ihre Wahrsagekunst zu prüfen, indem man sie nach dem Schicksal des Verlornen frage. Der Wagenlenker hatte nichts dagegen, und sie näherten sich mit Vorsicht dem Kreise der Wegelagerer. Eine gewitzigte Zigeunermutter, in ekelhaften Lumpen und einer abschreckenden Gesichtslarve, wußte ihre Neugier durch ausweichende Antworten zu beschwichtigen: Was frägst du, blanker Bursch, sagte sie, nach altem Rost? Nebel ist dunstig, Luft ist flüchtig, Grab ist modrig; wer noch so viel lernt, erfährt doch nur, daß er nichts weiß, wer noch so weit läuft, kommt immer wieder hin, wo er auslief. Sie sagen, die Erde ist rund. Schier dich nicht drum, blanker Bursch. Weis' mir deine glatte Hand. Willst nicht wissen, was drin steht? Eine halbe Krone nur, blanker Bursch, und ich zeig' dir Schätze.

Er hielt die Hand hin. Die welke verwitterte des Zigeunerweibes streichelte und tippte in der glatten, weißen des Jünglings. — Blut steht da. Thut nichts; kannst's abwaschen. — Gold, Gold, viel Gold, wirst mir stolz werden. Laß nicht hängen die armen Romnitschel; thun dir nichts zu Leide. Wirst zu hoch stehn. Hu, wie hoch, vornehm und mächtig — eine Baronenkrone! — Sie machte ein Zeichen der Verwunderung. Der Chor der Kinder umher schrie, auf unterkreuzten Beinen hüpfend und mit den Zeigefingern nach oben weisend: Mehr, mehr! Wirst einst Graf sein! sagte die Mutter. — Mehr, mehr! schrieen die Kleinen. — Wirst ein Herzog! — Mehr, mehr! schrieen die Kleinen. — Noch

mehr? fragte wie ärgerlich die Mutter und schaute tiefer
und kopfschüttelnd in die Handfläche. — Blanker Bursch,
bist hoch genug, reich genug. Quäl' nicht arme Leute.
Was haben die Romnitschel dir gethan? — Noch mehr?
Ei, du Nimmersatt. — Sie schlug die Hände über den
Kopf, und die Kinder schrieen, im Kreise hüpfend:
Wehe! Wehe! Die Mutter warf die Lumpen über den
Kopf und kauerte sich eine Weile auf die Erde, bis ihr
schlaues Auge wieder zum Jünglinge aufschielte. Bange
nicht, blanker Junge, müssen Alle Rost und Staub werden. Wirst noch lange glänzen. Biele Kronen! Gieb
mir ei ne dafür.

Der Jüngling schüttelte den Rest seines Geldbeutels
in den Schooß der Zigeunerin, der Kutscher aber für
sich den Kopf, und Beide verließen schnell den Ort. Noch
lange schallte das Geschrei der gespensterartigen Wesen,
die mit ausgestreckten Armen ihnen: Heil, Heil! nach-
riefen. In einiger Entfernung sagte der Kutscher! Das
klingt doch fast, wie die Krähen schreien. Von da ab
war Beider Unterhaltung viel einsilbiger. Der Student
hatte sich, in Gedanken verloren, in den Vordersitz ge=
worfen, und der Kutscher ließ es diesmal zu.

In Mitau war ein so trauriges Fest begangen,
als je eines diese Hauptstadt gefeiert hatte. Statt des
blühenden Jünglings, der auszog nach Petersburg, um

an der Hand der schönen Kaisernichte in sein Herzog=
thum einzuziehen, war eine Leiche zurückgekehrt. Auf
der Reise war der achtzehnjährige Herzog in den Armen
der jungen Gattin erkrankt und gestorben. Anna Iwa=
nowna, Peter des Großen Nichte, zog in die Thore
Mitau's als Wittwe ein. Ihr Brautgefolge war ein
Leichenzug. Ihr erster Regierungsact die Bestattung
Dessen, der durch sein Leben allein ihr ein gesetzliches
Recht zum Herrschen mittheilen konnte. Der Letzte aus
dem Herzoggeschlecht der Kettler war in die Gruft ge=
lenkt; was vom Stamme noch übrig blieb, waren dürre
Aeste, deren Rechte unbeachtet blieben, weil ihnen die
Kraft abging, sie geltend zu machen. Trauerflor, ge=
dämpfte Musik und matter Fackelschein erfüllte die
Hauptkirche, und Volk aus allen Ständen drängte baar=
häuptig, stumm, um den prachtvollen Katafalk. — Die
Blicke schienen sich zu fragen, was nun aus ihnen, was
aus dem Lande werden solle? Laut sprach es Keiner aus.
Die gespornten Tritte der moskowitischen Begleiter der
Herzogin mochten die Antwort unterdrücken oder sie selbst
geben. — Einer, mit verschränkten Armen am Pfeiler
stehend, schien nicht zu bemerken, daß die Menge sich
schon verloren hatte. Er trat jetzt vor, und einen
Zipfel vom Sargtuche abreißend, sprach er: Das also
der Schatz, den ich aus den Händen ließ! Wahrlich ein
größerer, als ich wähnte, denn mit dem Sarge versinkt
in die Vergessenheit unsere Freiheit, Selbständigkeit,
vielleicht unser Vaterland! — Es war Theosophus

Sacken, der nicht in der Heide umgekommen, sondern nur den Weg verloren und erst spät auf beschwerlichen Umwegen die Straße, Mitau jedoch erst an dem Tage erreicht hatte, als der Leichenzug seines Herzogs zum andern Thore einzog.

Was geschehen wird, was man thun muß? sagte er zu seinen Freunden. Sich in sein Schneckenhaus zurückziehen, die Fühlhörner nur ausstrecken nach dem, was uns zunächst ankriecht. Weiter hinaus wirken zu wollen, wäre Thorheit. Wenn ein Orkan in die Flotte fährt, hören des Admirals Befehle auf, Jeder darf nicht mehr denken, als wie er sein Schiff vor dem Zusammenstoß mit den andern bewahrt. Unser Admiralschiff ging unter, der Stamm, an den wir uns hielten, ist entwurzelt. Die Fremden werden die Hände nach uns ausstrecken. Abfall, Zersplitterung wird eintreten. Der Pole prätendirt sein lehnsherrliches Recht, der Brandenburger schielt herüber, was er dabei gewinnen mag, der Moskowite wird uns erdrücken, bis wir nicht mehr athmen.

Seine Freunde dachten nicht so: — Wenn ein Sturm die Flotte auseinandertrieb, suchen die Schiffe einen Nothhafen, wenn die Hauptfahne sank, folgt man einer anderen Standarte. Ein Kluger giebt nicht um eine verlorne Schlacht den Feldzug verloren. Unsere Lunge war nie so gewaltig, daß wir damit in andere Fahrzeuge bliesen, wir mußten immer laviren und von fremdem Winde Nutzen ziehn; um deßhalb, wie wir auch scheinbar erdrückt werden, werden sich noch immer

Löcher finden, um zu athmen. Statt des Abfalls und der Zersplitterung wird die Ritterschaft sich unter dem sanften Fittigschlag der jungen Herzogin behaglich fühlen, und die hohe Verwandtschaft, die ihre schwachen Rechte stark macht, wird uns wenigstens vor ungebührlichem Einfluß von Polen und Preußen her schützen. . Ihr Trauerkleid wird sie bald ablegen, und ihr froher Sinn verspricht, wenn sie hier ihre Residenz behält, dem Lande und der Stadt Vortheile und ein heiteres Ansehen. Um deßhalb ist es an uns, ihr das Leben hier angenehm zu machen, während die Klugheit uns gebietet, uns bei ihr zu empfehlen. Du hast ihr Herz gewonnen beim ersten Anblick, nutze die Gunst des Schicksals, das selten zweimal winkt, und nimm die dir dargebotene Stelle als Hofdame an.

So sprach der Freiherr von Treyden zu seiner Nichte Benigna von Trotha, welche zu dem ihren auch seinen Namen hinzugefügt hatte. — Und was wird mein Bräutigam dazu sagen? entgegnete das verständige Mädchen, mit ihren großen klugen Augen lächelnd den Pflegevater anblickend.

Er wird sich trösten, wie er sich die sechs Jahre über getröstet hat, mit Seneca und Aristoteles. Wie sehr diese Partie auch mein Betrieb war, so habe ich doch nicht Lust, noch andere sechs Jahr zu warten, bis seine Melancholie alle Bedenken beseitigt hat, und du eine alte Jungfer bist.

Er haßt den Hofdienst und die Moskowiter. Der
Schritt wird ihn erzürnen.

Um das zu verhindern, so weit es geht, bist du
ein kluges Mädchen. Anfangs mögen wir es ihm verhehlen, dann ein heftiges Andringen der Herzogin vor-
schützen, unter Thränen uns gezwungen sehn, es anzunehmen, um sie nicht zu erzürnen. Ist er dann bei
Sinnen, so greift er zu. Oder aber, wenn er zögert,
und du merkst, daß die Flamme im Verborgenen glüht,
stelle es als deinen Wunsch, als das Ziel deines Ehr-
geizes vor, Hofdame zu werden. Dies wäre noch besser.
Er wird dadurch zu wünschen gezwungen und selbst in
eine Lage der Ungewißheit versetzt, welche leider jetzt auf
unserer Seite ist.

Benigna wollte dies unwürdig finden. Der Oheim
bestritt es: — Wenn wir ein Lebensziel vor Augen
haben, ist keine Vorsicht, durch die wir es zu erreichen
suchen, unwürdig. Heutzutage, was man denkt, ohne
Umschweif auszusprechen und auf etwas, was man be-
gehrt, gerade loszuziehen, ist eben so wenig gut als klug.
Czar Peter und König Karl scheiterten beide, und allein
an diesem Fehler. Der Kluge wird ein doppeltes Ziel
vor Augen behalten, um, wenn das eine fehlschlägt, sich
am andern zu halten. Gewisse Lebensregeln werden für
alle Fälle ausreichen! Beleidige Niemand durch eine ab-
schlägliche Antwort, aber versprich auch nichts so gewiß,
daß du nicht eine Hinterthür behältst, wenn du andern
Sinnes wirst. Sei sittsam, denn die Sitte wird überall

gelten; aber leihe dein Ohr, wo es gewünscht wird,
auch dem leichtfertigen Spaße, und ein Lächeln um
deinen Mund muß mehr andeuten, als deine Zunge jemals aussprechen darf. Unsern jungen Cavalieren, die
ihr Glück im Auslande versuchen, empfehle ich Takt,
Feinheit und Mäßigung; durch diese müssen wir überall
uns auszeichnen. Aber um deßhalb sollen sie doch in
Petersburg zeigen, daß sie Wein und Branntwein zu
trinken verstehen, und in Potsdam Taback und Bier
vertragen. So gieb du als Hofdame dein eigenes Urtheil
gefangen, und zeige doch, daß du eines hast; rechne im
Stillen ab mit deiner Sitte, und nimm öffentlich die an,
welche deine Herzogin dir gern anpassen möchte. Sie
ist schwach, gutmüthig und bequem. Durch die größte
Folgsamkeit kannst du einen Charakter der Art dir unter-
thänig machen, sobald du es nur verstehst, indem du
regierst, den Schein des Gehorchens zu bewahren. Auf
die Weise stieg das Mädchen von Marienburg bis zu
des Czaren Gattin, und ist nun Selbstherrscherin und
Kaiserin. Niemand weiß jetzt, welcher Ehrenplatz für
ihn offen steht; darum sollte jeder mit der Vorsicht
handeln, daß, wenn ihn das Glück erhebt, keine Rück-
erinnerung ihm schaden kann.

Benigna entgegnete: Wir haben an unserm Hofe
schon eine Czarentochter zu viel und keinen Czaren
dafür.

Um die junge Fürstin wird sehr bald eine Freier-
schaar sich sammeln, sagte der Alte. Wenn Einer,

kann doch nur Einer sie erobern. Man weiß nicht im
Voraus, welche Verhältnisse aus der Concurrenz von
Fürstensöhnen sich entspinnen. Um einen gefährlichen
Bewerber mit Schonung zu entfernen, könnte die Herzogin andre süße Fesseln ihm wünschen. Je mehr Käufer
um eine Waare sich drängen, um so lebhafter wird der
Markt, und auch die andere Waare steigt im Preise.
Unter dergleichen Liebesintriguen, galanten Abenteuern,
Doppelneigungen siegt immer Der, der sich selbst beherrscht und verschwiegen ist. Ein Schweigender ist stets
im Vortheil. Die Andern mühen sich ab, ihn zu errathen, während er ausruhen und beobachten kann. Ein-
falt kann für Klugheit gelten, Theilnahmlosigkeit für
ernstes Erwägen. Das Schweigen läßt sich nachher
deuten, wie man will, als Haß und Liebe. Nichts wird
von den Mächtigen theurer bezahlt als ein stummer
Mund, und einer, der so das Vertrauen gewinnt, hat
außerdem den Vortheil, daß sein Gönner ihn fortwährend schonen muß, weil er einst die Lippen öffnen könnte.
Ahnen lassen, daß dies wohl möglich, billige ich; aber
niemals, daß man es wirklich thut. Denn der Ver-
räther wird nirgend geachtet, und Niemand steht so
sicher, daß er nicht auch einmal des Vertrauens bedürf-
tig wäre.

Benigna lächelte schlau, als ihr Pflegevater ging:
Wenn ich Sacken diese goldnen Sprüche mittheilte, würde
er nicht meinen, die Welt sei noch um eins so schwarz,
als sie ihm schon dünkt? — Aber das Fräulein theilte

die Sprüche ihm nicht mit, sondern hörte so gelassen,
schweigend und lächelnd, wie dem Vater, dem Bräutigam
zu, der ihr bewies, wie Gerechtigkeit, Treue und Vertrauen immer mehr aus dieser Welt der Arglist ver-
schwänden und der schwarze Egoismus zu einem Unge-
heuer anwachse, derweil er seine lachende Faschingsmaske
immer bunter ausschmücke. Er bewies es durch tausend
Exempel aus der alten Geschichte bis herunter zu der
seines eigenen Kutschers, der ihn in der lithauischen
Heide verlassen. Aber der Mensch, auf den er bis da
Häuser gebaut, sei nicht schlimmer, als alle vom Weibe
Gebornen; sie folgten alle nur dem innern dunkeln
Drange, der auf die Vernichtung alles Großen, Edlen,
Zusammenhängenden hinsteuere. Wer noch in sich den
Organismus der edlen Naturkräfte erhalten wolle, habe
nichts schleuniger zu thun, als sich von der Masse zu
isoliren, und, seinen Ameisenbau betreibend, zu schaufeln
und bauen, bis das letzte Haus fertig, auf das der
Mensch ein Recht hat.

Benigna fühlte für Sacken die Zuneigung, deren
ihre ruhige Seele fähig war. Sie glaubte, er deute auf
eine nahe Verbindung, und äußerte einstimmend: Wenn
dann nur zwei Seelen sich verstehen, so mag diese Zu-
rückgezogenheit ihnen so reich dünken, daß sie die Welt
dafür aufgeben.

In der ganzen Welt durchdringen sich nicht zwei
Seelen, erwiderte er rauh. Sie belügen sich, wenn sie
verschern, sich zu verstehen, und wenn sie sich für ein-

ander aufopfern, denkt Jeder daran, den Andern zu hinter=
gehen. Da ist keine Ausnahme. Auch du betrügst mich
in diesem Augenblick, deine Wünsche schweifen ander=
wärts hin, die plötzliche Röthe verräth es mir. O gieb
dir keine Mühe, keine Betheuerungen! Ich erwartete
dich und ich verlange dich nicht besser. Du liebst mich,
weil es die Natur mit sich bringt, daß das Weib Einen
lieben muß, ich dich, weil ich es mir von Jugend auf
vorgesagt; und wir sind uns beide treu, wir verrathen
uns nicht, weil die Motive zu der Umwandlung fehlen.
So mögen wir auch glücklich werden, weil eben zu dem,
was wir Glück nennen, nichts mehr gehört, als unsere
Mangelhaftigkeit mit etwas Einbildung ausgestattet.

Er hatte nicht bemerkt, wie auf ihrem immer ru=
higen Antlitz die Röthe der Scham mit der Röthe des
Zorns wechselte. — Wird es da nun nicht unsere Pflicht,
sprach sie, als er gegangen, mit Schreck die Anzeichen
ihrer Aufregung im Spiegel wahrnehmend, die Männer,
die betrogen sein wollen, wieder zu betrügen? Wenn
sie Tugend von uns nicht erwarten, weßhalb ihnen ein
Geschenk aufdringen, das sie nicht zu würdigen wissen?
— Sie wischte eine Thräne aus dem Auge. Es soll
die letzte gewesen sein. Mein Oheim verlangt für seinen
klugen, gefühllosen Rath keine Empfindungen des Dan=
kes; er ist schon belohnt, wenn man ihm folgt. Wenn
wir mit den Männern unterhandeln müssen, so ist es
doch am gescheidtesten, mit Denen zu thun zu haben, die
am wenigsten fordern und, was wir ihnen gewähren, am

höchsten schätzen, als mit den unersättlichen, die unsere
Gefühle verschlingen, wie heiße Steine den Regentropfen,
und trocken bleiben wie vorhin.

Anders waren die Wirkungen, welche die Unter=
redung auf Theosophus Sacken hatte. Er fühlte, daß
er zu rauh gewesen, er gestand sich sein Unrecht und
wollte es ihr gestehen; er fühlte, daß er aufrichtig das
kluge Mädchen liebe, daß der Königsberger Freund Recht
gehabt, der ihn gewarnt, er möge den seltenen Schatz
je eher, je lieber heben. Er schrieb einen langen Brief
der Reue, der Bitte um Vergebung und um Beschleu=
nigung ihrer Verbindung. Aber er ließ den Brief über
Nacht liegen, und am andern Tage schickte er ihn nicht
ab; denn am Morgen erhielt er die Nachricht, daß das
Fräulein Treyden zur Hofdame der Herzogin ernannt
sei. Statt des langen herzlichen Briefes erhielt Benigna
einen kurzen bittern, und die Fürstin, welche ihn freund=
lich auffordern lassen, ihren Hof zu besuchen, da sie
glaube, daß derselbe einen Schatz für ihn bewahre, eine
kalte, fast unhöfliche Antwort: er sei von einem Metall,
das der Rost bereits überzogen, und ganz unwürdig für
Schätze, welche bestimmt wären, zu glänzen.

Er zog sich auf seine entferntesten Güter zurück.
Doch auch hierhin drangen die Töne und Lichtstrahlen,
die er vermeiden wollte. Vergebens strebte er, wie er
dem Lärme des Hofes sich entzogen, sich auch frei zu
machen aus dem geselligen Geräusch, das eine kurlän=
dische Haushaltung mit sich bringt. Die Gesellschaft von

Verwandten und Freunden verfolgte ihn in dem Maße,
wie er sie floh, bis in die stillsten Winkel. Man drängte
ihm Nachrichten auf, vor denen er gern die Ohren ver=
stopft hätte: von dem Jubelleben in Annahof, den Günst=
lingen, Bewerbern um die Herzogin. Im selben Grade,
wie man sie um ihn lobte, empfand er einen Wider=
willen gegen diese Fürstin. Seine Neigung zum Fräu=
lein Treyden ging in Erbitterung über, als er vernahm,
in wie hoher Gunst sie bei ihr stand. Täglich verdrieß=
licher ward ihm der Aufenthalt im Vaterlande, und er
beschloß, auf einer Reise durch Europa die peinliche Ge=
genwart zu vergessen zu suchen.

Ein Neffe, den er liebte und zu seinem Erben er=
nannt, für den Fall, daß er kinderlos stürbe, begleitete
ihn bis an die Grenze. Theosophus ließ es nicht an
Ermahnungen fehlen, denen seine eigene bittere Stim=
mung sich beimischte. Vor Allem sei auf der Hut vor
Denen, welche sich dir durch Zuvorkommenheit verpflich=
ten wollen. Sie lauern nur auf den Gegengewinn,
und fordern, was sie dir geben, mit Wucherzinsen zu=
rück. Geiz und Verschwendung machen uns zu Sklaven,
diese zu denen der Andern, jener zu einem von uns
selbst; aber schlimmer als Geiz und Verschwendung ist
die Eitelkeit; sie macht uns zum Sklaven unserer und
Anderer zugleich. Dies der Anker, an dem uns das
Weib ködert. Ein Lächeln, ein verführerischer Blick
zündet in uns alle von der Vernunft gebändigten Geister
des Hochmuths, und diesen Silberblick aufgeregten Selbst=

gefühls nennen wir Liebe. Wir lieben nur uns im
Weibe; aber das Weib kann gar nicht lieben. In
der Leidenschaft ist es Bacchantin; ohne Leidenschaft
kann es nur rechnen. Darum fliehe die Weiber, wenn
du dir nicht Muth zutrauest, sie zu beherrschen. Es ist
kein Kinderauge so unschuldig, daß du nicht schon darin
die Katzentücke wahrnehmen wirst, das schlaue Hinhorchen
auf das, was gilt. Nur Die, welche nichts zu verlieren
haben, sind zur Aufopferung bereit. Am fürchterlichsten
sind die Weiber, welche herrschen, und unselig die Reiche,
wo Frauen auf dem Throne sitzen, weil in dem Schwan-
ken zwischen tyrannischen Launen und nachgiebiger Schwäche
jede Sicherheit aufhört. Siehe dieses England, wohin ich
gehe, wie seine Königin Anna es vom Gipfel der Macht
an den Rand des Abgrundes gebracht hat, und wehe
dem armen Lande, das wir jetzt verlassen, wo eine neue
Anna regieren soll, um selbst regiert zu werden von
Furcht, Kitzel und den wechselnden Launen ihrer wechselnden Günstlinge.

Sie waren ausgestiegen, um sich zu trennen. Als
der Neffe auf sein Pferd wollte, um den Rückweg anzutreten, bemerkte er eine vorüberziehende Zigeunerbande.
Theosophus' Blicke verdüsterten sich, und ein bittres Lächeln zuckte über die Lippen, indem er ausrief: Ibi veri-
tas! — Was wollt Ihr damit sagen, verehrter Ohm?
— Anfragen, mein Neffe, in die Wolken, woher, was
den Weisesten der Weisen mit dem Schleier von Sais
verdeckt bleibt, diesem Gesindel ohne Abkunft, ohne Zu-

kunft und ohne Gegenwart, selbst Spreu im Winde der
Zeit gleich ihren Lumpen, die die hagern Skelette um=
flattern, woher es denen eröffnet ward! — Der Neffe
sah verwundert den Philosophen an: Glaubt Ihr an die
Hexensprüche? — Auf seine Schulter gelehnt sagte der
Freiherr: Als ich neulich von Königsberg zurückkehrte,
verirrte ich mich im Nebel der Heide. Ich lief thöriger
Weise einem Taugenichts nach, den ich aus dem Wagen
gewiesen, weil ich fürchtete, er möchte durch meine Schuld
in der Wüste umkommen. Statt dessen hatte ich fast
dies Schicksal, eine deutliche Anweisung desselben, daß
wir nicht für Andere sorgen sollen. Unsere Natur weis't
uns auf uns selbst zurück. — Nach langem Umherschweifen,
gelockt von der Stimme des singenden Burschen, den ich
übrigens doch nicht wiedersah, gerieth ich in ein Zigeuner=
lager. Ich mußte daselbst übernachten. Ich theilte ihre
ekle Kost, ihr schlechtes Lager. Wider meine äußerste
Anstrengung, denn ich hatte wohl Grund zu fürchten,
übermannte deinen Oheim der Schlaf. Da weckte mich
eine Berührung, ein heißer Athem. Auf meiner ent=
blößten Brust kniete die Zigeunermutter, und unter dem
blauen, sternenbesäeten Firmamente grins'te mich das wider=
wärtigste gelbe Gesicht an. Willst du mich morden, Hexe?
rief ich. — Aber sie schlug die Hände über den Kopf,
und ihr Blick drückte Staunen, Verwunderung und Ent=
setzen aus: Ach, du bist viel zu arm! sagte sie. Blanker
Herr! welchen Schatz hattest du, und du ließest ihn
laufen. Fort, fort! mit dir ist nicht gut sein. Wer

das Gold nicht greift, was sie ihm zuwerfen, die blanken Sterne, dem schleudern sie nachher Koth hin.   Wer
dir was nimmt, nimmt Unglück! — Wie Nebelgeriesel
war die Versammlung am grauenden Morgen, ehe ich es
mich versah, verschwunden. — Ich deutete damals —
solche Phantasieen nähren den Aberwitz — den verlornen Schatz auf den Burschen, den ich laufen ließ. Nachher meinte ich, es sei der Tod des Herzogs, und jetzt
weiß ich, mein lieber Neffe, was der Schatz ist, den
ich fahren ließ: es war das einzige edle Weib, dessen
Werth ich erst erkennen soll, nachdem ich es muthwillig
verstieß!

Der Neffe kannte den Oheim, er lächelte nicht.
Aber er winkte die Zigeuner heran; denn sie sahen ihm
so vergnügt aus, daß sie diesmal gewiß für seinen Oheim
bessere Nachricht aus den Sternen hätten. Sacken streckte
gedankenlos die Hand hin, während der Neffe sagte:
Hexe, sieh, ob der blanke Herr eine so glückliche Reise
haben wird, als er wünscht. Wenn du's heraus siehst,
sollst du ein eben so blankes Geldstück haben, als dein
Spruch es ist. — Die Alte sah und überschlug sich:
Christe Wunder, großer Herr, so lang und krumm wirst
du reisen, und unterwegs Alles treffen, wie du es
wünschest. — Dann muß ich keinem Menschen begegnen,
murmelte Sacken, denn die glücklichste Reise für mich
wäre die, wo ich auf Niemand stoße. — Die Alte nickte
mit grinsender Miene: Die Sterne lügen nicht. Sie
sind gut gegen reiche Leute. Kriegen einmal Alles, was

sie wünschen. — Dann, als sie die Hand des Neffen ergriff, denn der Freiherr wollte es, verzog sich ihr Gesicht zu einem noch freundlichern Lächeln: O Tag des Glücks — Schelm, Schelm, du fängst den Schatz, den der Andere laufen läßt — wie bunt und lustig und schwer — eine schmucke Frau im Netz — zieh zu, wie er auch grimm aussieht, es thut nichts; du führst die Braut nach Haus!

Ein Glück, sagte der Freiherr, indem er der Wahrsagerin ein Geldstück zuwarf, daß du erst sechszehn Jahre zählst, mein lieber Neffe, die dich vor der Hand noch vor der Gunst bewahren, welche die Hexe dir verheißt. — —

Auf seiner Reise, die viele Jahre dauerte, fand Theosophus Sacken sehr Vieles, nur das nicht, was ihm die Zigeunerin verkündet. Denn überall traf er auf Menschen und ihre schwache Seiten, und kein Land, keine Stadt, kein Dorf, wo er nicht Stoff zum Aerger sammelte. Er studirte in England, Frankreich und Italien die Intriguengeschichte der Zeit und fluchte dem Kitzel, der ihn an die Höfe geführt, so lange er auf dem glatten Boden sich bewegte; aber wenn er auf dem Lande war, trieb es ihn wieder zu neuen Studien dahin zurück. Den tiefsten Verdruß erregten ihm aber die Nachrichten aus der Heimath. Denn während er daselbst nichts vom Gange der öffentlichen Ereignisse wissen wollte, sog er in der Fremde die geringste Notiz darüber gierig ein. Er wußte so genau, als habe er hinter der

Gardine gelauscht, die Geschichte der ritterlichen Abenteurer, welche zu werben kamen um Anna's Hand und
als Mitgift Kurlands Herzogshut in den Kauf nehmen
wollten. Ihn freute, daß der kecke Marschall von Sach-
sen, schon so nahe dem Siege, nachdem er durch Muth
Polens und Rußlands Einsprüche überwunden, durch die
Neigung zu einer Zofe scheiterte, welche die gereizte
Anna dem Unwiderstehlichen nicht verzeihen konnte. Eine
lange Krankheit hatte ihn gehindert, das Aufgehen eines
neuen Gestirns zu verfolgen. Der Kammerherr, Baron,
bald Graf B i r o n stand schon in der Blüte der Gunst,
als Sacken von seinem Einfluß zuerst erfuhr. Zugleich
fast kam eine Nachricht, die ihn auf das Krankenlager
zurück zu werfen drohte: Biron hatte Anna's Favoritin,
die Hofdame Benigna von Trotha, genannt von Treyden, geheirathet. Um die Wunde zu vergiften, fügte
die Nachricht das Gerücht hinzu, Benigna's Ehe mit
dem mächtigen Günstlinge sei nur der Deckmantel, den
die Convenienz über das innigere Verhältniß Biron's
zur Herzogin geworfen. Seine tugendhafte Braut hatte
ihr Lebensglück, ihren guten Namen hingegeben zum
Aushängeschilde für die verstohlene Lust zweier Andern!

Das war zu viel. Er wollte nichts mehr aus
Kurland wissen. Den verhaßten Namen Biron, die
Namen Anna, Benigna nicht mehr hören. Er suchte die
von Fremden unbesuchtesten Gegenden, und gerade da
stieß er auf Stammverwandte aus dem Norden, die ihn
mit Neuigkeiten daher wider Willen überschütteten. Es

waren gewichtige darunter. Dem Mädchen von Marienburg war auf Rußlands Throne Peter der Zweite gefolgt, und nach dem frühen Tode des Jünglings hatten
moskowitische Große, näher Berechtigte übergehend, unerwartet Anna von Kurland zur Kaiserin des unermeß-
lichen Reiches berufen. Sie war gekommen und herrschte,
und an ihrer Seite Biron. Keine Intrigue, keine Gewalt vermochte ihn zu stürzen', seinen Einfluß wankend
zu machen. Vor dem Zorn des allgewaltigen Günst-
lings, dem die Ritterschaft noch vor Kurzem die Aufnahme in ihre Adelsmatrikel stolz verweigert, zitterte das
große Rußland und das kleine Kurland. Ein Wink von
ihm sandte nach Sibirien, eine Zeile mit seinem Namen
auf das Schaffot.

Und wer ist er? wo stammt er her? fragte Sacken
in einer Gesellschaft Kurländer, die sich in Paris versammelt. Bedenkliche Blicke, ein vorsichtiges Achselzucken
antwortete ihm. — Wie, Mengden, Sternberg, Recke!
fuhr Theosophus auf, ist es unter Gliedern der Ritterschaft nicht mehr erlaubt, nach der Herkunft Eines zu
forschen, der sich unter uns drängt, wir, die wir seit
Jahrhunderten der Reinheit des Blutes sogar die In-
teressen des Vaterlandes selbst opferten? —

Mengden entgegnete: Er schreibt sich und führt
das Wappen der französischen Biron, ob doch Einige
seinen Großvater als Stallknecht gekannt haben wollen.
— Sternberg sagte: Der witzige Chef der Familie,
der Duc Charles Armand be Gontault hat ihn in einem

11*

Briefe gefragt: wie er zur Ehre der Verwandtschaft mit ihm komme? Und Biron hat sich gehütet, zu antworten.

Sacken ging deßhalb den Marschall selbst an, als ihn einige Tage darauf der Zufall mit ihm zusammen führte. Der alte Edelmann sah den Fragenden schlau an, indem er sich tief verneigte: Ich rechne es mir zur höchsten Ehre, daß Seine Durchlaucht die Gnade haben will, mit uns verwandt zu sein.

Durchlaucht! rief Sacken verwundert.

Mein werther Baron, Sie wissen vermuthlich noch nicht die heut angekommene Neuigkeit, daß Graf Biron zum Herzog von Kurland erwählt worden ist. Es geschah so einstimmig von der Ritterschaft in der Hauptkirche von Mitau, daß die Dragoner, welche um die Kirche hielten, nicht einmal nöthig hatten, ihre Stimmen mit abzugeben. — Er ist nun ein souverainer Fürst, fuhr der Duc fort, und Ihr gnädiger Herr, mein lieber Baron von Sacken, weßhalb ich Ihnen angelegentlichst rathe, so wenig, als ich, daran zu zweifeln, daß er aus der Familie Biron ist. Sie müssen doch eingestehen, daß unser Name ein guter ist, wenn so illustre Personen einen Appetit darauf empfinden.

Sacken wollte es unverschämt finden, der alte Marschall aber beruhigte ihn: Man muß sich niemals über Namen erzürnen. Namen sind Lufterscheinungen, sie gehören Niemand oder Dem an, welcher die Geschicklichkeit besitzt, sie so an seinen Leib zu passen, daß die Leute glauben, sie gehören zusammen. Da Niemand weiß, wer sein Vater ist, warum soll der Herzog von Kurland nicht eben das Recht haben, wie ich, sich für den Ururenkel meines Ururgroßvaters zu erklären? Es kommt nur auf die Mittel an, es die Leute glauben zu machen. Und Sie müssen bekennen, daß achtzigtausend Bajonette, funfzigtausend Kosakenpiken und fünfhundert Feuerschlünde, die ihm zu Gebote stehen, bessere Mittel sind, als die Pergamentblätter meines Stammbaums. Weit entfernt, es ihm bestreiten zu wollen, bin ich schon zufrieden, wenn er mir nicht damit beweis't, daß ich kein Biron bin. Wahrhaftig, mein lieber Baron, ich müßte es ihm glauben, wenn er es mit den Gründen versicherte.

Empört über den Leichtsinn des alten Franzosen verließ Sacken den Marschall. Sein Entschluß war gefaßt. Er übertrug seinem Schwestersohne, welcher, in Königsberg gleich dem Oheim in Behrend's Hause freundlich aufgenommen, eben seine Studien vollendet hatte, seine Güter. Er selbst wollte sich an den Küsten der Bretagne ankaufen, eine öde Wohnung zwischen den Kreidefelsen, die ihm nichts sehen ließen, als die Brandung des Meeres. Nie wollte er wieder in die verhaßte, entwürdigte Heimath zurück. Und doch änderte er schon am folgenden Tage, nachdem der Bestallungsbrief abgegangen, diesen Entschluß und saß am nächsten im Reisewagen, auf dem Wege nach den grünen Gestaden der Ostsee.

Sein Neffe hatte ihm gemeldet, daß er sich mit

einer reizenden jungen Dame in Königsberg verlobt habe
und nicht zweifle, wenn er ihren Namen nenne, daß sein
Oheim ein freudiges Ja zu der Hochzeit, zu der er ihn
herzlichst einlade, senden werde. Die Geliebte sei keine
Andere, als die Tochter des alten Freundes aus seinen
Universitätsjahren, Benigna Behrend. Hätte noch etwas
gefehlt, den Zorn des Freiherrn zu steigern, so war es
die hinzugefügte Nachricht, daß Sacken's Freunde sich
lebhaft für die Partie interessirten, und unter diesen vor
Allen der Herzog.

Theosophus hatte sich bei seinem Haß gegen das
ganze Menschengeschlecht eine kleine Neigung für die
deutsche Nation erhalten. Er meinte, hier seien noch
Reste der aus der Welt verschwundenen Ehrlichkeit zu
entdecken. Die Erinnerung an die Zeit, die er in Königsberg verlebt, gaukelte zuweilen wie ein Rosenschein durch
die schwarzen Wolken, welche seinen Horizont umdüsterten.
Mit mehr Wärme, als der Neffe je an dem Oheim
wahrgenommen, hatte er von der uneigennützigen Theilnahme gesprochen, die er im Hause des Advocaten Behrend
gefunden, und auch des Kindes erwähnt, dessen unschuldige und doch kluge Fragen ihn oft erheitert. Jetzt war
auch dieser letzte Lichtschein an seinem Himmel verdunkelt.
Ihm kam es vor, während er Deutschland hastig durch-
reis'te, als sei die Nation ausgetauscht; so widerwärtig,
lieblos, habsüchtig blickten ihn alle Gesichter an. Er wünschte
sich aus der Cultur hinaus in die lithauischen Steppen
und stieg so selten, als es sich thun ließ, aus dem Wagen.

Also daher die fuchsartige Freundlichkeit, der bie-
dere Ton, die schlichte Sitte, monologisirte er, womit
der deutsche Mann mich gefangen nahm! Er war nichts
als ein schlauer Advocat in re propria. Die Uneigennützigkeit, mit der er meine Rechnungen schrieb, waren
nur ein Aviso auf Mehr, und schon damals mußte das
Kind mit dem Oheim liebäugeln, damit es einst den
Neffen fangen sollte. So gehören nicht mehr Jahre,
täglicher Umgang, es gehören Jahrzehnte dazu, um die
Menschen kennen zu lernen; und auch dann vielleicht
nicht. Der Neffe hintergeht den Ohm, der Bruder den
Bruder, der Sohn den Vater. Scheue vor Allen den
Stempel der Biederkeit an der Stirn; aus dem der
Falschheit, weil sie sich selbst nicht treu bleiben kann,
mag doch vielleicht noch Ehrlichkeit hervorgehn.

Mit einer Wolke voll Ungewitter in der Brust, die
von jedem Verdrusse, den er auf der Reise erlitt, dunkler anschwoll, stieg der Freiherr in Königsberg vor dem
Hause des Advocaten Behrend aus. Entladen sollte es
sich gegen den Heuchler, den unverschämten Speculanten;
niederdonnern wollte er ihn, zerstören die eitle Hoffnung
und dann — was dann geschehen sollte, wußte er noch
nicht, aber das Donnerwetter entlud sich schon, indem er
an der Klingel riß. — Der Advocat war nicht zu
Haus, die Gattin auch nicht, die Tochter mit den Eltern
verreis't. Wohin? — Nach Kurland, zur Hochzeit, antwortete ein Nachbar aus dem Fenster. — Um in diese
Hochzeit wie der Blitz in den Pulverthurm zu fahren,

mußten erst die Pferde gewechselt werden. Der Weg
zur Post führte ihn vor des Bürger Lauson's Hause
vorbei. Der mußte ja um das Complot wissen. In
dem neu geweißten Flure war es auch still. An der
Wand stand folgender Vers mit Kohle geschrieben:

Juchheißa, mein Faß Ungerwein bleibt doch in dem Keller,
Der Kurländer hat bezahlt bei Pfennig und Heller.
Vivat der Herzog von Kurland, und der es geworden,
Und auch der Königlich Preußische schwarze Adlerorden!

Von einem tauben alten Manne, der eine Art Haus-
knecht- oder Verwalterstelle im Hause versah, konnte der
Freiherr über das tolle Gedicht nicht mehr erfahren, als
daß sein Herr es selbst in der Freude an die Wand
geschrieben, und daß der Herr Advocat Behrend und
seine Freunde herzlich darüber gelacht. Die letzte Zeile
sei aber erst nachher hinzugeschrieben, denn des Herrn
Lauson Freunde hätten es bedenklich gefunden, wenn er,
als guter Preuße und brandenburgischer Patriot, einen
fremden Potentaten allein in seinem Hause leben lasse,
und es möchte ihm in Potsdam übel angerechnet werden.
Um deßhalb habe sein Herr Lauson, sagte mit Wohlgefallen der Mensch, auch den schwarzen Adlerorden leben
lassen, den dazumal gerade Seine Excellenz der Herr
Gouverneur aus der Residenz erhalten. Und daran habe
er sehr klug gethan, und es sei sehr gelobt worden von
Allen. — Wo ist Sein Herr? fragte Sacken ungeduldig.
— J zur Hochzeit in Kurland, war die Antwort.

Das wird ja eine recht lustige Hochzeit, dachte der

Freiherr, indem er wieder im Wagen saß, es sind ihrer
genug jetzt, die sich satt essen und trinken wollen bei
mir. Mich sollte aber nicht wundern, wenn noch mehr
Vettern, Basen nachkämen, vielleicht halb Königsberg als
Sippschaft, um das hocherfreuliche Ereigniß, daß ein
Bürgermädchen in meine Familie heirathet, standesmäßig
mit zu feiern. Eine herrliche Verwandtschaft! Schade,
daß ich schon genug an Denen habe, welche die Geburt
mir gab, um das Glück dieses celebren Zuwachses zu
schätzen!

Theosophus Sacken glaubte, um seinem Einspruch
Wucht zu geben, gerichtliche Anordnungen in der Haupt=
stadt nöthig zu haben. Um deßhalb eilte er zuerst nach
Mitau. Die Ritterschaftsbehörde zeigte sich sehr bereit=
willig, und man billigte die Absicht des Freiherrn, seinen
gerichtlichen Einspruch vor der Hand geheim zu halten,
um damit am angesetzten Hochzeitstage wie ein Blitz aus
heiterer Luft vorzubrechen. Denn eine solche Kränkung
der Familienehre fordere eine publike Genugthuung. Aber
zu den Maßregeln, welche Theosophus forderte, wünschte
man, daß er die Beistimmung, wenigstens das Vor=
wissen Seiner Durchlaucht des Herzogs beibringe. —
— Wie! rief er entrüstet, dürfen wir uns nicht mehr
selbst regieren? Steckt der — frei Gewählte die Nase
in unsere freien Familienangelegenheiten? — Man zuckte
die Achseln; man lenkte das Gespräch ab auf den und
jenen alten Bekannten, der ähnliche Gedanken mit Sacken
gehegt, und nun — der Eine im Auslande, der Andere

— im fernsten Asien, Einer wohl gar bei der Zobeljagd,
naturhistorischen Studien nachhänge.

Sacken's Ingrimm barg sich in die Maske des
Trotzes. Er eilte nach dem Palast; der Herzog war
grade in Mitau. Im Vorzimmer begegnete ihm sein
Jugendfreund Keyserlingk, von dem er seit Jahren kaum
mehr erfahren, als daß derselbe, nicht weniger mißver=
gnügt, als er, sein Vaterland auf längere Zeit gemieden.
Die Verwunderung, sich hier wiederzusehen, war auf
Sacken's Seite größer. Keyserlingk zog ihn bei Seite
und sprach in einem Tone, den er an dem gewaltigen
Senior der Kuronen nicht gewohnt war: Du thust recht
daran. Wie die Sachen liegen, blieb uns kein anderer
Ausweg. Man muß verstehen, die Träume der Jugend
von der Wirksamkeit des Mannesalters zu unterscheiden.
Er ist heftig, eitel, aber darin vernünftig: er denkt nicht
zurück, wenn wir ihn nicht daran erinnern. Ich schloß
meinen Frieden mit ihm. Versuche du es auch. Er ist
zur Versöhnung geneigt, und du triffst ihn in einer
guten Stunde. Er wird thun, als ob er dich zum ersten
Male sähe; sei auch du klug und setze nicht um einer
auftauchenden Jugendgrille wegen das Glück des Lebens
aufs Spiel.

Keyserlingk eilte fort. — Was sollte der Herzog,
den er nie gesehen, mit dem er nie verhandelt, ihm ver=
geben? dachte Sacken. An ihm war es, ob er dem
Manne verzeihen wolle, der ihm seine Braut geraubt,
der sich in seine Familienangelegenheiten unberufen mischte.

Höhnend sah ihn das glänzende Wappen der Biron über den Portalflügeln an; er verglich den brillanten Gold= firniß mit der altersgrauen Färbung desselben Wappens am Kamin des Duc de Gontault. Eine innere Wuth durchzuckte ihn; da öffneten sich die Flügelthüren, und des Kammerherrn Stimme rief seinen Namen.

Warum durchrieselte ihn jetzt eine nie gekannte Bangigkeit? Der menschenscheue Reisende war nicht fremd geblieben an den Höfen der Fürsten; seine Füße hatten sich auf dem glatten Boden mit um so mehr Freiheit bewegt, als er die auf demselben Wandelnden glaubte überschauen, verachten gelernt zu haben. Er hatte nicht gezittert vor dem Throne der Bourbonen und des Han= noveraners; weßhalb fühlte er jetzt eine solche Bewegung beim Eintritt in den Audienzsaal eines Emporkömmlings? — Was durchzuckte ihn plötzlich die Erinnerung an ein unbedeutendes Abenteuer, an die Rückfahrt aus Königs= berg, warum stand das Bild des eitlen Burschen, den er aus dem Wagen stieß, mit hellen, scharfen Farben vor dem Spiegel seiner Seele, jetzt, wo sein Fuß über die Schwelle glitt?

Er stand im Audienzsaale. Vor ihm im vollen Lüstre und Geschmack der Zeit, und doch der Gold= und Brokatglanz der reichen Kleider noch überstrahlt durch das schwarze Auge, Biron, Herzog von Kurland. Biron weidete sich an der Verlegenheit, ja Bestürzung, welche den Freiherrn ergriff, als er in dem Herzog den eitlen Studenten aus Königsberg erkannte. Er war es, un=

zweifelhaft. Die Natur schafft nicht zwei solche Copieen desselben Urbildes. Und wenn die Züge gelogen hätten, das war derselbe zornige, freche, lächelnde Blick aus dem kugelrunden, blitzenden Auge, den Büren ihm zuwarf, als er, aus dem Wagen gestoßen, rief, sie würden dereinst abrechnen. Sie rechneten in den Secunden, wo keiner die Lippen öffnete, mit einander ab. Die Augen sagten sich Alles, was auszusprechen war. Die Worte nachher waren nur der formelle Deckmantel für das, was vorher schweigend und vollständiger gesprochen worden.

Man sagt, Herr von Sacken, sprach der Herzog, Sie wären ein Astrologe und fragten Zigeunerweiber über die Zukunft aus. Ein Wunder, wenn ein Philosoph an Wunder glaubt.

Die Wunder kommen von selbst, entgegnete Sacken. Ich verlange nicht mehr, als ich jetzt sehe.

Glauben Sie noch, daß die Welt nicht vorwärts geht? Ich hörte, Sie sollten der Meinung sein.

Ein alter Spruch, Durchlaucht, meint, man solle den Tag nicht vor dem Abend loben.

Sie haben weite Reisen gemacht. Ich billige es, wenn meine Cavaliere ihre rauhen Sitten im Auslande abschleifen. Aber Sie sollen ein Menschenhasser geblieben sein.

Ich fand keinen Grund, meine Ansichten über das Geschlecht zu ändern.

Glauben Sie nicht, daß es in meiner Macht steht, Ihnen andere zu verschaffen?

Vielleicht, wenn Euer Durchlaucht die Macht hätten, mir selbst über mich andere Begriffe beizubringen.

Es käme darauf an, lächelte der Herzog. Die Welt ist noch groß. Sie lieben ohne Gesellschaft zu reisen, ich würde Ihnen eine Reise in Gegenden empfehlen, wo Sie wenig Menschen anträfen. Sibirien sahen Sie noch nicht. Es ist reich an Naturmerkwürdigkeiten. Mancher kehrte mit ganz andern Ansichten zurück, als er hinging.

Das Blut pulf'te heftiger durch des Freiherrn Adern: Wenn Euer Durchlaucht selbst diese Reise unternehmen wollten, würden Sie gewiß für das Glück Ihrer Unterthanen sorgen.

Die doppelsinnigen Worte waren Saden entschlüpft; er bemerkte ihre Wirkung in der plötzlichen Blässe, die des Herzogs Gesicht überzog. Doch kehrte schnell die Röthe zurück, und er lächelte:

Ich bin Ihnen noch einigen Dank schuldig, Baron, für eine Gefälligkeit, die Sie einst einem meiner entfernten Verwandten erwiesen. Sie sollen mich nicht undankbar schelten. Vorläufig gratulire ich zu der Heirath in Ihrer Familie. Es ist lobenswerth von Ihnen, daß Sie, um bei der Hochzeit zu sein, die weite Reise in ein Land nicht scheuten, wohin sonst Sie nichts zurückzieht.

Es thut mir leid, wenn Euer Durchlaucht sich für
diese Hochzeit interessiren; aber sie unterbleibt.

Wollen Sie Einspruch thun?

Ich.

Weßhalb? Ich finde die Braut reizend. Mich
dünkt, auch Sie müssen sie kennen von früher. Oder
lieben Sie durchaus nicht, an frühere Verbindlichkeiten
erinnert zu werden?

Ich widerspreche, weil mein Neffe ohne meine Zustimmung heirathen will, der ich sein Oheim, Vormund
und Familiensenior bin; weil die Verlobung hinter meinem Rücken geschah, wider meinen Willen, weil es mir
zuwider ist, wenn gemeines Blut sich in edle Familien
drängt. Darum widerspreche ich und werde es nicht
dulden.

Hm! hm! sagte der Herzog mit unterschlagenen
Armen, ich liebe die Männer mit Grundsätzen. Schade
nur, die jungen Leute freuten sich so sehr, Sie als Hoch-
zeitsgast zu sehen. Aber als Pathe beim ersten Kind-
taufen darf man doch auf Sie hoffen?

Theosophus ließ sich aus seiner Ruhe durch die
des Fürsten bringen. Dazu wird und soll es nicht
kommen, denn ich verbiete unbedingt meinem Neffen die
Heirath.

Wie mögen Sie das?

Er ist mein Erbe; ohne meinen Willen hat er
nichts.

Sie vergessen, Baron, daß er Ihre Schenkung

schon in Händen hat; es ist durch meine Fürsorge Alles einregistrirt. Ihr Widerspruch kommt darin zu spät.

Aber nicht der· des Seniors. Die Statuten unserer Familie sprechen bestimmt und deutlich in diesem Falle. Es giebt kein Gesetz, meinen Willen zu brechen. Und so wenig ich Euer Durchlaucht bewegen kann, Ihren Herzoghut niederzulegen, werden Euer Durchlaucht mich bewegen, ihn zu ändern. Hier ist Alles bebrieft und besiegelt, die Ausfertigung der Gerichte, und ich zweifle nicht, daß ein so gerechter Souverain, als Euer Durchlaucht, einen gekränkten Mann in Wahrung dessen unterstützen werden, was sein unverbrüchliches Recht ist.

Der Herzog hatte die Papiere durchblättert und reichte sie freundlich dem Freiherrn zurück. Warum pudern Sie sich und tragen eine Perrücke, Baron? Stoiker Ihrer Gesinnung kann ich mir eigentlich ·nur denken im schwedischen geschornen Kopf. Ja, es war ein gewaltiger Kopf, dieser Karl. Er rannte eichene Thüren ein. Wir, in einem Zeitalter der Verweichlichung und Entkräftung, können das nicht mehr. Aber Ihre Papiere sind in vortrefflicher Ordnung. Kurland kann sich freuen, einen so gesetzlichen Mitbürger wiedergewonnen zu haben. Steht noch sonst etwas zu Ihren Diensten?

Sacken verneigte sich tief, der Herzog schellte; er war entlassen. An der Thüre rief ihm Biron's Stimme nach: Baron Sacken, haben Sie sich nicht besonnen? — Sacken antwortete: Nein! — Aber Sie sind mir

darauf noch Antwort schuldig, ob Sie zur Kindtaufe
kommen wollen, vorausgesetzt, wenn zuvor Hochzeit gewesen?

Der Freiherr verneigte sich: Wenn zuvor Hochzeit
gewesen.

Er saß wieder im Reisewagen, seine ausgefertigten
untersiegelten Papiere in der Tasche, die Kalesche eines
Gerichtsbeamten folgte ihm langsam im sandigen Wege.
— Sacken hatte seine Zukunft in den Augen des Herzogs gelesen, er wußte, was ihm bevorstand: — eine
Reise nach Sibirien. Vielleicht hätte er noch entfliehen
mögen. Weßhalb? — Ist Sibirien schlechter als Europa? — Auch die Tyrannei sucht nach Gründen, um
die Handlungen ihrer Willkür zu bemänteln. Den geringen Spielraum, bis diese Gründe gefunden, nutzte er
als ein kluger Mann, seinen Einspruch gültig zu machen.
Biron sollte nicht seinen Willen haben.

Er ließ den Wagen in dem kleinen Birkenbusch vor
dem Landhause halten und schlich sich in dessen Um-
friedigung. Alles, im Garten, Hofe, Flur, war Vor-
bereitung zum morgenden Feste. Gerüste, Festons,
Blumenpyramiden; die Domestiken probirten die bunt-
papiernen Laternen, die den Garten am Abend zu einem
Feenpalast verwandeln sollten. In den dunkler werdenden Gängen wandelten die Gäste auf und ab; man be-
sprach Scherze, die am heutigen Polterabend die Lust
des Brautpaars erhöhen sollten. Welche Lustigkeit, welcher Uebermuth, Alles auf Kosten seines Beutels, seiner

Laune. Wie toll vor Freude kreiselte sich in den Gängen
der alte Lauson. Er war um Vieles, dicker geworden,
und sein Wesen hatte einen vornehmen Anstrich, der dem
schlichten Bürger sonst fremd gewesen. Behrend dagegen konnte kaum die ernste Würde, die ihm eigen, aufrecht erhalten; so blitzte die Freude aus seinem Vater-
auge. Ja, Gevatter, sagte Lauson, wer hätte das damals erwartet! Dem Verdienste wird doch seine Krone,
und die Welt ist schön und gut. — Ich kann noch
immer eine gewisse Aengstlichkeit nicht unterdrücken, entgegnete Behrend. Noch immer ist die Einwilligung des
Freiherrn nicht da. Sein Schweigen ist bedenklich, wenn
man seinen Charakter erwägt. — Was bedenken, rief
Lauson, er muß, er muß! Wofür haben wir unsern
durchlauchtigen Herzog, meinen dankbaren Herzensjungen.
Wenn er nicht will, schicken wir ihn zum Zobeljagen.
Deiner muß tanzen nach meiner Pfeife. Dein Franzwein ist sauer, Nichts ist aus ihm geworden. Wir
erheben ihn erst, durch uns kann er es zu etwas bringen. Pereant die Duckmäuser!

Pack! murmelte der Ergrimmte in die Zähne. Die
Brautleute kamen den Gang herauf. Seligkeit in den
Blicken der Umschlungenen. Benigna war sehr schön
geworden, der Liebreiz umfloß ihre zarte Gestalt. Sie
wischte eine Thräne aus dem Auge: Und mir ist doch
noch bange, hauchte ihre klangvolle Stimme, wenn er so
plötzlich vor uns träte, wie ich ihn oft sah — der zornige Blick vor sich hinstarrend aus dem bärtigen Ge-

ſicht, und er ſpräche — — Könnte er Nein ſagen? fiel
der feurige Liebhaber, ihr den Mund ſchließend, ein; —
nimmermehr, wenn er dich ſähe, wie ich jetzt.

Leider konnte der Gemeinte die Züge des ſchönen
Mädchens nicht mehr ſo klar ſehen, als er wünſchte.
Die eingebrochene Dunkelheit verhinderte es. Eine leiſe
Berührung am Arm ſtörte ihn aus der Beobachtung auf.
Ein Mann im Mantel, den er für einen der von ihm
mitgebrachten Gerichtsdiener hielt, winkte ihm mit ver=
ſtohlenen Zeichen. Als er ihm in das Birkenholz folgte,
verdreifachte ſich die Zahl der Männer im Mantel. Sacken fühlte ſich ergriffen. Keinen Laut, oder! — war
der einzige Laut, den er hörte, und, von kräftigen Armen
gefaßt und geſtoßen, ward er in einen Wagen gehoben.
Der Schlag flog zu, man ſchloß und hämmerte daran,
und im nächſten Augenblicke rollten die Räder über den
Kiesdamm fort.

Nach einer Weile glaubte er aus der Ferne die
Muſik zu hören, welche den frohen Abend auf ſeinem
Schloſſe einleitete. Immer ſchwächer, verhallten die Töne
bald. Der Wagen fuhr, nachdem die Pferde einige
Zeit getrabt, im Schritte fort, ohne anzuhalten. So
ging es die Nacht durch.

Sacken kannte ſein Schickſal. Ein Andrer würde
nach dem erſten Schrecken unruhig geworden ſein, viel=

leicht getobt und auf Mittel gedacht haben, aus der un=
willkommenen Lage sich loszuringen. Er hüllte sich,
nachdem er seine Lage überlegt, ruhig in den Mantel
und versuchte zu schlafen. Dieser erste Versuch mißlang.
Eine Möglichkeit durchzuckte ihn. Außer dem E i n e n
hatte er in Kurland keine Feinde. Nur von Diesem
konnte der Gewaltstreich ausgehn; dann war keine freund=
liche Lösung denkbar. Aber möglich war eine Verwech=
selung der Person, denn er war nicht der erste Edel=
mann, den man nächtlich aufgegriffen hatte. Um deß=
halb, als der Wagen durch tiefen Sand fuhr und es
ringsumher todtenstill war, rief er mit lauter Stimme:
Die ihr draußen diesen Wagen escortirt, könnt ihr mir
Antwort geben, Wen ihr Ordre habt in der Art zu
behandeln, wie es mit mir geschieht? Nicht daß ich
mich widersetzen will, es möchte jedoch sein, daß ihr
einen Falschen aufgegriffen habt, was euch weniger als
mich unnöthigerweise in Ungelegenheit brächte. Also
Antwort, wenn ihr dürft, und ich verspreche euch, so
ich der bin, den euer Auftrag nennt, fürder mich so
ruhig zu verhalten, daß ihr auf der Reise, sei sie
nun lang oder kurz, wenig Sorge meinetwegen haben
sollt.

Es blieb so still als vorhin. So dürft ihr mir
doch ein Zeichen geben, wenn euch das Reden untersagt
ist. Ich bin der Freiherr Theosophus Saden. Wenn
es der ist, den ihr gefangen nehmen solltet, so schlagt
auf die Kutsche!

Ein breimaliger Peitschenschlag auf das Leder des Kutschendeckels antwortete. Nun war der Gefangene beruhigt. Er schlief den übrigen Theil der Nacht. Der Morgenschein drang, als er erwachte, durch die Bretter, mit denen das Kutschenfenster verschlossen war. In einem Korbe auf dem Rücksitz stand, was für ihn zum Frühstück bestimmt schien. Sonst war Alles, wie in der Nacht, der Wagen blieb in Einem Fahren, bald langsam, bald schneller. Durch die Ritzen ließ sich nichts entdecken, kaum ein Streifen des Horizonts. Nur wenn die Aeste am Leder streiften, oder am würzigen Harzgeruch der Kiefern erkannte er, daß es durch einen Wald ging. Befahrnere Wege schien man zu vermeiden, doch hörte er, wie der Wagen über Fähren setzte und Brücken passirte.

Schnitter auf dem Felde sangen ein esthnisches Lied. Er hatte es wohl schon gehört; noch nie hatten die einfachen Töne ihm indeß so rührend geklungen:

> Wo im Staub die Räder rollen,
> Fährt der gnäb'ge Herr von dannen;
> Möcht' er doch recht lange reisen.
> Unsre Hände sind voll Schwielen,
> Und geritzt die heißen Sohlen,
> Wollt' er doch nicht wieder kehren!
> Immer heißer brennt hie Sonne,
> Immer trockner schmeckt das Leibbrod,
> Aerntebier ist immer saurer,
> Wenn der gnäb'ge Herr uns zusieht. —
> Ach! eh' bleibt im Meer die Sonne,

Eher frißt der Wolf den Vollmond,
Eher bleibet aus der Frühling,
Und die Schwalbe kehrt nicht wieder,
Als er nicht zu uns zurück kehrt,
Unser böser gnäd'ger Herr.
Schwielen sind für arme Leute,
Polster für die gnäd'gen Herren.
Arme Leute, arme Leute
Bleiben immer arme Leute!

Nun, nun! brummte Sacken, ich werde ja nicht wiederkehren. Die Reise nach Sibirien dauert Jahre, aus Jahren werden oft Jahrzehnte, aus Jahrzehnten ein Lebensalter. Was der Mensch endlich nöthig hat, trifft er
auch dort, sechs Fuß Erde, und mich dünkt, man müsse
in den Einöden besser ausruhen, als in unsern eng ge-
drängten Landstrichen, wo der hungrige Blick selbst auf
den schmalen Bodenstreif neidisch blickt und ausrechnet,
wie viel Hafer statt der Trauerbirke wachsen möchte.
Das Vieh mag das Gras nicht fressen, das auf Kirch-
höfen wächs't, sagte mir neulich verdrüßlich der deutsche
Küster. Wenn man die Leute, damit sie sterben, nach
den asiatischen Steppen schickt, warum sendet man nicht
auch die schon Gestorbenen dahin? Raum ist genug.
Die Adler rauschen über die kleinen Hügel, der Hase,
der Hisch graset sie ab, der Bär schweift darüber fort,
der Fuchs wühlt seinen Bau dazwischen. Wir stören
dort Niemand und werden von Niemanden gestört.

Er überschlug die Zahl bekannter Männer, welche
unfreiwillig in den letzten Jahren dahingegangen. Vom

Gipfel der Macht in die frierende Entbehrung verstoßen —
wie Viele hatten schon im Kampf mit Raubthieren, mit
Hunger und Kälte ihr klägliches Leben geendet. Statt
in der mit Sammet und Gold verschlagenen Halle, von
Kerzenduft umhüllt, lag ihr gefrorner Leichnam in einer
schlecht gezimmerten Bretterscheune und wartete Monate
lang, bis die Erde aufthaute, die müden Glieder zu em=
pfangen. Er dachte an Mentschikow's Töchter, an wie
vieler anderer Gewaltigen, wie sie die Pelze um den
tobten Vater, Bruder, Gatten hüllten, einen letzten,
ohnmächtigen Liebesdienst dem Dahingegangenen. —
Ein Glück! sprach er, daß ich nicht verheirathet bin.
Um mich wird keine Thräne unnöthig fließen. Man
kann mich, wenn ich ausgeathmet, zum Fenster hinaus=
werfen, und die Wölfe sorgen, daß meine Leiche keinem
Lebensfrohen ein Aergerniß wird.

Schon war ein zweiter, ein dritter Tag verstrichen.
Man hatte ihn mit dem, was zur Nothdurft des Lebens
gehört, versorgt. Er fand regelmäßig beim Erwachen
aus dem unruhigen, unbequemen Schlafe die Nahrungs=
mittel in einem Korbe hingestellt. Im Verlauf der Reise
legten seine Wächter von der anfänglich beobachteten
Scheu etwas ab, und man reichte ihm auch im Wachen,
was er bedurfte, in die Kutsche.. Anfänglich ließ man
ihn nur des Nachts aussteigen, später geschah es wohl
auch des Tages, immer jedoch nur in der Mitte dichter
Wälder, oder auf öden weiten Ebenen, wo kein lebendes
Wesen, kein Kirchthurm sich dem Auge zeigte. Biswei=

len hielt man auch dann es für nöthig, ihm zuvor die Augen zu verbinden. Die dabei Betheiligten waren, so viel er Gelegenheit fand, sie anzusehen, fremde, bärtige Gesichter. Sie wandten, in ihre dichten Mäntel und Pelze gehüllt, ihm den Rücken. Noch entfuhr keine Sylbe ihren Lippen. Durch Zeichen ward ihm ange= deutet, wenn er einsteigen sollte. Die Thüre ward wieder fest verschlossen und geprüft.

In den ersten Tagen mußten die Pferde nur dann ausruhen und gefüttert werden, wenn auch er schlief; der Wagen blieb wenigstens in beständiger Bewegung, und er bemerkte nicht, daß die Pferde gewechselt wur= den. Später hörte er sie einkehren und ausspannen. Aus dem Wechsel des Lichtes und dem Holzgeruch ent= nahm er, daß man ihn in eine Scheune oder einen Stall gesperrt. Er konnte indeß wahrnehmen, daß dies stets nur in entlegenen Schenken geschah. Nur selten wurden dabei Worte gewechselt, welche er verstand, noch seltener hörte er den Branntweinjubel seiner in der ent= fernten Zechstube zechenden Wächter. Trotz ihres stand= haft beobachteten Schweigens blieb dennoch zwischen ihnen eine Art Verständigung. Es war ihm nicht versagt, seine Wünsche zu äußern, und er erhielt darauf durch Zeichen, oder durch die Erfüllung Antwort. Auf diese Weise entspann sich zwischen ihnen eine Art symbolische Sprache, und er schloß daraus, was ihm angenehm war, daß die Wächter dieselben blieben.

Ueberhaupt ließ man in der strengen Vorschrift

nach, je mehr die Reise aus den Gegenden sich entfernte, wo noch Deutsch verstanden und gesprochen wurde.
Jetzt fuhr man schon Wochen lang durch das eigentliche
Rußland. Sacken kannte so viel von der Sprache, um
dies zu erkennen. Man übernachtete in Dörfern, und
das Gerassel des Wagens auf Steinpflaster sagte ihm,
daß man durch Städte fuhr. Hier geschah Mehreres zu
seiner Bequemlichkeit, nur war man noch taub gegen den
Wunsch, daß ihm einmal ein Nachtlager, sei es auch
die nackte Erde, außerhalb des Wagens vergönnt werde.
Erst als nach Monaten auch dieses weiten Reiches Grenzen hinter ihnen liegen mochten und ganz fremde asia-
tische Laute, von denen man nicht voraussetzen konnte,
daß der Deutsche davon etwas verstand, wechselten, gab
man auch darin nach. Man ließ ihn am heißen Mittag oder in lauen Nächten einige Stunden im Moose
schlafen; in Gehöften durfte er dagegen niemals aussteigen.

Fast hätte er alle diese Gunst durch eine Unbe-
sonnenheit verscherzt. Der Wagen fuhr wieder auf
Straßen; ein Geschwirrr von viel tausend Menschenstimmen wogte durch einander, er war auf einem großen
Markte. Das sagte ihm das Kreischen und Zanken der
Weiber, die ihre Waare ausboten, das Gebrüll der
Kühe und Ochsen, das Piepen und Flattern des Feder-
viehs, der Geruch der Früchte und Kräuter. Der Wagen konnte kaum Schritt für Schritt fort; jetzt hielt er
an. Auf dem Knie liegend, das Ohr an das Leder gedrückt,

lauschte er, ob er keinen verwandten Laut auffange.
Vergebens. Das mochten baskirische, kalmuckische, tata-
rische und samojedische Sprachen sein; kein Wort darunter, das er verstand. Und doch, in einiger Entfernung hörte er schlechte polnische Worte. — Es war ein
Jude. Er hätte ihn ans Herz drücken mögen, und
hätte er von Schmutz gestarrt. — Gütiger Gott! was
war das für ein Ton? — Ein deutscher Mund, deutsche
Worte, nur zwei, ein Schritt von ihm, deutlich klang
es: Du lieber Himmel, da bringen sie wieder Einen
nach Sibirien! — Ein Schrei des Entzückens brach unwillkürlich aus der Brust, strömte über die Lippen, er
weinte, er streckte die Arme aus, er küßte das Leder des
Wagens. — Die Stimme war verstummt, keine Ent-
gegnung, die Peitsche knallte, und der Wagen rollte über
die Steine. Bald war das Steinpflaster, bald das
summende Marktgewühl verschwunden.

Die Strafe folgte nach. Ueber Monatsfrist ward
der Gefangene kaum aus dem Wagen gelassen. Vermuthlich mied man absichtlich wieder die große Straße.
Die monotone Stille gewann durch die eintretende Kälte
an drückendem Gewicht. War es der Winter allein,
oder die Nähe des furchtbaren Bestimmungsorts? Eine
unsichtbare Hand reichte ihm einen großen Fuchspelz, sich
darin vor Kälte zu schützen, es war das erste Zeichen
der Versöhnung von Seiten seiner unsichtbaren Gewalt-
haber. Aber konnten Pelze, Mützen, Fußsäcke, wär-
mende, starke Getränke die Lichtlosigkeit seines Käfichs

heller machen, konnten sie mit ihm reden? Ach, der
Winter verscheuchte auch die letzte Gesellschaft, die Letzten,
mit denen er Gespräche pflog, die Sperlinge, die Amseln,
den Kukuk, die Schwalben, die Störche. Das Heulen
der Wölfe schreckte ihn nur zu oft aus dem Schlafe; er
bemerkte die Angst, welche sie auch seinen Begleitern ein=
flößten, wenn die hungrigen Schnellläufer die Kutsche um=
schwärmten. Die Pferde wurden unruhig, man brannte Pi=
stolen und Feuerwerke auf die Lästigen ab. Alles deutete
auf die unwirthbaren Gegenden, in die sie vorgedrungen:
magere Kost, Haferbrot, gedörrte Fische, schlechtere Wege.
Man ließ ihn häufiger aus dem Wagen steigen, der
oft in ganzen Tagen kaum Meilen zurücklegte, und
gönnte ihm die Bewegung, welche bei der Beschaffenheit
der Gegend nicht gefährlich war. Weite, überglas'te
Schneeflächen, nur unterbrochen von nacktem, röthlichem
Felsgeschiefer; kümmerlicher Kniewuchs, oder vereinzelte
Birken, die traurig ihre nackten Zweige in die eisige
Luft schüttelten, verriethen dem Reisenden, in welche
nördliche Regionen er schon vorgedrungen war. Die
Schneehühner waren schon länger seine Begleiter gewe=
sen, jetzt schweifte auch das Rennthier einsam und in
Gruppen über die Felder. Noch deutlicher redete der
nächtliche Sternenhimmel, mit den veränderten Figuren.
Ihm war die Nacht willkommener. Freundlicher, wär=
mer, menschlicher sprachen zu ihm die Millionen flim=
mernder Welten in den Bildern, die er so oft auf der
Karte verfolgt, deren Namen ihm geläufig waren, an

deren fabelhafte Gestalten die vorweltliche Mythe, aus-
geschmückt von dem Schönheitssinn hochgebildeter Völker,
die Geschichte des Heroenalters der Menschheit geknüpft.
Was sprach dagegen zu ihm der Tag, der ein eiskaltes
Sterbekleid über die Schöpfung ausbreitete; und wäre
die Sonne so mächtig gewesen, die Schneedecke fortzu-
ziehen, es lag doch nur eine ausgestorbene Welt darunter. Wie augenblendend die Sonne auf die Felder
strahlte, es war doch nur ein matter höhnender Schim-
mer; selbst der einzelne Raubvogel, der Nahrung suchend
über die weißen Flächen dahinflatterte, dünkte ihm des
kühnen Fluges, des rauschenden Fittichwurfs, des zorni-
gen Blicks eines Alpenadlers zu entbehren.

Sacken saß fest verschlossen im Wagen, als ein
Sturm ihn aus seinen Träumen weckte. Der Orkan,
der schneidend durch das Leder drang, wälzte Schneemassen heran. Er schwieg, oder rollte über die un-
ermeßlichen sibirischen Ebenen fern gen Abend. Der
Himmel war verdunkelt. Anfangs glich es einer Erleichterung, einer wohlthätigen Lösung der Natur nach
einer entsetzlichen Beängstigung. Aber die Wolken schüttelten nicht allmählich ihre Fülle aus. Dick zusammen-
gepeitscht, borsten sie auf einmal, die Atmosphäre war
ein Schnee, er fiel nicht mehr, er wälzte, preßte sich
herab. Bis über die Leiber ging er den Pferden, bis
über die Räder wuchs er am Wagen. Das Fuhrwerk
blieb stehen, denn kein Peitschen und Fluchen half mehr.
Nach einer bangen halben Stunde hörte er seine Wächter

absteigen und die Pferde losschirren. Es war feuchte
Nacht um ihn. Sie wechselten Worte, die er verstand,
sie verließen ihn, anderwärts Rettung zu suchen, vielleicht nur für sich, für die Thiere. Ihn ließ man allein, verschlossen, hülflos, in der Nacht, der Wüste, dem
sibirischen Schneemeer zurück. Er schrie, er klopfte an
die Bretter, er beschwor sie bei Gott und allen Heiligen,
ihn nicht zu verlassen, ihn mitzunehmen. Umsonst. Sie
hörten ihn nicht, oder wollten ihn nicht hören. Die
Pferde mit ihren Reitern arbeiteten sich durch den Schnee,
jetzt hörte er nichts mehr, und war allein, eingekerkert,
dem Verderben geopfert.

Er war nicht mehr allein, denn durch die Schneemassen arbeiteten sich die Ungethüme der Wüste. Von
weit her gaben sie sich Signale, daß sie ihre Beute
wieder gefunden, eine Beute, von den Wächtern selbst
ihnen preisgegeben. Nie hatte ihm das Heulen der
Wölfe so entsetzlich geklungen, so lang ausholend, so
teuflisch lächelnd, das Symbol des Hungers und der
Höllenfreude zugleich. Nun stürzten sie heran in wilden
Sprüngen. Das Heulen wurde lauter, heller, freudiger,
es war die Witterung des Menschenfleisches. Preisgegeben war er den Bestien, zerrissen von ihnen, verschlun-
gen, bestimmt, spurlos zu verschwinden, ohne Abschied
von der Welt, ohne Lebewohl von irgend einem Wesen,
wahrscheinlich ohne daß eine menschliche Seele von seinem
Untergange Kunde erhielt. Er war auf seine Kniee ge-
sunken, er preßte die Hände, er versuchte zu beten. Da

fuhr das erste Ungethüm über den Kutschendeckel, drüben
im tiefen Schnee wieder untersinkend. Ein zweites krallte
an das Leder. Jetzt versuchte es oben, jetzt unten Eingang.
Er glaubte den warmen Hauch des Rachens durch die dicke
Decke zu fühlen, indeß der gräßliche Schrei heißhungriger
Wuth seine Nerven zerfleischte. Jetzt waren sie unter,
über ihm, jetzt kratzten sie an dem Leder, jetzt nagten
sie an den Brettern, rüttelten an der Deichsel. Er pries
seine ersten Peiniger, die ihm einen so festen Käfich gebaut. Aber wie lange konnte das Menschenwerk, das
doch auch durch die lange Reise gelitten, der wilden
Naturkraft der hungrigen Bestien Widerstand leisten. Er
war ohne Waffen; aber was hätten Waffen in der
Hand des einzelnen geschwächten Mannes vermocht! Auf
das Sterben war er vorbereitet; aber darum betete er,
daß sein letzter Augenaufschlag noch einem menschlichen
Wesen ins Gesicht blicke. Da ergriff er krampfhaft
seine Brieftasche und kritzelte mit dem Stifte sein Te-
stament auf die Tafel. Man mußte es ja lesen können,
wenn gleich in tiefem Dunkel geschrieben, denn ein Licht-
strahl, der seine Seele durchzuckte, dictirte es ihm: Vergebung allen meinen Feinden. Vergebt auch mir, der
ich euch ohne allen Grund quälte. Mein Neffe, sei
glücklich an der Hand deiner Benigna, der ich alle
meine Habe —

Der Griffel entfiel ihm. Denn von Neuem wü-
thete der Sturm. Der Orkan heulte um die Wette mit
den Wölfen. Die Schneemassen wurden zu Bergen auf-

gehäuft, und der nächste Stoß trieb wieder die Berge
auseinander. Die Ungethüme selbst mußten, gewor=
fen, geschleudert, mit dem Wetter kämpfen. Da riß
ein neuer Stoß den Wagen um, und krachend stürzte
er auf die Seite. Jetzt waren die Breschen für den
Feind da. Zum zweiten Male gab sich Sacken ver=
loren. Verhüllt in den Pelz, die Augen zugedrückt, er=
wartete er, am Boden liegend, das Unvermeidliche. Aber
die Hülfe war mit dem Sturm gekommen. Mehrere
Schüsse, Peitschenknall, Pferdewiehern, Hundegebell und
das Hallo vieler Menschenstimmen verscheuchte die grim=
migen Thiere im Augenblick, wo der Zahn eines Wolfes
die schwächeren Bretter des Kutschenbodens, der jetzt frei
zur Seite lag, durchgerissen hatte. Er war gerettet,
seine Wächter waren mit frischen Pferden und dem
Aufgebot einer ganzen Dorfschaft zurückgekehrt. Aber er
sah wenig mehr, als den ersten Totaleindruck, den das
Nachtbild einer asiatischen Dorfschaft, in wildfremden
Trachten, angeleuchtet von Kienbränden, auf seine ange=
griffenen Nerven verursachte. Einem, dessen weitgeschlitzte
Augen und aufgerissener Mund unter der plattgedrückten
Nase ihn zu anderer Zeit mit Entsetzen erfüllt hätte,
fiel er um den Hals. Denn es war ein Mensch.

Dann versank er in Bewußtlosigkeit und sah nicht
mehr, wie man den Kutschenkasten auf einem Schlitten
befestigte; auch erfuhr er nicht, daß man ihn in dem
Dorfe zu Bette brachte und so lange pflegte, bis die
Weiterreise ohne Gefahr wieder angetreten werden konnte.

— Er hatte bis da genaue Zeitrechnung gehalten und
wußte bestimmt, daß er schon über sechs Monate unter=
weges war. Von jetzt an ward er an dem Kalender
irre, denn seine Krankheitszufälle erneuerten sich, ohne
doch bedenklich zu werden. Auch wußte er nicht mehr,
in welchen Gegenden er sich befand. Er glaubte bis
da, als tüchtiger Geograph, den Strich der Reise im
Allgemeinen genau verfolgt zu haben. Die Völkerschaf=
ten, die Producte der Länder, wie die Himmelszeichen
verwirrten sich; aber er hatte auch nicht mehr wie früher
darauf Acht. Er wußte nur, daß man, wahrscheinlich
um seine Qual zu steigern, ihn auf dem längsten Wege
nach dem Ort seiner Bestimmung führte. Ihm war es
gleichgültig geworden, denn er beschäftigte sich mit sich
selbst. Seine Zukunft war einförmig; bewegter die
Vergangenheit, auf die er zurückblickte; und je ernster
er das Auge darauf richtete, um so unzufriedener ward
er mit sich. Wie anders sah er in dem dunkeln Wa=
gen Vieles an, wie vordem, als das Licht der Sonne,
der Schatten der Verhältnisse darauf fiel. Wie Vielen
hatte er Unrecht gethan, wie oft aus ungegründetem
Argwohn Andern und sich geschadet. Warum hatte er
den Handlungen seiner Nebenmenschen immer die un=
lautersten Beweggründe untergelegt; und wenn er darin
richtig geblickt, wer gab i h m ein Recht, auf die Motive
allein zu sehen, und nicht auf die Wirkung, auf die
That, wie sie geworden. Wie Vieles hatte er danach
zu bereuen, um wie viel milder beurtheilte er die, welche

ihn getränkt hatten. Was hatte er ein Recht, was sein
Neffe als Lebensglück betrachtete, aus nichts Anderm als
einer schwarzen Grille zu hintertreiben, wie tyrannisch
war er dabei gegen seinen uneigennützigen Königsberger
Freund und dessen unschuldige Tochter verfahren! Und
durfte er danach Biron, wenn er es war, der ihm die
Qual bereitet, nur tyrannisch nennen? Bei der Erinnerung an Benigna Trotha gährte noch einmal der Kelch
bitter auf; allein freundlich blickte ihn ihr kluges Auge
wieder an, und sie reichte ihm über die sibirischen Wü-
sten die Hand zur Versöhnung. Wer war hier der Ty-
rann gewesen, wer hatte das Glück von sich gestoßen?
Nicht sie. Aber sie, die er so ernst geliebt, die er so
hoch geschätzt, daß er ihren Werth durch Prüfungen
läutern wollen, zu denen er nicht berufen war, sie jetzt
sittlich entwürdigt, zur Scheingattin, mit Verleugnung
ihrer eigenen Würde, ihrer heiligen Rechte, einem andern sinnlichen Bunde den Deckmantel der Decenz um-
werfend! Trug er auch da die Schuld? — Er gedachte des Tatarchans, in dessen Filzzelt er während
eines zweiten Fieberanfalls einige Tage ausgeruht, der
zwei Frauen zugleich hatte, eine alternde und eine jugend-
liche. Er hatte jene gefragt: ob sie mit der Rivalin
zufrieden sei? Sie hatte geantwortet: Wenn nur mein
Herr zufrieden ist.

Der Winter war vorüber, die Lerchen sangen wieder, der würzige Duft frischer Kräuter drang erquickend
in seinen Käfich. Aber grausamer Weise schloß man

diesen jetzt abermals viel behutsamer. Nur in dunkeln
Nächten, in Waldesschatten ward er auf Augenblicke her-
ausgelassen. Auf den Frühling folgte der Sommer,
aber noch immer nicht das Ziel seiner Reise. Er meinte
nach seiner Berechnung jetzt in der Nähe des chinesischen
Reiches zu sein. Damit stimmten mehrere Anzeichen:
ein kräftiger, aromatischer Thee, ein Lieblingsgetränk,
welches er lange entbehren müssen, wurde ihm häufiger
gereicht; er hörte wieder Glocken läuten, ein Ton, der
ihm fast wie eine Menschenstimme willkommen klang. Ja
man nöthigte ihn eines Morgens sich die Augen verbinden zu lassen, und während dessen ward eine Opera-
tion an ihm vollzogen, welche ein ganzes Jahr lang
unterblieben war: man nahm ihm den Bart ab, und
die Scheere wühlte auch in seinen langen Haaren. Das war
das Symbol der Verdammung; so wußte er sich denn
am Ziele seiner mühseligen Fahrt. Er glaubte auf eine
menschliche Behandlung hoffen zu dürfen, vielleicht nur
auf den anständigen Bann innerhalb bestimmter Grenzen;
denn man hatte ihm weder Ketten noch den gewöhnlichen
Verbrecherkittel angelegt, im Gegentheil war er wieder
in den europäischen Kleidern, welche er halb zu seiner
eigenen Bequemlichkeit während der Reise abgelegt. Und
doch fühlte er eine Bangigkeit, daß diese nun aufhören
sollte. Wie lästig auch, es war doch nun ein alter Bekannter, eine Gewöhnung, von der kein Wesen von Gefühl ohne eine gewisse Wehmuth sich trennt.

Die Sonne brannte heiß auf das Kutschenleder

Der Wagen fuhr langsam. Er hörte das Streifen der
Sensen, das Fallen der Mahd. Die Schnitter sangen.
— Die Chinesen, dachte der Freiherr, sollen das ge-
drückteste Volk sein, und doch mögen sie singen! Also
es giebt Stoff zur Heiterkeit in der ganzen Welt. —
Er drückte die Augen zu, sanft geschaukelt von der lauen
Luft, von dem sandigen Wege. Angenehme Bilder von
Glück und Friede gaukelten ihm vor. Da hörte er sie
singen, in kurischer Sprache:

> Wieder ist er, aus der großen
> Stadt, zurückgekehrt, der Herr.
> Bringt der Gnäd'ge Honigkuchen,
> Bringt er Zuckerbrod für uns?
> Honigkuchen nicht und Zucker,
> Schlimme Mienen, sauren Blick,
> Arbeit doppelt, böse Worte.
> Schelten kann er wie Zweihundert,
> Böse sehen wie Dreihundert,
> Und die Schläge zählt er nicht.
> Wenn er doch recht gnädig wäre,
> Und in sammtnem Handschuh ginge,
> Wollte Weizenbrod dem Priester
> Opfern, und zwei Kannen Meth.

Was war das? — Er wachte; es war kein Traum.
Wie kamen kurländische Bauern an die Gränze von
China? — Der Wagen stand ganz still. Die warme,
stille Nachmittagssonne drang durch die Ritzen, der Son-
nenstaub wirbelte so befreundet, der Harzgeruch der Kiefern, das Rauschen der Lüfte in den Zweigen, Alles

klang ihm so bekannt. Er rief hinaus. Keine Antwort, kein Zeichen; die Pferde stampften und wieherten nicht. Hatte man ihn abermals verlassen? Hier waren keine Wölfe, keine Einöde. Eine lustige Instrumentalmusik präludirte. Er rüttelte an der Thür; sie ging auf. Er sprang hinaus. Weder Rosse, Kutscher noch Wächter waren zu sehen. Das Fuhrwerk stand in einem kleinen Birkenbusch, den er kennen mußte. Schnell wandte er sich um. Das Portal mit den hölzernen Stufen kannte er auch. Es war sein Landhaus. Dort die Hecke, hinter der er lauschend vor einem Jahre stand, bis sie ihn in den Busch lockten. Er rieb die Augen. Es war keine Täuschung, die helle, klare Julisonne neigte sich über den Spitzen des Föhrenwaldes. Er schlich vorsichtig ans Thor. Jubel und Musik. Der Neugeborne lebe hoch! schallte ein munterer Chor, Gläserklang, Trompeten. Eine andere Stimme brachte eine andere Gesundheit aus: Unser guter Oheim Theosophus Sacken, daß es ihm wohlgehe und er bald heimkehre!

Nun hielt er sich nicht länger. Er stand im Saale, wo der Kindtaufschmaus ungefähr dieselben Gäste versammelt hatte, welche ein Jahr zuvor bei der Hochzeit waren, Vettern aller Art, Lauson, Behrend, seine Tochter Benigna, eine blasse junge Mutter. Nur an ihrer Seite saß ein anderer, stolzer Gast, dessen Gegenwart den Eintretenden zurückgetrieben hätte, wenn es sich noch thun lassen — der Herzog. Doch grade Dieser hatte ihn ins Auge gefaßt, die kugelrunden Glasaugen hatten

13*

einen so schlauen, fragenden, durchbohrenden und trium=
phirenden Blick auf ihn geworfen, daß er wie eingewur=
zelt stehen blieb. Biron war an der Rede: Sie thun
ihm Unrecht, meine werthen Freunde. Er hatte nur
Gründe, bei der Hochzeit auszubleiben, und sie waren
gewichtig, das versichere ich Sie. Dagegen hat er mir
sein Ehrenwort gegeben, bei der Taufe zu sein, und er
wird seinem Fürsten doch nicht wortbrüchig werden.
Meine Ehre darauf: er kommt. — Nein, er kommt
nicht, rief er, wie plötzlich überrascht, er ist schon da.
Willkommen, werther Freiherr!

Sacken fühlte sich umringt, die Hände geschüttelt,
bewillkommt. Man zog ihn an die Tafel, er war ein
willkommener Gast; aber der Grad von Ueberraschung,
den er erwarten mußte, war nicht da. Man hatte ihn
wirklich erwartet, man dankte ihm, man schien nicht ein=
mal davon etwas zu wissen, daß er der Verheirathung
seines Neffen entgegen gewesen und mit dem Einspruch
in der Tasche vor einem Jahre an derselben Thüre ge=
standen, durch die er heut zum Kindtaufschmaus eintrat.
Ja, er erfuhr jetzt erst, daß es gerade der Jahrestag der
Hochzeit und seines Verschwindens war. Von diesem
letzten aber wußte man nichts. Man überstürmte ihn
mit Fragen, wo er so lange geblieben, wie er sich dem ge=
rührten Danke seiner Kinder ein Jahr durch entziehen
können? Lauson, in dessen Kopfe schon der Wein spukte,
drückte ihm über ·Tisch die Hand: er habe ihm Unrecht
gethan, ihn für einen sauertöpfischen Neidhans zu halten;

jetzt sehe er ein, ein wie raffinirt braver Kerl er wäre, indem er zuerst auf so herzliche, großmüthige Weise eingewilligt und dann noch so nobel gehandelt, auf und davon zu gehen, um den Kindern den Dank zu ersparen. Der Herzog nahm das Wort, bevor der von so viel Unerwartetem Betäubte es ergreifen konnte: Meine Freunde, wozu unsern nobelgesinnten Freund durch ungestüme Fragen in Verlegenheit setzen? Wo er inzwischen war, geht uns nichts an, und er wird vermuthlich, wenn er schweigt, Gründe haben, weßhalb er schweigt. Uns genüge seine freundliche Wiederkehr, und gerade um diese Stunde. Ich namentlich habe ihm zu danken, daß er mein eingesetztes Wort gelös't hat, und trinke ihm deßhalb dies Glas zu mit dem Wunsche: Vergessenheit für alles Unangenehme, was hinter uns liegt!

Sacken hatte einige Gläser getrunken: war es die Erhitzung der Reise oder die Ungewohnheit; es glühte siedendheiß ihm durch die Adern. Aufspringend warf er, statt dem Fürsten Bescheid zu thun, das Glas zu Boden, und rief: Nimmermehr! — Jetzt erst war man betroffen und ahnete etwas Ungewöhnliches, und Sacken ließ die Versammelten nicht lange ahnen. Denn in unbesonnenem Eifer, mit stolpernden Worten und Zorneshaft erzählte er, was ihm begegnet, ohne Namen zu nennen, was er freilich, da er sie selbst nicht wußte, auch nicht füglich konnte. — Während alle Gesichter bis auf Sacken's eigenes, blaß geworden, erhob sich Biron ruhig und ging auf ihn zu: Baron, Sie erzählen uns

Dinge, welche, wenn ich sie nicht aus Ihrem Munde
hörte, ich für unglaublich erklärte. Wem darf ich solche
tolle Gewaltthätigkeiten gegen einen respectablen Edel=
mann zutrauen? Bedenken Sie wohl, daß schon der
Verdacht eine strafbare Beleidigung ist. Aber untersucht
soll die Sache werden, und aufs Strengste, wenn Sie
verlangen. Um deßhalb, sobald Sie mir schriftlich die
Thäter nennen, bitte ich Sie um alle Beweismittel, und
Sie sollen erstaunen, wie ich Jemand verfolgen kann,
der so meine Autorität compromittirt. Gehen Sie in=
zwischen, schlafen aus, und überlegen. Ich meine, auf
einer so langen Reise lernt man klug werden, — setzte
er mit leisem Tone hinzu.

Als Sacken fortgegangen war, um zu überlegen —
und das Resultat entsprach nachher den Erwartungen
des Prinzen —, äußerte dieser im vertraulichen Kreise
der ihm zunächst Sitzenden: Wie schade, daß der wackere
Freund noch immer dergleichen Phantasieen ausgesetzt ist.
Sie scheinen es zu bezweifeln und für Komödie zu halten,
aber ich bin fest überzeugt, er selbst glaubt allen
Ernstes an die Geschichte, die er sich auf der einsamen
Reise, Gott weiß wohin, selbst gebildet hat. So sind
die Gelehrten, die sich von der Welt abschließen und
nur ihrem Ideenkreise leben. Er nährte schon lange die
fixe Idee, Alles in der Welt gehe im Kreislauf, und
alle Bestrebungen kehrten resultatlos auf den Punkt zu=
rück, von wo sie ausgingen. Diese Idee scheint er in
seiner Art verwirklicht zu haben, und er hat eine Reise

um die Welt gemacht, um nichts zu sehen, als die Thür, wo er in den Wagen stieg und wieder ausstieg. Bei alledem ist er ein Ehrenmann, ich versichere es Sie, und wünsche nicht, daß Jemand daran zweifelt. Man soll sich nicht über ihn lustig machen, er steht unter meiner Protection. Lassen Sie ihm seinen Wahn, so lange er daran Gefallen hat. Es könnte gefährlich werden, ihm denselben ausreden zu wollen. — Gefährlich sage ich, wiederholte der Prinz mit Nachdruck, und sein herrschender Blick traf überall auf ehrerbietig gesenkte Häupter.

Als derselbe seine Prachtkarosse bestieg, nickte er noch gnädig zu Sacken und sagte ihm: Die Herzogin interessirt sich für Sie, mein Herr von Sacken. Danken Sie es ihr, wenn Ihre Reise früher zu einem glücklichen Ziel gelangte, als Ihre Wißbegier vielleicht, nach Verdienst, befriedigt ward. Sollte sie es noch nicht sein, und Sie wünschten neue Reisen, so rechnen Sie auf meine Beihülfe!

Sacken verneigte sich tief, und schwieg.

Unterweges in der Haide unterhielt sich Biron mit dem reich gallonirten Leibkutscher, welcher seinen Wagen lenkte. Diesen Dienst hatte derselbe erst vor Kurzem angetreten, dennoch ging aus der Vertraulichkeit hervor, daß sie sich schon länger kennen mußten. Auch uns muß das Gesicht bekannt sein.

Du meinst also, Philosoph, sagte der Herzog, daß die Kur geholfen hat?

Ausgetauscht ist er, Durchlaucht, antwortete der

Kutscher, sich zu ihm herüber lehnend. Pur ausgetauscht. Sie hätten nur sehen sollen, wie er sich Mühe gab, ein menschliches Wort mit einer Menschenseele zu sprechen, und wie zuletzt er aufjauchzte, wenn er nur ein paar tungusische oder karaibische Silben hörte, oder wie die Race da heißt. Reden mußte er nun durchaus, und da's mit Menschen nicht ging, parlirte er mit den Vögeln, brummte mit den Bären und heulte mit den Wölfen. Lieber Gott, er fing sogar mit einem Maikäfer, der um den Wagen summte, Conversation an. Durchlaucht kamen mir immer da in den Sinn, als wir bei Tauroggen fuhren, und Sie nicht sprechen sollten mit ihm, und dafür pfiffen und grunzten und quiekten. Ja, so bleibt Alles in der Welt beim Alten. Es heißt nur: heut mir, morgen dir. Aber wahrhaftig, das Herz blutete mir bisweilen im Leibe, daß ich ihn nicht anstoßen und ihm sagen konnte, was für ein Esel er gewesen.

Du hast deinem Herrn treu gedient, auch als sein Gefangenwärter. Und entschädigt, denk' ich, bist du durch deinen neuen Dienst.

Durchlaucht, fuhr der Kutscher auf, das bin ich. Und ich wünschte nichts, als daß ich es Ihnen auch mal so vergelten könnte. Wenn Sie einmal nach Sibirien müßten, den Weg kenne ich jetzt.

Unverschämter! rief der Herzog und riß das Fenster herunter. Der Kutscher murmelte: Na, na, nur nicht ungebärdig. Ich weiß auch, was mein kleiner Finger mir sagt. Das Sibirien ist ein Land, wo noch

viele Menschen Platz haben, und Herzogthümer dazu,
größer wie zehn Kurlande. Und es sah mir grade so
aus, als sollte ich noch mal auf längere Zeit dahin
reisen, ob mit einem Herzog oder einem Baron, das
ist in unserer Zeit Alles gleich. Eine Glaskutsche oder
eine Kibitke, sie brechen beide, wenn man umwirft. Und
die glücklichsten Geschöpfe bleiben doch die Krähen; denn
sie waren in Sibirien so laut und froh, als in England
und Frankreich.

Theosophus Sacken hatte die Lust verloren, eine
zweite Reise zu unternehmen. Er zog sich, nachdem er
mit dem Neffen seine Angelegenheiten in Ordnung gebracht, nach Königsberg zurück und miethete sich aufs
Neue beim Advokaten Behrend ein. Der Verkehr jetzt
war viel freundschaftlicher; auch mit dem wunderlichen
alten Lauson hielt er gern zusammen, und er täuschte
die Voraussage des philosophischen Kutschers in sofern
nicht, als er versicherte, mit lieben Menschen zusammen
zu sein, wäre ein Genuß, um den es sich schon zu leben
lohne. Er war geduldig und zufrieden. Nur auf Etwas
schien er zu warten, und das mit Ungeduld. Er meinte,
auch für Biron von Kurland müsse die Stunde der Ver-
geltung schlagen, ohne daß er sie grade heranwünschte.
Aber Biron's Macht wuchs mit Jahr um Jahr, er war
allmächtig, Europa's Fürsten bewarben sich um seine
Gunst, und die französischen Birons gratulirten ihm förm-
lich für die Ehre, die er ihnen erzeigt, ihr Verwandter
sein zu wollen. Ja, nach Anna's Tode schien er, als

erklärter Regent des russischen Reiches, anerkannt von
Europa und der russischen Nation, unantastbar in seiner
Macht zu stehen.   Da warf eine Nacht das Gebäude
des Glückes um.   Ein kühner Abenteurer genügte, ihn
zu stürzen.   Noch speis'te er zu Abend freundlich mit dem
Feldherrn Münnich, und nach Mitternacht ließ derselbe
Münnich ihn nackt in Ketten schlagen; und von Allem ent-
blößt, unter schrecklichern Umständen wie er selbst damals
Sacken, sandte ihn der Undankbare nach Sibirien.   Dieser empfand eine Genugthuung, es war nicht Rachege-
fühl, es war nur Befriedigung für sein Thema, daß
der Mensch doch den Kreislauf machen müsse, und keine
Gunst des Schicksals den Geschaffenen so hoch schnelle,
daß er nicht vom Höhenpunkte des Glückes dem Aus-
gangspunkte wieder nahe komme.

Es ist nicht gut, daß der Mensch allein sei.

Von

Robert Waldmüller (Duboc).

Novellen von Robert Waldmüller (Edouard Duboc).
Berlin 1860. Verlag von Julius Springer.

Charles Edouard Duboc wurde am 17. Sept. 1822 zu Hamburg geboren, wohin sein Vater, ein französischer Kaufmann, im Jahre 1816 aus seiner Heimath, dem Havre, übergesiedelt war. Derselbe heirathete die Tochter eines angesehenen Hamburger Kaufmannshauses, zog sich aber bald vom Geschäft zurück, um sich in ländlicher Stille seinem Lieblingsstudium, der Philosophie, und der Erziehung seiner vier Kinder zu widmen. Der Dichter, der dritte Sohn dieser Ehe, begann zuerst im Jahre 1850 Poetisches zu veröffentlichen („Unterm Schindelbach", „Dichters Nachtquartiere", „Irrfahrten", „Berlins Feiertage"); Prosaisches zuerst im Jahre 1858, und zwar ist die von uns mitgetheilte Novelle wohl so ziemlich sein erster derartiger Versuch. Später folgten die „Dorf-Idyllen" (in Versen), „Lascia passare", „Wanderstudien", die Tragödie „Brunhild", die Romane „Unterm Krummstab", „Gehrt Hansen", „das Vermächtniß der Millionärin" u. s. w. — Seit 1854 lebt Duboc in glücklicher Ehe und hat sich 1856 dauernd in und bei Dresden niedergelassen.

Wenn ein so eigenthümliches, reiches und kraftvolles Talent, wie es uns überall in Duboc's Dichtungen entgegentritt, von vielseitiger Bildung unterstützt und tiefem sittlichen Ernst getragen, gleichwohl noch nicht nach seinem vollen Werthe anerkannt ist, so erscheint es als eine lockende und lohnende Aufgabe, tiefer in die Natur dieses Phänomens einzudringen und in ausführlicherer Charakteristik nachzuweisen, was hier Schuld der Zeit, was vielleicht aus der Eigenart des Dichters, einem Zuwenig oder Zuviel seiner schöpferischen Kraft, zu erklären wäre. Wir müssen aber dieser Versuchung im Hinblick auf das wünschenswerthe Gleichmaß unserer einleitenden Notizen widerstehen und uns mit der Hoffnung begnügen, daß die vorliegende Novelle, unseres Dafürhaltens eines der liebenswürdigsten humoristischen Charakterbilder, die wir überhaupt besitzen, den Leser zu eigner näherer Bekanntschaft mit dem Dichter anregen werde.

Erstes Kapitel.

Beim Glaſe Mumme.

———

Lieben und geliebet werden,
Iſt das Beſte von der Welt,
Iſt, was bloß dies Haus der Erden
Frei vor allem Fall erhält.
Was nicht lieben will noch kann,
Wozu taugt es umb uns an?
Simon Dach.

In den Krug von Hedeper kam er und zwar zu
ungewohnter Stunde. Aber es wird unentſchieden blei=
ben, ob das ſtörende Knarren der Nachbarthüre, oder
ein Ueberfall Seitens der ſcheuernden Marga, oder gar
eine jener unerklärten Anwandlungen, welche mit dem
Herkömmlichen im Krieg liegen und den ehrbarſten Men=
ſchen zu Zeiten von der geheiligten Straße der Gewohn=
heit abziehen, — es wird unentſchieden bleiben, ſage ich,
welche Urſache Herrn Florian Habermus, Küſter zu St.
Gertrauden in Hedeper, Morgens neun Uhr am 26. Auguſt
des Jahres 1825 aus ſeiner kaffeebraunen Hinterſtube
fort in den Krug zu Hedeper trieb. Nicht daß er ſelbſt

über diese Ursache einen Schleier gebreitet und solcher
Art eine der wichtigsten Begebenheiten seines Erden=
wallens in Dunkelheit gehüllt hätte; im Gegentheil, er
hat sich in seinen „Denkwürdigkeiten aus dem Leben
eines herzoglich Braunschweig=Lüneburgischen Küsters" mit
großer Ausführlichkeit über die mögliche Veranlassung
jenes Wirthshausganges verbreitet, schließt aber nach Er=
schöpfung aller denkbaren, seinem Gedächtnisse seitdem
zweifelhaft gewordenen Ursachen mit dem Trostspruch:
„und so mag es denn eine jener himmlischen Fügungen
gewesen sein, welche, uns Sterblichen nicht immer sicht=
bar, den Menschen gleichsam an die Hand nehmen und
ihn dahin führen, wo sich eine neue Straße seiner irdi=
schen Wallfahrt aufthut."

So viel scheint gewiß, daß bei seinem Eintreten
die Stube des Krugs leer war, daß Frau Dorothee, des
Wirths hinterlassene Wittib, ihn durch das Küchenfenster
gewahrte, sich eilig eine Haube mit grüner Schleife auf=
stülpte, und der Magd zornig das Glas Mumme aus
der Hand nahm, welches diese dem Gaste bringen wollte;
daß sie ferner dieses selbige Glas dem Herrn Florian
Habermus auf einem hölzernen Teller in höchst eigener
Person in die Stube trug und sich die Hände mit der
Drellschürze abtrocknete, als beim Niedersetzen des Glases
einige Tropfen des klebrigen Trankes verschüttet worden
waren.

So weit lassen die Aufzeichnungen des Herrn
Florian aus Hedeper keinen Zweifel zu. Da er aber

über das folgende Gespräch sich mit einiger Zurückhal=
tung äußert und namentlich den Eingang desselben nur
lapidarisch behandelt, so wird es zum Verständniß des
Vorganges nöthig sein, einen näheren Blick auf die
Verhältnisse der Betheiligten zu thun.

Wer in dem Oertchen Hedeper gewesen ist, wird
sich eines rauch= und altergeschwärzten Strohdaches er=
innern, das, etwa dreimal so hoch wie die darunter sicht=
bare Backsteinmauer, die Hauptsache der ganzen Baulich=
keit zu sein scheint, während in der That der Backstein=
theil des Gebäudes allein bewohnt wird, das Uebrige
aber höchstens den Mäusen zum Tanzboden dient. Zu
der Zeit, wo Herr Florian Habermus die Mumme der
Frau Dorothee trank, hatte der Krämer gegenüber noch
kein modisches Haus aufgeführt, und die Küsterei mit dem
altergeschwächten Riesen=Strohdach galt für eine der an=
ständigsten Behausungen in ganz Hedeper. Die Böden
dienten damals dem Pfarrherrn zum Aufspeichern seines
Getreides, denn der ehrwürdige Herr liebte es, sein Korn
nicht zu gleicher Zeit mit den Bauern zu verkaufen. Zu=
weilen gerieth er durch dieses Verzögern mit seinen vol=
len Vorräthen in Zeiten der Theuerung hinein, wo er
dann ohne seine Schuld den Lederbeutel mehr füllte, als
Mancher es ihm gönnen mochte. Es gab Leute, die, als
er starb, ihn einen Kornwurm nannten und seiner Wittwe
und ihren fünf Kindern alles das wünschten, was nach
einem aufrichtigen Fluch auf den Hingeschiedenen ihnen
noch an Wünschen auf dem Herzen blieb.

Er war etwas über ein Jahr todt, als Herr Florian die Mumme in der Gaststube der Frau Dorothee
zu der ungewohnten Morgenstunde trank. Man verdachte
der Wittwe des Pfarrers, daß sie noch immer Korn auf
der Küsterei liegen habe, da sie doch nicht daran denken
werde, mit ihren fünf und dreißig Sommern und ihren
fünf Waisen einen neuen Gatten zu beschenken, der
große Kornvorrath aber manchem Freier, dem sich blanke
Thaler eben nicht füglich unter die Augen bringen ließen,
den Kopf behexen konnte, während sonst ihr Hab' und
Gut wohl vergessen worden wäre. Was den Küster
von Hedeper betrifft, so findet sich in seinen Denkwürdigkeiten nichts, was über seine persönliche Ansicht über
diesen Punkt Licht verbreiten könnte. Seine Stellung
war übrigens eine ausnahmsweise, und zwar aus folgenden Gründen:

Das Geschlecht der Habermus schrieb sich aus einer
Zeit her, welche von Einigen ins Heidenthum, von Anderen auf die Doppelregierung Otto und Wilhelm's mit
dem langen Beine, also ins vierzehnte Jahrhundert, ver-
legt wurde. Noch Andere waren der Meinung, Otto
der Lahme habe den ersten Habermus zum Küster gemacht; zum Kaplan des im Jahre 1400 auf dem Heim-
wege von Frankfurt ermordeten Friedrich's von Braunschweig erhob ihn eine unverbürgte Nachricht von abermals anderer Seite. Auch gab es einige Habermus,
welche behaupteten, einer ihrer Vorfahren habe die heim-
liche Ehe zwischen Heinrich II. und dem Hoffräulein Eva

Trott, vielbekrittelten Andenkens, eingesegnet. Genug, die Angaben schwankten in solchem Grade, daß es kaum ein größeres historisches Ereigniß in den vielen braun= schweigischen Seitenlinien gab, bei dem nach Ansicht der Habermus nicht irgend einer ihrer Altvordern betheiligt war; ob auf rühmliche Weise, darauf kam es zuletzt kaum noch an.

In Ermangelung eines Stammschlosses hatte sich ein Brauch in der Familie Habermus vererbt: die Ehelosig= keit eines ihrer Glieder und dessen Anrecht auf die Küster= stelle zu Hedeper. Es gab in der Küsterei ein vergilbtes Buch, das als die Familienchronik der Habermus ange= sehen werden durfte. Es ging bis auf das Jahr 1697 zurück, galt als Fortsetzung einer noch weit umfang= reicheren, angeblich in den Grundstein der Kirche St. Gertrauden mit vermauerten Sammlung ähnlichen In= halts und enthielt die Aufzeichnungen lauter ehelos ge= storbener Habermus. Von 1730—1735 fand sich eine Lücke, erklärt durch eine Stelle des nächstfolgenden Chro= nisten, des Inhalts: der Teufel habe Herrn Bastel Haber= mus, Küster zu St. Gertrauden, im Jahre des Heils 1730 bethört, daß sich derselbe einem Weibsbilde zu eigen gegeben habe, selbigeswelches aber schon nach fünf Jahren beim Glockenläuten durch den Blitz erschlagen worden und mit garstigem Pech= und Schwefelgestank in die Hölle gefahren sei, allen Nachlebenden zur War= nung. Seit jener Abirrung eines Habermus hatte die Küsterei nur noch Hagestolze dieses Namens beherbergt,

und der einsame Hahn, der sich als Windfahne auf dem
Strohdache drehte, durfte nicht minder für ein Wappen-
schild des uralten Küstergeschlechts gelten, als dies die
Aufgabe des lebendigen Hahns war, der als Junggeselle
die Stube des Küsters mitbewohnte und allemal durch
einen Nachfolger ersetzt wurde, sobald er ausgekräht hatte.
Er pflegte schwarz von Federn zu sein. Auf dem Meierhofe der Habermus jenseits des Erlenkamps hielt man
immer schwarze Hähne als Ersatz in Bereitschaft, und
nur ein einziges Mal (im Jahre 1699) war man, in
Folge eines Fuchseinbruchs, genöthigt gewesen, acht Tage
lang sich mit einem roth und 'grün gescheckten Sporn-
träger zu behelfen, bis der aus Bevern verschriebene
schwarze Ersatz eingerückt war.

Inzwischen hatte der Zeitgeist auch in Hedeper neue
Farben an die Häuser, Laternen- und Verordnungspfähle
gemalt, hatte den Hedeper Stadt- und Landanzeiger bis
zu dem Format eines Pulsnitzer Groschenkuchens ausge-
weitet, hatte an die Stelle der Nachthüterin mit dem
Kuhhorn einen vierschrötigen Nachtwächter mit Schnarre
und Pike gesetzt, hatte dem Thurm von St. Gertrauden
eine vergoldete Krone als Vermächtniß der ältesten Jungfrau des Oertchens verschafft, hatte den Schlagbaum mit
einer Vorrichtung zum Aufwinden und Niederlassen versehen und gar mancherlei Neuerungen eingeführt, welche
auf den Geist der Einwohner von Hedeper nicht ohne
Einfluß blieben. Fand auch manche solcher Neuerungen
Anfangs entschiedenen Widerstand, namentlich ein von

dem Prediger beim Kirchenvorstand eingebrachter Vorschlag, den Thran für die Sakristeiampel nicht mehr von
Braunschweig, sondern aus einer Hamburger Thranbren-
nerei zu verschreiben, so setzte der Zeitgeist doch die
Widerstrebenden von Jahr zu Jahr mehr zwischen Thür
und Angel, bis sich zuletzt eine Art Fortschrittspartei
bildete, welche ohne äußeren Zusammenhang sich doch in
vielen Fragen allgemeiner Art an der Freisinnigkeit erkannte, mit der sie ihre Antworten gab.

Hedeper ist kein London, kein Paris. In diesen
Städten würde es nicht bemerkt werden, wenn ein
Einzelner, wie Herr Florian Habermus, sein kaffeebraunes
Zimmer nach und nach immer einsamer zu finden beginnt
und zu einer Stunde ins Wirthshaus geht, zu welcher
in jenen großen Städten eben erst die Stühle auf die
Wirthshaustische gestellt und die Erinnerungszeichen der
Gäste vom Tage vorher mit dem Birkenbesen ausgekehrt
werden. Hedeper ist ein kleines Oertchen und theilt die
Eigenheiten derselben, von dem Gebahren jedes Einzelnen
Kenntniß zu nehmen, sich durch eine Beurtheilung dieses
Gebahrens daran zu betheiligen, jeden Vorfall in ge-
wissem Sinne zu einem Ergebniß der Gesammtstimmung
zu machen. Es könnte z. B. psychologisch nachgewiesen
werden, daß der ins Wolfenbüttler Gefängniß trans-
portirte Gänsehirte nur deshalb des Physicus fünf Ferkel
stahl, weil ganz Hedeper, der selige Pfarrer obenan,
der Ueberzeugung war, an den Galgen werde der Gänsehirte doch noch einmal kommen. Daß der Apotheker

seine Nichte heirathete, obschon er sie aus der Taufe ge=
hoben und sich selbst seitdem nicht verjüngt hatte, ge=
schah einzig in Folge der allseitig geäußerten Vermuth=
ungen über die Wahrscheinlichkeit dieser Verbindung; die
allgemeine Meinung, wenn sie gleich sich gegen ihn er=
klärte, ließ ihn nicht eher los, bis er ihrem Ahnungs=
vermögen Recht gegeben hatte. Auch der Musicus, links
von der Kirche St. Gertrauden, ließ sich nicht eher ein=
fallen, seinen Bruder zu enterben, bis man in ganz He=
deper erzählte, so werde es kommen. Und was der
jüngeren Tochter des Siebmachers auf der Kirchweih be=
gegnete, wußte schon jedes weibliche Mitglied des Hede=
per'schen Freundschaftkränzchens vier Wochen vor dem
ersten Nudeln der Kirmeßgänse. Man hatte es eben
berufen.

So gab es seit ein paar Jahren Stimmen unter
der Fortschrittspartei, die da voraussagten, der Küster
zu St. Gertrauden werde nicht als Hagestolz ins Grab
steigen. Mit jedem Geburtstage des Herrn Florian Haber=
mus kamen mit den hergebrachten Honigkuchen, Tauben
und Blumensträußen der Schuljugend zugleich neugierige
Gratulanten, die sich auch beiläufig in Redensarten über
jene Vermuthung ergingen und auf diese oder jene ihres
Widerparts noch nicht habhaft gewordene Ledige das
Augenmerk des Geburtstagskindes zu lenken suchten. Es
fanden sich, seit die angedeutete Meinung an Anhängern
gewann, an solchen Tagen auch die zwei älteren Schwe=
stern des Küsters ein, ▪ibe, wie sie gern hervorhoben,

ledig geblieben, um ihrem Bruder als Beispiel vorzu-
leuchten, und sehr gereizt in ihren Ausdrücken, wenn der
bösen Zungen gedacht wurde, welche des Einsamen Zukunft als eine nicht lange mehr einsame verkündigten.
Der verheirathete Bruder auf dem Meierhofe am Erlenkamp vermied gern den Geburtstagsgang, um nicht über
seine Meinung befragt zu werden; seine kugelrunde Ehe-
frau aber fand sich mit ihrer Kuchenspende regelmäßig
ein und führte, in ihrer äußern Erscheinung wie in
ihren ehefreundlichen Aeußerungen, dem Küster ein so
überzeugendes Exempel von den Wohlthaten jener ältesten Paradiesesstiftung vor, daß er noch wochenlang nachher in seinem Herzen Gewissensbisse über die in ihm
wachgerufenen Gedanken empfand.

Denn theilten sich schon in dem Oertchen die Stimmen sehr zwischen verdammenden und entschuldigenden,
wenn von der möglichen Küsterehe die Rede war, so
kämpften in ihm selbst noch viel heftigere Widersacher
und beunruhigten ihn oft sogar, wenn er an des Pfarrers Stelle in St. Gertrauden Kinderlehre hielt, oder
wenn er die Kerzen am Altar anzündete und dabei zufällig
zu weit nach den Weiberstühlen hinüber sah, oder wenn
er gar bei Hochzeiten fungiren, den Gottespfennig von der
Braut einholen und Tags darauf die Gebühren von dem
jungen Eheherrn einfordern mußte. Was ihm da das
Roßhaar unterm Sitze glühte, wenn die junge Frau ihn
zum Ausruhen genöthigt und ihm einen Herzogskuchen
vorgeschnitten hatte, der, ve█████nd wie die Ehe selber,

ihm mit der buntesten Ueberzuckerung in die Augen lachte,
als feiner Gewürzduft durch die Nase ins Gehirn stieg
und mit Mandeln, Citronat und Zibeben ihm Geschmäcke
aller Art auf die Zunge zauberte, wie sie nur seine
Auffassung der Hochzeit zu Cana und des Gastmahls
im Hause Levy ihn je hatten ahnen lassen. Schloß sich
dann aber wieder die Thüre des kaffeebraunen Zimmers
hinter ihm, kam der schwarzbefiederte einsame Hahn ihm
feierlich entgegen, surrte im großen Kachelofen die derbe
Kost, mit welcher ihn die alte Haushälterin Marga schon
so manches Jahr hindurch bei guter Gesundheit und fried=
lich bescheidener Sinnesart erhalten hatte, ja grüßte gar
die Habermus'sche Küsterchronik vom Bücherbrette herab,
als wolle sie sagen: Jahre wie die von 1730 bis 1735
möchte ich nicht noch einmal erleben, da strich sich der
Küster wie erwachend über die Augen, sprach auch wohl
ein kurzes Herre Christe, bleib bei uns! und war, wenn
er zum einsamen Essen niedersaß, mit seinen Gedanken
so sicher im lange bewährten Gewohnheitshafen vor
Anker,. daß er sein Schläfchen nach Tisch ohne irgend
störende Träume halten und bei dem nachfolgenden Schäl=
chen Cichorienkaffee die wunderbare Geschichte von den
Reisen Marcus Paulus, des hornhäutigen Venezianers,
an der er seit zwanzig Jahren las, ohne Zerstreuung
weiter verfolgen konnte.

Es ist mir leid, das Alter des Küsters von St.
Gertrauden durch zwanzigjährige Lectüre annäherungsweise
verrathen zu haben. ▉▉▉ als eine achtzehnjährige Le=

serin wird ihm ihr Interesse entziehen, wenn sie erfährt, daß hie und da ein Haar von zweifelhafter Farbe unter seinem Sammetkäppchen hervorguckt. Füge ich hinzu, daß als Napoleon, der Artillerielieutenant, den akademi= schen Preis zu Lyon über die Frage: Welche Grundsätze soll man den Menschen einprägen, um sie glücklich zu machen? erwarb, daß zu jener Zeit, sage ich, die Eltern des einjährigen Küstercandidaten über die Frage beriethen, ob er wirklich geschickt erscheine zum geistlichen Stande, oder ob der ohne Geschrei zur Welt gekommene ältere Bruder nicht besser für die Nachbarschaft des schweig= samen Hahns tauge; füge ich diese Fingerzeige über das jetzige Alter des Herrn Florian Habermus hinzu, so hoffe ich, daß man mir weitere Indiscretionen erläßt und sich auch des Nachschlagens geschichtlicher Tabellen überhebt, wo etwa eine Gedächtnißlücke hier oder da dem Küster von St. Gertrauden zu Statten kommen sollte. Genüge die Versicherung, daß seine Gestalt sich zwischen der Fülle des Fleischers am Schlagbaum und der Hagerkeit des Drellwebers an der Wolfenbüttler Straße in richtiger Mitte hielt; daß kein Bartgestrüpp die Aehnlichkeit be= einträchtigte, welche nach der alten Marga Versicherung zwischen ihm und einem Kreidebilde bestand, dem seinen aus der Knabenzeit nämlich, neben dem Thonpfeifenstande im kaffeebraunen Stübchen; daß endlich seine Haltung erst angefangen hatte minder steil zu werden, seit der von seinem Vorgänger auf ihn vererbte Mantel einen neuen Plüschkragen erhalten , einen Kragen, auf

deſſen Sauberkeit die Haushälterin des Küſters große
Stücke hielt, und der, wie ſie ſagte, nicht lange vor=
halten würde, wenn der Herr Florian ſich nicht ge=
wöhnen könne, den Kopf weniger als bisher im Nacken
zu tragen.

Und was bedeuten denn auch am Ende die Jahre
eines Menſchen? Hier bei Zwanzigjährigkeit — Ueber=
ſättigung, Siechthum, Müdigkeit; dort bei der doppelten
Anzahl von Jahren — Fülle der Kraft und Geſund=
heit, Lebensluſt, innere Jugend. Zuweilen täuſcht eine
Runzel der Haut, die dem jüngeren Lebensüberdrüſſigen
noch fehlt und dem älteren Lebensfrohen ſchon die Wange
furcht, über das innere Mißverhältniß zwiſchen Beiden;
aber eine kleine Weile noch, und die äußere Jugend ver=
fliegt, und man fragt ſich erſtaunt: was bedeutet am
Ende das Mehr oder Minder an Lebensjahren? Wenig
genug! Nun, ſo mag man denn auch erfahren, daß
Herr Florian Habermus ſo eben den Reigen der Vier=
ziger zu vermehren im Begriff war. Verüble es ihm,
wer da ſein Kindergeſicht nicht geſehen hat oder ſich's
nicht vorſtellen kann, meinen Verſicherungen zum Trotze.

Zweites. Kapitel.

Eine Traube, welche zu hoch hängt.

Frau Dorothea, die verwittwete Krugwirthin zu
Hedeper, rieb noch mit der Drellschürze den klebrigen
Gerstensaft von ihren Fingern, als der Küster schon einen
herzhaften Zug gethan hatte. Was zwischen Beiden seit
Herrn Florian's Eintreten gesprochen worden war, ver-
schweigt der Verfasser der Denkwürdigkeiten, und wir
vernehmen nur, daß die blanke Stirne der Frau Dorothee dem Küster noch nie so glänzend erschienen war,
wie eben heute. Auch die Bergobzoom=Jacke der Wirthin schien ihm von eigenthümlich silberner Farbe. Ohne
sich daran zu erinnern, daß ein Trunk handfester Mumme
zu so ungewohnter Stunde sein leicht erregbares Wahr-
nehmungsvermögen für gesteigerte Eindrücke noch em-
pfänglicher gemacht haben mochte, ließ er die behäbige
Erscheinung der Frau Dorothee ihren ganzen Zauber auf
sich üben, und mit Verwunderung ertappte er sich auf
Vergleichen zwischen ihr und der alten Marga oder einer
seiner ledig gebliebenen Schwestern. Wie spitznasig diese
letzteren waren, fiel ihm erst jetzt beim Anschauen der
stumpfnasigen Hebe ein. Er meinte um eine werthvolle
Beobachtung reicher zu sein, als er zu dem Schluß gelangte, eine sehr spitze Nase ⬛de ihm auf die Länge

nicht diejenige friedliche Stimmung bereiten, welche er
für den Grundton seiner Ehestandspläne hielt. Der
Gedanke an diese Pläne ging indessen nicht ohne einen
gelinden Gewissensschauder durch seine Seele, und er schüt=
telte ablehnend den Kopf, als die Wirthin den deli=
caten Gegenstand in ihrer gewohnten geraden Weise be=
rührte.

Ganz Hedeper, sagte sie, redet davon, Ihr ginget
auf Freiersfüßen. Nun, Ihr wäret nicht der Erste und
nicht der Letzte, der sich fangen ließe. Treffet Ihr's
gut, warum solltet Ihr da auch nicht freien? Aber der
Treffer giebt's nur nicht so viel wie der Nieten. Da
sitzt der Knoten! Viel Stroh und wenig Körner! Es
ist ein gewaltiger Unterschied zwischen einem reifen und
einem faulen Apfel, oder gar einem, der noch den Mund
zusammenzieht. Dirnen giebt's genug in Hedeper, Sein=
stedt und Wolfenbüttel, schockweise könnt Ihr sie nach
jeder Kirmeß zusammenlesen. Aber findet mir Eine,
die da saubere Fäden spinnt, die den Zwirn beim Nähen
nicht zehnmal aus dem Nadelloch schlüpfen läßt, ehe ein
einziger Saum fertig ist, die nicht schwach im Leibe
wird, wenn sie einen Kessel vom Feuer heben oder am
Brunnen von früh zwei Uhr bis Mittag waschen soll;
findet mir Eine, die Morgens ihre Schuhe nicht nieder=
tritt, ihre Decke nicht übers Lager wirft, statt sauber
ihr Bette zu machen, ihre Haare nicht mit den Fingern
unter die garstige Haube zwängt, weil der Kamm
voll Haare sitzt oder ● Waschbecken gefallen ist, findet

mir Eine, die nicht vorm Spiegel steht, so oft ein fremder
Besuch erwartet wird, den Kaffee aber überkochen und die
Milch verbrennen läßt, so oft nur der Herr Gemahl zu
bedienen ist; findet mir Eine heutigen Tags, die das Alles
nicht thut, und Ihr habt mehr Glück, als der Schützen-
könig Geschick braucht, um den Vogel herabzuschießen.

Frau Dorothee setzte sich nach Abfeuerung dieses
Salutschusses dem Küster gegenüber und ließ ihre runde
Hand in dem Sonnenstrahle hin und her gleiten, der
die blanke Tischplatte beschien. Der vermeintliche Freier er-
wog im Herzen die von der erfahrenen Wirthin vorgebrach-
ten Bedenken und fand sie so gerechtfertigt, daß er es für
einen Anfall von Narrheit hielt, sich überhaupt in seiner
Lage noch mit solcherlei Planen herumzutragen.

Er wollte so eben seine Beistimmung ausdrücken,
als die Wirthin, mit der zweiten Ladung fertig, von
Neuem in Schußlinie vorrückte und ihm das Wort von
der Lippe ins Herz zurückfeuerte.

Ich kann über dergleichen mitsprechen, sagte sie
und trommelte mit den Fingern die Begleitung, denn
als Wirthin lernt man Menschen kennen. Was an den
Mägden heut zu Tage ist, weiß eine Wirthin, wie keine
Andere. Darüber ist schon einmal nicht zu streiten. Es
geht nicht mehr in Zucht und Ordnung zu, wie zu der
Zeit, da ich aufgewachsen bin. Die nicht in Dienst
treten, taugen noch weniger. Fragt in der Wolfenbütteler Leihbibliothek nach: man wird's Euch schon sagen,
wer die Eselsohren in die Bücher ●ein ließ't. Zu meiner

Zeit gab's außer Bibel und Gesangbuch kein ander be=
drucktes Papier im Hause, als den ewigen Kalender.
Dafür weiß unsereins aber auch, was man werth ist,
und wirft sich nicht an den Ersten Besten weg, wie's
heute Brauch ist. Ich hätte schon zwanzigmal wieder
freien können. Da kommt gar Mancher nach Hedeper,
dem es wohl schmecken würde, Krugwirth zu werden und
eine Frau, wie mich, in den Kauf zu bekommen, aber
unsereins ist nicht billig. Es müßte närrisch zugehen,
wenn ich noch einmal Hochzeit machen sollte, nachdem
ich weiß, was die Männer taugen, und wie eine tüchtige
Frau heut zu Tage im Preise steht. Ja, prosit die
Mahlzeit!

Ja prosit die Mahlzeit! wiederholte der Küster,
völlig überzeugt. Ich verstehe wenig von solchen Dingen,
aber Ihr habt gewiß Recht. Und er begriff nicht, wie
er in seinen Jahren auf so tolle Gedanken verfallen könne.

Nicht daß ich mich deßhalb verschwören will! hob
die Wirthin von Neuem an, den eingeschüchterten Ton
ihres Gastes gewahrend. Was Gott zusammen fügt,
das soll der Mensch nicht trennen. Wir wissen Alle
nicht, wie das Schicksal es noch mit uns im Sinn hat,
und unsere Weisheit reicht nicht weit. Allein steht sich's
im Leben auch nicht zum Besten; an zwei Bäumen zauf't
der Wind minder, als an einem, und wo ein Feuer
auf dem Herde brennt, da lassen sich zwei Töpfe nicht
schwerer unterbringen, als einer. Kommen die Tage,
von denen es geschrieb● steht — — Sie gefallen uns

nicht, schob der Küster ein — — da ist's auch nichts
werth, fuhr die Wirthin fort, wenn nur zwei Augen
da sind, um nach dem Rechten zu schauen. Einsam
Leben, ist ein elend Leben.

Der Küster seufzte.

Und am Ende, schloß die Wirthin, geht man aus
der Welt, und hat kaum Einen daheim gelassen, der das
Sterbezimmer aufräumt und säubert, eh' die Condolenz=
visiten beginnen.

Sie wischte bei diesen Worten mit dem Bergob=
zoom=Aermel über die Augen, und der Küster, dem das
Augenwasser ohnehin leicht durch die Schleußen brach,
bemühte sich, möglichst gefaßt in anderer Richtung zu
blicken, um nicht in so früher Stunde die Herrschaft
über sich zu verlieren.

Wie wahr jedes Wort, das die verständige Frau
gesprochen hatte! Wie begreiflich, daß bei so weichen
Gemüthssaiten sie zu Zeiten ihre Vereinsamung beklagen
mußte! Wie unwahrscheinlich aber auch, daß ihr noch
ein gleichtüchtiger Lebensgefährte auf ihrem Lebenspfade
begegnen werde, und wie verwandt Beider Loos, inso=
fern auch ihm wohl nicht mehr bestimmt zu sein schien,
Rosen hienieden zu pflücken. Eine Verbindung mit der
Wirthin lag seinen Gedanken nach der heutigen Zwie=
sprache noch ferner als sonst. Nicht daß die Küsterei
ihm überhaupt je mit einer Krugwirthschaft vereinbar
erschienen wäre: über diesen Punkt hatte er noch nicht
nachgedacht, da Ehegedanken nun einmal zu dem ver=

botenen Wild in seinem Geistesgehäge zählten und nicht
regelrecht „gestellt" wurden. Aber die Ueberlegenheit,
die Unerreichbarkeit der Frau Dorothee war ihm gleich
nach den ersten beiden Salven so unerschütterlich zum
Bewußtsein gekommen, daß er sich durchaus unberechtigt
fühlte, seine Wünsche nach so fernem Ziele schweifen zu
lassen. Vielleicht auch mischte sich in dieses Verzichten
ein Gefühl, von dem er nichts ahnte und das recht füglich unter dem Geschützfeuer der Frau Wirthin, ihm un-
bewußt, erwacht sein konnte — eine Ahnung nämlich
von der untergeordneten Stellung, welche der Freier einer
so bedeutenden Frau auszufüllen haben würde. Er hatte
nie so sehr die eigene Unfähigkeit gespürt, neben einer
beredt ausgesprochenen Meinung noch selbst eine Meinung
zu haben. Sprach Frau Dorothee, so sagte Alles in
ihm ohne Unterlaß Amen, Amen! und ohne daß ihm
dieses weibliche Uebergewicht klar war, kam er sich doch
noch mehr seinem eigentlichen Lebenselement entfremdet
vor, als das jemals früher der Fall gewesen war.

Die Wirthin hatte sich entfernt, um der draußen
am Küchenfenster lauschenden und bei einer Kopfwendung
ihr zu Gesicht gekommenen Magd eine Schelle zu ver-
abreichen, und der Küster war im Begriff, einem dunklen
Fluchtdrange nachzugeben, als sein Blick auf ein Exem-
plar der Braunschweigischen Anzeigen fiel, ein Blatt, das
nach dreitägigem Ausliegen in der Gaststube für die
Honoratiores von Hedeper, welche allabendlich in der
Ofenecke zum Tarock zusammenkamen, die Fidibusse ab-

gab. Die Augen des Küsters überliefen die gerichtlichen
Bekanntmachungen. Sie suchten nichts, blieben aber
durch den magischen Reiz gefesselt, den ein bedrucktes
Stück Papier auf Leute ausübt, welche wenig Derartiges
zu lesen bekommen und doch die Fähigkeit dazu nicht
verlernen möchten. Da wurde ein Großbauerhof zum
Verkauf angeboten, dessen Zubehör in der Berechtigung
bestand, jährlich vierzehn Malter nebst zwei Schock Waa-
sen=Brennholz zu beanspruchen. Da gab es eine Bren-
nerei zu pachten, bei welcher forstzinsfreies Bauholz ge-
liefert wurde. Da sollte ein Großkothhof mit nicht
weniger als 87³/4 Ruthen Gartenland versteigert werden.
Zwei Wohnhäuser wurden ausgeboten, bei denen ein
Antheil an den sogenannten achtundzwanziger Wiesen ab-
fiel. Da gab es Edictalvorladungen, Concurseröffnun-
gen, Präclusivbescheide, Steckbriefe.

Dem stillen Bewohner der Küsterei schwindelte es
vor den Augen, wie allemal, wenn er in`eine Zeitung
sah und die Weltgeschichte sich in ihren nächstliegenden
mikroskopischen Aeußerungen an ihm vorüber bewegte.
Und er hatte sich aus seiner unbemerkten Klause hinaus
begeben wollen, hatte auf Unternehmungen gesonnen, die
sich mit dem weitsehendsten Blick nicht überschauen ließen,
die seinen Namen vielleicht über Jahr und Tag in dieses
selbe Staatsblatt bringen und ihn aus seinem sichern
Hafen auf die stürmische See des lauten Lebens hinaus
verschlagen konnten! Das Glas Mumme steigerte die
Bilder, welche vor seiner Phantasie aufstiegen, ins Un=

gemeſſene. Das Blatt zitterte in ſeiner Hand, als er
von Neuem hineinſah und eine Anzeige fand, die ihn
nicht ſtärker außer Faſſung gebracht haben könnte, wenn
ſie dem Abbruch des Rieſendaches mit der Wetterfahne
über ſeiner Küſterzelle gegolten hätte. War doch das
Korn auf ſeinem Boden dasjenige des ſeligen Herrn
Pfarrers, und floßen doch für ihn die Begriffe von
Küſterei und Pfarreigenthum ſo in einander, daß es ihm
ſchwer war, ſich eines von dem andern geſondert zu
denken. Die verhängnißvolle Anzeige lautete aber wört-
lich wie folgt:

Amtsgericht Wolfenbüttel. Auf den Antrag des
Herrn Paſtors Klepp zu Seinſtedt, als Bevollmächtigten
des Conſiſtoriums, iſt auf den 10. September d. J.
zehn Uhr Morgens im Kruge zu Hedeper Termin an-
geſetzt, um das Pfarrwittwenhaus sub. No. 97 zu Hedeper nebſt Scheuer und Stallgebäude und dem dazu
gehörigen, mit Obſtbäumen bepflanzten und einen halben
Morgen enthaltenden Garten als Anbauerweſen mittelſt
Meiſtgebots zu verkaufen, wozu ſich Kaufluſtige zeitig
einfinden wollen. — Wolfenbüttel, den 26. Aug. 1825.

Erſt nach dreimaliger Leſung hatte der Küſter von
Hedeper ſich mit dem Inhalt dieſer Anzeige hinlänglich
vertraut gemacht, um über ihren Zweck und ihre Ver-
anlaſſung eigene Gedanken zu finden. Schon als ſein
Oheim noch in dem kaffeebraunen Hinterſtübchen ſaß,
war einmal die Rede davon geweſen, das alte Pfarr-
wittwengehöft ſolle eingehen und die Wittwe durch eine

vergrößerte Jahresrente entschädigt werden. Es ist wahr,
dem Hause fehlte Alles, was auch äußerlich die Kirchen-
kassenverwaltung vor übler Nachrede schützen konnte. Während ringsum Ziegeldächer das träumerische Strohdach-
ansehen der alten Häuser zu verwischen strebten, während
die Mauerwände weiß getüncht und die Einfriedigungen
der Gärten durch moderne Holz= oder Eisenzäune verdrängt wurden, während ganz Hedeper im sichtlichen
Verjüngungsprozeß begriffen war, beharrte das uralte
Pfarrwittwenhaus in seiner zweihundertjährigen Zusammen-
gesunkenheit und machte jedem vorbeikommenden Handwerksburschen und jedem durch Hedeper passirenden Fremden die entsetzlichsten Einsturzgrimassen. Selbst der visi-
tirende Herr Consistorialrath hatte seit manchem Jahre
sich nicht tiefer als auf den Hausflur des mürrischen
Baues gewagt, so wenig traute er dem bedrohlich überhängenden Giebel, an welchen sich noch obendrein ganze
Waldungen wilden Weinlaubs festgeklammert hatten, un-
verständigen Kindern gleich, die eine Ehre darin suchen,
Gefahren sich auszusetzen, von denen sich Erwachsene fern
halten. Auch der Wolfenbütteler Candidat, welcher nach
Antritt und bald darauf erfolgter Erkrankung des neuen
Pfarrers vier Wochen lang allsonntäglich die Kanzel zu
St. Gertrauden bestiegen und seine Beköstigung in dem
Wittwenpfarrhause zu beanspruchen gehabt hatte, war
nur einmal in Hedeper geblieben, die anderen Male aber
unter allerlei Vorwänden der bedrohlichen geistlichen
Herberge ausgewichen. Freilich hatte die Wolfenbütteler

15 *

Braut des Candidaten noch andere als Einsturzbefürch=
tungen im Hinterhalte, als sie ihm das Gelöbniß ab=
nahm, nicht wieder im Wittwenpfarrhause zu speisen.

Die letzten Anstrengungen, dem ärgerlichen Kirchen=
zubehör ein anständigeres Kleid anzuziehen, waren von
dem vorletzten Kirchenvorstande zu St. Gertrauden ge=
macht worden. Man hatte den Braunschweiger Stadt=
baumeister in der Chaise des seligen Krugwirths herüber
geholt und ihn nach einem guten Frühstück in den noch
zugänglichen Räumen des Methusalem herumgeführt. Der
moderne Mann aber war nicht zu bewegen gewesen,
Reparaturpläne vorzuschlagen. Ihm galt das aus der
Lothlinie gewichene Haus nicht viel mehr, als dem Schuh=
macher ein Stiefel zu gelten pflegt, der nach dreimaliger
Versohlung von seinem Besitzer ihm zu abermaliger Re=
paratur mit der Versicherung übergeben wird, es gehe
sich so bequem darin, einmal werde sich's wohl noch thun
lassen. Auch in dem Wittwenpfarrhause wohnte sich's
bequem, weit bequemer als in den weißen, gerade ste=
henden Häusern ringsum. Aber dafür hatte der Stadt=
baumeister keinen Sinn. Als er verdrießlich fortkutschirt
war, den Besichtigungsducaten in der Tasche und den
nicht durchgedrungenen Neubauplan in der Mütze, fand
sich der Wolfenbütteler Rathszimmermann gemüßigt, dem
Braunschweiger zum Schabernack zu erklären, der alte
Kasten könne noch hundert Jahre stehen, wenn nur nicht
daran gerührt werde. Da nun anzunehmen war, daß
in einem Wittwenpfarrhause Stille und Frieden herrsche,

auch nicht getanzt oder gedroschen werde, so drang die
conservative Partei durch, und Nr. 97 war abermals
für einige Zeit fernerer Duldung versichert.

Die jetzt plötzlich erfolgte Verurtheilung des zäh=
lebigen Baues war durch ein Gerücht verschuldet, das
ein müßiger Zeitungscorrespondent als Lückenbüßer in
die Luft geworfen und das sich solcher Art bis unter die
Naturperrücke des vortragenden Consistorialschreibers ver=
irrt hatte: der Landesfürst selbst werde auf einer Jagd=
partie Hedeper berühren. Schon war dem Holzbilde der
heiligen Gertraude, das noch aus katholischer Zeit her
das Portal des Gotteshauses schmückte, die vor Urzeiten
abhanden gekommene Nase durch Wolfenbütteler Schreiner=
hand wieder angesetzt worden, etwas zu spitzig freilich,
wie der Küster meinte. Auch das tiefe G der Orgel
hatte unter Herrn Florian's eigener Leitung der Kupfer=
schmied aus Hedeper wieder aus seiner Fis=Lage in die
Höhe geklopft. Jetzt kam das Pfarrwittwenhaus an die
Reihe. Beschlossen war, Kirchengut könne es nicht län=
ger bleiben. Wollte sich's ja Einer über dem Kopfe
zusammenbrechen lassen, so möge er's für eigene Rech=
nung thun.

Der Küster konnte bei dreimaligem Ueberlesen der
Verkaufsanzeige die Chronik des alten Hauses hinläng=
lich in seinem Gedächtniß auffrischen, um die Erklärung
des jetzigen Beschlusses sich selbst zu machen. Immer
aber blieb das Ereigniß von erschütternderer Bedeutung
für ihn, als irgend eines, das die letzten Jahre mit sich

gebracht hatten, den Tod des vorigen Herrn Pfarrers
etwa ausgenommen. Das Wittwenhaus lag der Küsterei
schräg gegenüber. Die Obstgärten grenzten aneinander.
Das braune Hinterstübchen hatte den Blick auf den wein-
umrankten, vielgefürchteten Giebel. Das ganze Leben
des Herrn Florian Habermus, je weniger die Außenwelt es berührte, hing mit unzähligen Gefühls- und Ge-
wohnheitsfäden mit seiner nächsten Umgebung zusammen.
Schmerzte es ihn schon, wenn im Herbst das Obst im
Wittwengarten von den Bäumen geschüttelt wurde, einzig,
weil diese Lese eine plötzliche Aussichtsveränderung mit
sich brachte, ein wie viel größeres Stück gewohnter Behaglichkeit wurde ihm entrissen, wenn das Wittwenhaus
plötzlich fremde Bewohner, nie gesehene Gesichter bekam,
oder wenn man etwa Anbaue, Stützungen, Veränder-
ungen an dem alten Giebelhause vornehmen sollte! Die
Möglichkeit, ein modisches Haus an die Stelle des alten
treten zu sehen, mochte er gar nicht in seinen Gedanken
aufkommen lassen.

Als er das Blatt mit der verhängnißvollen Anzeige wieder auf den Tisch gelegt hatte, klappte er das
Bierglas zu, zog einen Groschen mit darauf geprägtem
galoppirendem Pferde aus dem Tabacksbeutel und ging,
ohne der Wirthin Rückkehr abzuwarten, aus dem Kruge.

Drittes Kapitel.

Aussprechen.

Bei dem Pfade, der über die Gänseweide nach dem Wittwenhause führte, stand der Küster nachdenkend still. Die Nachricht in dem Anzeigeblatt war nagelneu. Kaum ein anderer Gast mochte vor ihm im Kruge gewesen sein. Er schwankte, ob es sich für ihn zieme, der Nächstbetheiligten die Kunde zu hinterbringen. Seit des Pfarrers Tode hatte er nur in Berufsgeschäften hin und wieder das Wittwenhaus betreten; in den letzten drei Monaten gab es auch deren nicht mehr, und so schien ihm der Gang bedenklicher, als er in Wirklichkeit sein mochte. Nicht daß er das Auge der ihm etwa nachblickenden Krugwirthin fürchtete, oder die Wachsamkeit der Seifensiederstochter gerade neben dem Spritzenhause, oder den mit Hanf in der Schürze hin- und hergehenden Seiler, der über alle Vorfälle in Hebeper Buch führte. In seiner Zurückhaltung gegen die Wittwe seines ehemaligen Vorgesetzten lag eine andere Art Scheu, theils durch den auf sie übertragenen Respect vor diesem seinem Vorgesetzten veranlaßt, theils durch eine höfliche, entfernt haltende Weise der Wittwe selbst, einen gegen ihn nie veränderten Ton, der nach und nach dem Küster ganz aus der Erinnerung brachte, daß er vor Zeiten

als ältester Knabe des Meierhofs am Erlenlampe manches
Mal mit der damals fünf= oder sechsjährigen Pfarrers
tochter — der jetzigen Wittwe selbst — Sand und
Steine in des Großvaters zerbrochener Geige spazieren
gefahren hatte. Seitdem waren drei Jahrzehnte in die
Vergangenheit hinabgerollt. Der Sohn des Meierhofs
hatte beim Wolfenbütteler Magister den kleinen Zumpt
rück= und vorwärts auswendig gelernt, um nach des
Oheims Tode die lateinischen Floskeln in Tauf= und
Trauscheinen richtig schreiben und auf einen etwaigen
Witz des Herrn Kirchenvisitators mit der herkömmlichen
grammatikalischen Phrase antworten zu können. Er hatte
den Blasebalg auf dem Chor getreten, bis ihm der
Oheim sein Lederkissen auf dem Orgelstuhl und zugleich
das Organistenamt abtrat, das mit der Küsterstelle ver=
erbte. Er hatte die Wachskerzen allsonntäglich am Altar
angezündet und von Mariä Heimsuchung bis Martini
jeden Morgen sein: „Wie schön leuchtet der Morgen=
stern" über das schlafende Hedeper geblasen, hatte sich
an die alternde Marga und den ledigen Hahn im kaffee=
braunen Hinterstübchen gewöhnt und die kurze Beklem=
mung vergessen, die ihn zum erstenmal im Leben be=
schlich, als die im alten Giebelhause aufgewachsene
Pfarrerstochter, seine langjährige Nachbarin, vor zehn
Jahren von seinem damaligen Vorgesetzten als Braut
heimgeführt wurde. Er hatte sich an Alles gewöhnt,
was des Gewohntwerdens bedurfte, hatte Alles vergessen,
was ein Küster von St. Gertrauden, dem 1730 bis

1735 warnend im Geständniß standen, vergessen mußte, war Kind geblieben, ungeachtet die alte Marga von Jahr zu Jahr mehr Bartseife von Wolfenbüttel verschreiben mußte, war immer stiller und immer friedfertiger geworden, je mehr die Möglichkeit einer Doppelexistenz in das Reich der Jugendphantasieen hinabsank, und spann sich allmählich in jenes Traumleben harmloser Naturen hinein, das in heiterer Unbedeutendheit und auf der ebenen Straße des Nichterlebens fast dasselbe Glück schon erreicht zu haben scheint, nach welchem stürmische Naturen auf gefahrdrohenden Wegen noch erst jagen.

Der Küster von St. Gertrauden wäre nicht so bald zum Entschluß gekommen, ob er nach Hause gehen oder ob er die Pfarrwittwe benachrichtigen solle, hätte sich nicht von fern auf der Landstraße ein „fechtender“ Handwerksbursche gezeigt, der ihn aus seinen Betrachtungen aufstörte. Sein Herankommen abzuwarten, das schien ihm ein zu großer Zeitverlust — er hätte den Werth der Zeit nimmer bedacht, wenn es nicht auf einen Andern zu warten galt; — sich davonzumachen, das sah einer durch Geiz eingegebenen Flucht gleich. Er zog seinen Tabaksbeutel und holte einen kupfernen Dreier hervor; dann fiel ihm aber ein, wie er selbst schon heute früh einen Groschen vertrunken hatte, und wie unchristlich es sei, einen dürftigen Bruder nach eigener Sättigung so kärglich zu bedenken. Er nahm deshalb einen Groschen heraus, wickelte ihn in Papier und machte dem

noch Entfernten durch Zeichen verständlich, daß ein Reise=
pfennig für ihn auf dem Chausseesteine liege.

Jetzt besann er sich nicht länger. Durch die Al=
mosenreichung aus seiner Unentschiedenheit aufgerüttelt,
faßte er sich ein Herz und ging auf das jenseits der
Weidenbäume gelegene Wittwenhaus mit festen Schritten
zu. Er überschaute es der ganzen Front nach. Sechs
Fenster in der Breite, drei unterm Giebel, durch Wein=
ranken versperrt und wohl seit manchem Jahre aus Be=
sorgniß vor dem Einsturz der wetterbraunen Spitze nicht
mehr geöffnet; in dem anstoßenden Stallgebäude zwei
mit Blumentöpfen ausgestattete Fenster, einer Stube an=
gehörend, welche als Ersatz für die verlassenen Giebel=
räume wohnbar gemacht worden war; zur Linken, in den
Obstgarten vorspringend, die seit Langem nicht mehr be=
nutzte Scheune, grün bemoos't, von Johanniskraut über=
wuchert, ihrer großen Flügelthüren beraubt und den freie=
sten Einblick gestattend auf die lehmgeebnete Tenne, den
Spielplatz mancher vergessenen Kindergeneration. Die
Morgensonne schien voll hinein und beleuchtete die schil=
lernden Farben der auf der Tenne behaglich sich son=
nenden Hühner. Ein schöner, goldstrahlender Hahn klappte
mit den Flügeln, daß rings Stroh= und Futterreste um=
hertanzten, und ließ mit geschlossenen Augen seine Stimme
erschallen. Von Weitem klang eine etwas melancholische
Antwort: der Küster glaubte den schwarzen Einsiedler
der Küsterei an der Stimme zu erkennen, und ihm ward
in des Eingesperrten Seele gar weich zu Muthe. Auch

Tauben flogen über die Tenne hin und her, einige auf
beständiger Flucht, andere in unermüdlicher Verfolgung
begriffen. Ein röthlich gelbes Kätzchen saß mit halb ge=
schlossenen Augen auf der sonnigen Scheunenschwelle und
nahm spielend das Köpfchen zwischen beide Vorderpfoten,
wie um dem stehen gebliebenen Küster anzudeuten, daß
sie nichts dagegen habe, wenn er mit ihr anbinden wolle.
Ein kleiner unbeholfener Hund kam kläffend zum Vor=
schein, blieb einen Augenblick in sicherer Ferne stehen,
erschrak aber, als der Fremde die Hände in einander
legte, und überschlug sich beim Davonlaufen, was neuen
Schrecken und ängstliches Quieksen zur Folge hatte.

Der Küster wollte weiter gehen, aber er ließ sich
immer wieder von Neuem Zeit, mit den Blicken auf der
sonnigen Tenne umherzuwandern. Was ihm durchaus
nicht einfiel, war, daß er im Grunde lauter längst ver=
gessenes Spielzeug wieder beisammen hatte, Hund, Katze,
Tauben, Hühner, gute Gefährten seiner Kinderjahre,
immer aufgelegt mit sich spielen zu lassen, eines Bauern=
kindes beste Kameraden, für die alles Nürnberger Spiel=
zeug ein Stadtkind nur dürftig entschädigt. Wenn das
Stadtkind der Blechtrompete überdrüssig wird, wenn
das Schaukelpferd Mähne und Schwanz einbüßt und da=
durch seine Hauptreize verliert, wenn der Hampelmann
Arme und Beine schlaff hängen läßt und die Bleisol=
daten nur noch zum Einschmelzen tauglich scheinen, da
hat das Bauernkind sein lebendiges Spielzeug noch im
besten Stande, und wo ein richtiger Hof ist, giebt's ohn'

Unterlaß Neues und immer Neues: heute junge Kanin-
chen, morgen possierliche Frischlinge, übermorgen ein steif-
beiniges Kalb und überübermorgen gar ein Füllen, das
wie auf Stelzen geht und weder wenn es ausschlägt,
noch wenn es zu galoppiren versucht, gefährlich ist. Ja,
die Dorfkinder haben's gut mit ihrem fröhlichen Spielzeug, das mit ihnen aufwächs't, mit dem sie selbst groß
und verständig werden, und das sie nicht nach der Ein-
segnung über die Achsel anzusehen brauchen, im Gegentheil, dessen Werth und Nutzen sie dann erst begreifen
lernen, und dessen stete Nähe ihnen immer ein Stück
seliger Kinderzeit vor Augen bleiben läßt. Fragt so
manchen Bauern, warum er sich mit dem Viehstand
plagt, statt sich zur Ruhe zu setzen und Rahm und Käse
gleich den Städtern von Andern zu kaufen. Er weiß
es nicht, aber er bleibt doch dabei, und wir errathen
leicht, um welcher geheimen Ideenverbindung willen. Fragt
den Küster von Gertrauden, warum er seinen Blick nicht
von der Tenne läßt. Er weiß es nicht, oder er meint
doch, weil er sich fürchte, ins Giebelhaus zu treten und
die Wittwe seines ehemaligen Vorgesetzten ohne Berufs-
geschäfte aufzusuchen. Aber drinnen auf der Tenne hat
er vor drei Jahrzehnten mit der damaligen Pfarrerstochter getanzt, und sind die Schuhe beider Tänzer auch
längst vertreten und den Weg alles Leders gegangen,
wenn ja die kleinen Füße beschuht waren, es trippelt
doch noch etwas in der Erinnerung des Küsters herum,
auf das er sich nicht besinnen kann, das ihm aber beim

Anschauen der sonnigen Tenne fast wieder deutlich vor
die Seele tritt und die Hauptschuld trägt, daß er sich
in dem lächelnden Anschauen des alten Spielplatzes von
der Wittwe selbst überraschen läßt.

Frau Pastor Anna Malter ist es in der That, die
eben aus der Thür des Giebelhauses tritt und den fremd
gewordenen Besucher einen Augenblick von ferne mustert,
ungewiß, ob es der Nachbar aus der Küsterei oder der
ihr durch ein unverständliches Gerichtsschreiben angekün-
digte Wolfenbütteler Amtsbote sei. Sie ist zart von
Wuchs und blaß von Farbe. Die Krugwirthin würde
sie zu Denjenigen gezählt haben, welche schwach im Leibe
werden, wenn sie einen Kessel vom Feuer heben oder
von zwei Uhr früh bis Mittag am Brunnen Zeug
waschen sollen. Und mit Recht. Ihre Gesundheit hat
gelitten, seit ihr plötzlich die Sorge für Unterhalt und
Erziehung fünf unerwachsener Kinder allein auf die
schmalen Schultern geladen worden ist, seit ihr ein Rech-
nungswesen zugefallen ist, von dem sie nichts begreift,
und ein Rathgeber entrissen ward, dessen Unentbehrlich-
keit sie jetzt erst zu ahnen beginnt. Drei Kinder sind
ihre eigenen, zwei sind die der ersten Frau des seligen
Herrn. Da giebt es abgesagte Gelder, vormundschaftliche Anfragen, gesteigerte Verantwortlichkeit schon um
der vorausgesetzten Parteilichkeit willen, deren bloßen
Schein es zu vermeiden gilt. Sie soll einen Curator wäh-
len, und hat doch kein Vertrauen zu den ihr vorgeschla-
genen. Von einem Monat zum andern hat sie ihren

Entschluß verzögert, und durch die Verschleppung ist die Klärung des Nachlasses nur noch schwieriger geworden; sie mag kaum noch daran denken.

So hatte die Bedrängniß der Wittib des wohl= seligen Herrn, heißt es in den Denkwürdigkeiten, die= jenige Höhe erreicht, von welcher der Prophet Elisa redet, und die der König von Syrien verspottete, als er dem Weibe antwortete: hilft dir der Herr nicht, woher soll ich dir helfen? Von der Tenne oder von der Kelter?

Der Küster hatte indessen zu jener Zeit wenig Ahnung von der Stimmung, in welcher er die Pfarrers= wittwe fand. Er brauchte sogar eine Weile Sammlung, um sich auf die Veranlassung seines Besuchs zu besinnen. Als er den Inhalt der Verkaufsanzeige endlich zusammen= gefunden und in möglichst amtsmäßiger Weise vorge= tragen hatte, wartete er auf eine Aeußerung seiner Zu= hörerin, die ihrerseits aber durch das Vernommene so sehr betroffen worden war, daß sie keine Antwort zu geben vermochte.

Das Haus ist alt, sagte er endlich, um nur etwas zu sagen, und ich thue vielleicht Unrecht, wenn ich es erhalten wünsche. Nur habe ich mich seit manchem Jahr an seine Nachbarschaft gewöhnt und kann mir nicht vor= stellen, wie die Küsterei drüben sich ausnehmen wird, wenn hier abgerissen und aufgeräumt werden sollte. — Er machte Anstalten, sich zum Rückzuge vorzubereiten, immer mehr der Vermuthung Raum gebend, er habe sich eine

fremde Sache zu Herzen genommen, ohne dazu berufen
zu sein. Aber die Wittwe nöthigte ihn ins Haus und
in die Fremdenstube. Sie habe Niemanden, der ihr
rathe, sagte sie, den Küster zum Sitzen einladend, und
da komme Eins über das Andere — sie wisse gar nicht
mehr aus noch ein. Ein Mann habe Erfahrungen
mancher Art und könne sich durch Formen und Geschäfte
durchhelfen. Was verstehe sie davon? Sie habe schon
mehrere Male daran gedacht, ihn über die Nachlaßbe=
sorgungen befragen zu wollen — warum es unterblieb,
sagte sie nicht — er könne ihr einen großen Dienst
leisten, wenn er zu ihren Angelegenheiten schauen wolle.
Es liege wie ein Alp auf ihr. Sie möchte am liebsten
auf und davon gehen — setzte sie, die letzte Fassung
verlierend, hinzu und bedeckte ihre Augen mit der Schürze,
aufgeregt und erleichtert zugleich durch das begonnene
Aufschließen ihres Innern, von welchem seit einem Jahr
und wohl noch eine gute Weile länger der Riegel nicht
zurückgezogen worden war.

Der Küster schlug die Augen nieder, völlig unfähig,
sich in die ihm plötzlich aufgenöthigte Stellung zu finden.
Nie war ihm etwas Aehnliches begegnet. Die Wittwe
seines ehemaligen Vorgesetzten in Thränen, rathlos, ihm
sich aufschließend, ihm, der sich vor Zeiten und noch vor
einer Viertelstunde kaum getraute in ihrer Gegenwart
niederzusitzen, nicht etwa weil sie hochmüthig oder herrisch
gegen ihn gewesen wäre, aber um eines von ihm em=
pfundenen Abstandes willen, über den er selbst nie ganz

klar geworden war! Verlegenheit, Bedrängniß, Noth
wohl gar in dem Hause Derjenigen, deren goldene Hafer=
garben noch ungedroschen auf dem Boden der Küsterei
lagen und die Mäuse über seinem Kopfe bei guter Laune
erhielten! Abermals entfaltete seine Einbildungkraft ihre
ungemessenen Flügel. Er sah nicht nur das Giebelhaus
versteigern, auch den Hausrath, auch den Bücherschrank
des seligen Herrn, seine Meerschaumpfeifen, seine drei
Brillen, die goldumrahmten Confirmandenwünsche, die
im Glasschrank aufgestapelten Weihnachtsstickereien seiner
ersten und seiner zweiten Gattin, die mit Geburtstags=
gedichten bedruckten Atlasbänder — die eigenen darunter
wußte der Küster noch auswendig — das Gypspantheon
über dem Kachelofen mit lädirten Statuen der Diana,
Apoll's und einer namenlosen Muse, den lackirten Papier=
korb, von dessen Inhalt die Heizung der Sakristei in
milden Wintern bestritten wurde, die zwei Bronzeleuchter,
die einzigen in Hebeper, in denen überdies noch die vor
zehn Jahren während der Trauung benutzten Wachskerzen
prangten, die aufgenagelten falschen Geldstücke, auf die der
selige Herr bei Privatreprimanden gern bildlichen Bezug
nahm, die in der Gemeinde confiscirten ungestempelten
Spielkarten, eine Sanduhr, ein Todtenkopf, ein Hahnen=
schweifwedel — draußen krähte der stattliche Hahn, und
von fern antwortete der melancholische Einsiedler der
Küsterei; Herr Habermus konnte des alten Kameraden
Stimme deutlich erkennen. Er fuhr mit der Hand über
die Augen, und als er fand, daß kein Traum ihn be=

trüge, daß die Wittwe ihm rathlos gegenüber sitze und
von ihm Beistand in ihrer Verlegenheit erwarte, da nahm
er zu seinem gewöhnlichen Schutzheiligen, einem dehn=
baren Bibelspruche, seine Zuflucht und schloß mit der
Versicherung, daß er mit Gottes Beistand ihr über alle
Noth wegzuhelfen gedenke.

Die bedrängte Frau hatte inzwischen wieder hin=
reichende Fassung gewonnen, um die Gefühlsseite dem
geschäftlichen Theile dieses Vorgangs unterzuordnen und
die Hauptsachen, welche erledigt sein wollten, einiger=
maßen in Reihe und Glied zu bringen. Die Nachlaß=
angelegenheiten wurden erst oberflächlich berührt, dann
eingehend und mit zunehmender Ausführlichkeit zusammen=
getragen, wobei freilich weder sie noch der in solchen
Dingen völlig unbewanderte Rathgeber Abschweifungen
vermieden, die zur Aufhellung der Sachlage nicht nöthig
waren und der Wittwe immer wieder Thränen in die
Augen brachten. Ueber allgemeinen Betrachtungen, die
sich der Küster hierbei nicht versagen konnte, ging dann
der eben gewonnene Ueberblick Beiden von Neuem ver=
loren. Doch floß jedes solches, dem weichen Herzen des
Küsters entquellende Wort wie mildes, besänftigendes
Oel in die bewegte Brust der Pfarrerswittwe, und die
balsamische Wirkung des Verstandenseins that ihrer Seele
wohler, als wenn der geschickteste Braunschweiger Notar
in fünf Minuten ihr aus dem chaotischen Papier= und
Zettelgewirr ihrer Buchführung eine regelrechte Bilanz
mit stattlichem Ueberschuß der Einnahmenseite zusammen=

getragen hätte. Immer rückhaltloser that sie die Ge=
heimfächer — nicht ihres Inneren, denn dem Küster
fehlte für solche Wahrnehmungen jede Anlage, und ihm
gingen daher alle naheliegenden Auslegungen verloren —
wohl aber ihres Haus= und Rechnungswesens auf, und
was sie in der ersten Viertelstunde ungenau angegeben
hatte, wie man gern durch einzelne Verschweigungen und
Unrichtigkeiten sich über zu rasche und zu weit gegan=
gene Mittheilungen andererseits selbst beruhigt, das be=
richtigte sie in der zweiten Viertelstunde, um in der
dritten nochmals mit neuen Zusätzen darauf zurückzu=
kommen. Weder sie noch Herr Habermus hatten von
dem wirklichen Verhältniß der Nachlaßmasse eine An=
schauung gewonnen, als die Mittagstunde schlug und er
zum verspäteten Läuten eiligst aufbrach. Aber in dem
Auge der Frau Anna leuchtete es zum erstenmale wie
zurückkehrende Gesundheit, nun sie zu den Kindern trat,
die auf des Hauses anderer Seite im Lindenschatten mit
Hanfbrechen beschäftigt worden waren. Eine Wolke, die
ihre Stirne lange umflort hatte, begann langsam, lang=
sam zu verfließen. Sie hatte einen Rathgeber gefunden,
hatte ihr Herz erleichtert, hatte sich ausgeweint, und zwar
mit anders nachhaltiger Wirkung, das fühlte sie, als
während der ersten fünf thränenreichen Jahre ihres Ehe=
standes, ja als während der fünf thränenarmen, welche
jenen folgten, und des langen, dumpfen Wittwenjahres,
das eben zu Ende ging.

Viertes Kapitel.

Anstoß.

Kleinigkeiten sind die endlosen Ursachen von Welt=
ereignissen. Das vermeintlich zu große Fenster in Tria=
non ward zur Pforte des Janustempels und spie Brand
und Verwüstung über Deutschland aus. Ein Glas
Wasser, versicherte Voltaire, löscht: die erbittertste Krieges=
fackel, welche je zwischen Frankreich und England ge=
schwungen worden ist. Das Spottlied eines alten Tuch=
machers, das derselbe unter Otto des Großen Denkmal
in Magdeburg sang, blies den dortigen Bischof und
seinen ganzen Anhang von ihren Sitzen und eroberte
dem evangelischen Glauben eine ihrer Hauptvesten. Ein
unerklärter Schuß, vor dem Pariser Ministerium des
Innern abgefeuert, setzte die schon verglimmenden Kohlen
der französischen Februarrevolution wieder in helle Flam=
men, stürzte einen Königsthron und wiederhallte so mäch=
tig durch ganz Europa, daß seine Gehörnerven noch jetzt
die Luftschwingungen des Echo's zu spüren behaupten.

Kleinigkeiten sind die endlichen Ursachen von Welt=
ereignissen. Nicht daß wir den Horizont dieses Abrisses
plötzlich ins Unermeßliche zu erweitern beabsichtigten;
nicht, daß wir aus dem stillen Küster von Hedeper zur
Ueberraschung unserer Leserinnen einen jener trefflichen

Männer zu entwickeln gedächten, deren Predigtsammlungen
an regnerischen Sonntagsmorgen ihnen die Hausandacht
so manches Mal erbaulich gemacht und sie vor nassen
Füßen behütet haben; nicht daß wir aus der Anspruchs=
losigkeit einer Idylle in die schönrednerische Untrüglichkeit
einer akademischen Biographie überzulenken und ein für
allemal festzustellen wünschten, was bis dahin als sagen=
hafte Nachricht von einem bedeutenden Charakter der
weitesten Auslegung fähig war. Verschollen ist der Küster
von Hedeper, und selbst seine Denkwürdigkeiten, die uns
als Anhalt für diese Schilderung dienen, liegen nur in
wenigen schlecht erhaltenen, wenn auch sauber geschriebe=
nen Papierstreifen vor uns, kostbare Reste einer zu
Schneidermaaßen verschnittenen Lebensskizze, in welche des
seligen Herrn Pfarrers älteste Tochter bei ihrer Ver=
heirathung die getrockneten Blumenangebinde ihres Bräu=
tigams wickelte und die solcher Art den Weg in die
Schneiderstube der Wolfenbütteler Bürgermeisterin fanden,
wo ich sie unlängst auflas, während die Frau Bürger=
meisterin meinen Reisepaß visirte. Verschollen ist der
friedliche Küster von Hedeper. Die Welt spricht nicht
von ihm, und Weltereignisse knüpfen sich nicht an die
Fußspuren, die er im Hedeper'schen Torfboden hinter=
lassen. Aber was waren ihm Weltereignisse? Nicht der
Sturz Carl's X., nicht die Entdeckung der australischen
Goldlager, nicht die Erfindung der Dampfwagen, des
elektrischen Telegraphen konnten ihm dafür gelten. Seine
Welt begrenzten die Meilensteine der Hedeper Chaussee, seine

Weltereignisse waren Visitationen Seitens des Consisto-
riums, Thurmknopfvergoldungen, Kanzeldeckengeschenke,
Anschaffung neuer Zifferbretter, Kirchenstuhlvermiethungen,
Grabverkäufe, Nothtaufen, Armesünderbeerdigungen, und
vor allem solche Vorfälle, welche geeignet schienen, die über-
lieferte Ehelosigkeit der Hedeper Küster in Gefahr zu bringen.
Und hier müssen wir zweier Kleinigkeiten Erwähnung thun, welche ein Weltereigniß solcher Art verschul-
den konnten: einerseits des in Papier gewickelten Gro-
schens, andererseits des Wittwenzaun-Erkletterns, dessen
sich der Küster schuldig machte, als er zum verspäteten
Mittagsläuten den kürzesten Weg einzuschlagen für gerechtfertigt hielt.   Der eingewickelte Groschen wurde von
der lebigen ältesten Habermus entdeckt, ehe der Handwerksbursche herbeikam, führte zu Auseinandersetzungen
zwischen diesem und der ältlichen Jungfrau und leitete
sie auf die Spur des geistlichen Bruders, der ihrer Kurz-
sichtigkeit ohne diesen Wegweiser entgangen wäre.   Sie
beschloß sogleich in dem kaffeebraunen Hinterstübchen Posto
zu fassen und, so gut die in der Küsterei aufbewahrte
Brille des verstorbenen Oheims es zuließ, die Vorgänge
im Giebelhause auf künstlich optischem Wege zu über-
wachen. Nachdem bei diesem Geschäfte ihre Geduld über
die Gebühr auf die Probe gestellt worden war, erschreckte
sie plötzlich der Anblick des Zaunkletterers, in dem sie Anfangs einen Kirchendieb witterte, bis sie, roth vor Beschä-
mung und Entrüstung, ihren geistlichen Bruder erkannte.
Während des folgenden Läutens absolvirte sie sich von dem

sonst ihr geläufigen Mittagsgebet, auf die passendste
Anrede bedacht, mit der sie ihren Bruder zu empfangen
habe. Als sie ihn endlich eintreten hörte, richtete sie sich
möglichst feierlich auf und wartete mit abgewandtem Ge=
sicht des günstigsten Moments, in welchem sie ihn durch
den Blick ihrer kleinen Augen und durch das gleichzeitige
Entgegenstrecken ihrer spitzen Nase außer Fassung bringen
könnte.

Kaum spürte der Küster die oft schon an ihm er=
probte Wirkung, als ihm der ganze Umfang der von ihm
begangenen Ungebührlichkeit auf die Seele fiel und seine
gehobene Stimmung mit Gewalt niederdrückte. Was
sollten die Leute sagen? Stunden lang ohne zwingendes
Amtsgeschäft im Wittwenhause zu verweilen, war schon
ein Verstoß gegen die Ehrbarkeit eines Hedeper Küsters.
Aber nun noch das Fortschleichen auf heimlichen Wegen,
das Ueberklettern des Zauns zwischen seinem und dem
Wittwengarten, eines Zauns, der, wie das Apfelverbot
im Paradiese, allen bisherigen Bewohnern der Küsterei
für heilig gegolten haben mochte, und der nun plötzlich
um seine makellose Unberührtheit gebracht worden war.
Der Küster legte seinen schwarzen Filzhut geräuschlos
hinter den ungeheizten Ofen und stellte sich mit dem
Rücken gegen diesen, in der Verlegenheit vergessend, daß
seit fünf Monaten kein Kienspahn hinein gethan worden
war, und daß draußen eine Augusthitze von etlichen
zwanzig Grad auf den Dächern brannte.

Du thust Recht, begann endlich die Schwester, nicht

zu nahe ans Fenster zu treten und deiner Schwester
nicht ins Gesicht zu sehen. Die Beschimpfung des
Namens Habermus steht dort in Flammenschrift zu
lesen.

Friederike . . . stammelte der Bruder und faltete
rathlos die Hände.

Du schämst dich! hob sie abermals an, bleibe nur
in deinem Hinterhalt stehen, und laß die Reue den
Flecken fortbrennen, der unsern Namen von heute an be=
schmutzt hat.

Friederike! sagte der Küster von Neuem.

Nenne mich nicht! wiederholte die Schwester, mit
wachsender Heftigkeit die Brille des Oheims in die
Höhe haltend. So wahr ich jetzt in jungfräulichem
Schmerz diese Reliquie deines untadeligen Vorgängers
gen Himmel hebe, so wahr wird, was ich durch sie er=
blicken mußte, gegen dich zeugen und Wehe über dich
rufen, wenn du einst dahin berufen sein wirst, wo — sie
schloß ihre Rede mit einer Geberde, die dem Küster be=
deutete, ihr versage der Athem, und sie werde die Schmach
nicht überleben.

Ehe indessen seine Antwort auf der Zunge war,
hatte sie von Neuem Kraft genug, um ihre Meinung
über seine ewige Verdammniß, über das wuchernde Un=
heil, das er angerichtet habe, über den Fluch, den er auf
alle seine Geschwister lade, über die Entweihung des
kirchlichen Kleides und das Heraufbeschwören des gött=
lichen Zorns mit so lebhaften Farben dem Gemüthe des

Bruders vorzuführen, daß er zerknirscht in seinen Lehnstuhl sank und dem schwarzen Hahn kaum Zeit ließ,
seinen Lieblingsplatz auf dem Stuhlkissen in Hast zu
räumen.

Dann schlug sie heftig mit ihrem Strickbeutel auf
den Tisch, verschwor sich, die Küsterei nie wieder zu betreten, ließ eine Verwünschung gegen alles Weibervolk
los, das nach ledigen Mannspersonen angle, versetzte
mit ihrem Schirm dem ängstlich umhertrabenden Sporn-
träger einen Seitenstoß und entfernte sich mit lauteren
Schritten, als die Küsterei seit manchem Jahrzehnt vernommen hatte.

Sie war schon eine Viertelstunde fort, ehe der
Küster die Fassung wiederfand, um welche ihn der schwester-
liche Zorn und sein eigenes Schuldgefühl gebracht hatten.
Marga vervollständigte bei ihrem Erscheinen die Ge-
danken der grollend Fortgegangenen in einer Weise, daß
eine Verabredung zwischen der Letzteren und der alten
Haushälterin dem Küster nur zu unzweifelhaft schien.
Während des Tischdeckens versuchte er vergebens dem
Redestrome durch begütigende Vorstellungen eine andere
Wendung zu geben; da er indessen aus langjähriger
Erfahrung wußte, daß seine Hausgenossin von Zeit zu
Zeit solcher Gelegenheiten zum Austoben bedurfte, so
begnügte er sich bald, über der versalzenen Bohnensuppe
und dem angebrannten Rindfleisch seine Umgebung zu
vergessen, so gut sich's eben thun ließ. An ein Schäl-
chen Kaffee war heute nicht zu denken. Man hatte Tags

vorher,   hieß es bei solchen Gelegenheiten, den Rest ge-
braucht, und die neue Sendung aus Lüneburg müsse erst
abgewartet werden.   So schwer sich der Küster auch den
gewohnten Nachmittagstrank versagte, so fand er sich doch
ins Unvermeidliche und suchte im Marcus Paulus Trost
für das, was ihm an häuslicher Behaglichkeit fehlte.
Aber mit dem Lesen wollte es heute nicht gehen.   Der
Unmuth Marga's donnerte noch zwischen den Töpfen und
Schüsseln in der Küche; der Hahn hinkte auf einem Bein
und ließ die Flügel kläglich hängen; des Oheims Brille
starrte mit Argusblicken vom Fensterbrett herüber; das
Kreidebild aus seiner Jugendzeit, das neben dem Pfeifen-
stande hing, und auf das die Geberden der Schwester
wie auf ein verlorenes Land der Unschuld und Para-
diesesreinheit hingedeutet hatten, guckte aus dem gesteiften
Knabenkragen wie ein lebendiger Vorwurf heraus und
schien im fortwährenden Stirnrunzeln begriffen; das ganze
kaffeebraune Stübchen schaute mürrisch und verdrießlich
aus; ja die Mäuse über der Zimmerdecke verhielten sich
so ungewöhnlich still, als sei ihnen der Appetit an dem
goldenen Hafer vergangen, seit die Eigenthümerin desselben ihren Nachbar ins Vertrauen gezogen hatte.
    Wohl eine Stunde saß der Küster ganz unschlüssig
und rathlos im Lehnstuhl, den Eindrücken seiner Umgebung sich wehrlos hingebend und seine Lage nur dann
verändernd, wenn einer derselben ihm zu mächtig werden
und ihn völlig um seinen Gleichmuth bringen wollte.
Er wagte nicht aus dem Fenster zu schauen, aus Furcht,

er werde den Zaun und sichtbare Spuren von dessen Entweihung erblicken. Als er einmal bei einer Kopf= wendung den überhängenden Giebel gewahrte, glaubte er denselben deutlich wackeln zu sehen. Er fühlte ganz klar, daß ihm ein plötzlicher Einsturz des Giebels in dieser Minute auch nicht die geringste Ueberraschung bereiten würde, obschon er sonst immer zu den Anhängern des Wolfenbütteler Zimmermanns gehört und an die Unver= wüstlichkeit des Wittwenhauses geglaubt hatte.

Am Ende entschloß er sich zu einem Gange nach dem Meierhofe am Erlenkamp. Er wollte seinem Bru= der vorstellen, wie die Verhältnisse im Wittwenhause be= schaffen seien, wollte ihn bitten, sich der Frau anzuneh= men, Curator der Wittwe, Vormund der Kinder zu wer= den und wegen des Hausverkaufs diejenigen Schritte zu thun, welche etwa im Interesse der Bewohner des Giebelhauses rathsam erscheinen könnten.

Mit dem Vorsatz, sich solcher Art der eingegangenen Verpflichtungen zu entledigen und zugleich den Ruf der Wittwe, so wie seinen eigenen, vor Nachreden zu wahren, holte er seinen Filzhut hinter dem Ofen hervor und machte sich auf den Weg.

Fünftes Kapitel.

Sie hat's gut!

———

Der Meierhof lag in behaglicher Ruhe vor dem
Küster, als er, aus dem Erlenkamp biegend, an dem
Teiche entlang dem Ziele seiner Wanderung zusteuerte.
Auf dem grün blühenden Wasser schwammen schnatternde
Enten, und goldgelbe Entchen platschten hinterdrein, bald
die Hälse untertauchend und mit den Füßen hoch oben
mühsam das Gleichgewicht bewahrend, bald mit den
Flügeln klappernd und sich ganz aus dem Wasser hebend.
Ein Nachen voll Wasser lag noch am Strande; der
Küster kannte ihn aus guter alter Zeit; bei einem Ferien=
aufenthalt des Wolfenbütteler Scholaren war zuletzt darin
gefahren worden, und seitdem diente er nur noch im
Winter den Schlittschuhläufern als Platz zum Anschnallen
und Ausruhen.   Wie manches Mal hatte er auf diesem
Teiche, wenn der Winter glatte Bahn und rothe Nasen
brachte, seine ältere Schwester im Schlitten umherkutschirt,
oft länger, als ihm's Freude machte, bis ihm die Hände
starr und die Füße lahm waren, aber immer ihrem
Willen gefügig, kaum je sich einfallen lassend, daß es
anders sein könnte.

Ihm kamen neue und wieder neue Vorgänge ins
Gedächtniß, die seine Schwester als herrisch befehlend

ihm vorführten. Hatte er eigentlich je einen eigenen
Willen ihr gegenüber gehabt? War er je im Stande
gewesen, dauernd Widerstand zu leisten, wenn sie nicht
seiner Meinung war? Und hielt der Grund ewig vor,
den sie für seine Unterordnung geltend machte, immer,
immer wieder, daß sie nämlich an seiner Wiege ihre
Jugendtage versäumt und seinetwegen nicht geheirathet
habe? Der Küster rückte den Filzhut aus der Stirne.
Wie lange in aller Welt hatte er denn in der Wiege
gelegen? Es kam ihm zum erstenmal in seinem Leben
der Gedanke, daß das nicht so viele Jahre gewesen sein
konnte, als ein junges Mädchen zum Blühen braucht.
Er dachte Anfangs, über fünf Jahre habe er doch schwerlich in dem Korbmacherbette verträumt; dann schienen
ihm vier Jahre noch mehr, als aller Wahrscheinlichkeit
nach seine Wiegenzeit gedauert hatte. Endlich fiel ihm
ein, sein jüngstes Schwesterchen habe er selbst gewiegt
und im zweiten Jahre sei es schon ins Holzbett gekommen. Er war über die Kürze der ihm als endlos vor-
gehaltenen Opferjahre so außer Fassung gebracht, daß
er seinen Filzhut abnehmen mußte, um sich Luft und
Erleichterung zu verschaffen. Aber freilich, was folgte
daraus, wenn er auch die Schuld seiner Dankbarkeit gegen
die Schwester um eine runde Summe verminderte? Blieb
deßhalb weniger wahr, daß er Küster zu Hedeper geworden, daß ein Küster zu Hedeper seit Menschenge-
denken zur Ehelosigkeit verurtheilt und als ein Wesen
betrachtet war, über dessen Thun und Lassen aus diesem

Grunde der ganze Ort vormundschaftliche Aufsicht zu
führen hatte? Hielt er nicht selbst dafür, daß ein Christ,
der zum Islam übertritt, nicht viel tiefer sinkt, als ein
Küster Namens Habermus, der gegen den Brauch des
Cölibats verstößt?

Er blieb sinnend stehen, denn es kam ihm vor,
als halte auch dieser traditionell gewordene Vergleich nicht
mehr Stich, und als sei die Zeit vorüber, wo er zu
dergleichen Glaubensartikeln Amen sagte. Noch brannte
in ihm das ungefährliche Feuer der Entrüstung über die
fälschliche Verlängerung seiner Wiegenzeit, und er war
nicht abgeneigt, alles von der Schwester Behauptete um
jener einen Fälschung willen zu bekämpfen. Je näher
er aber dem alten Meierhofe kam, desto mehr fiel er in
die strengere Auffassung seines Standes zurück, die ihm
hier seit seiner frühesten Zeit anerzogen worden war.
Drüben hinter dem Wagenschuppen hatte er seinen Platz
gehabt, wenn die Geschwister Kirchgang spielten. Nur
er durfte dort stehen und die große Kuhglocke läuten,
die vor uralten Zeiten dort zu diesem Spiele aufgehängt
worden war. Das Holzdächlein über der Glocke stammte
aus seiner frühesten Zeit. Er hatte nicht leiden wollen,
daß Spatzen sich auf die Glocke setzten und sie zum Läuten brachten. Der Vater selbst war dem Kinde mit dem
abwehrenden Dächlein zur Hand gewesen, froh darüber,
daß es auf seine Privilegien halte.

Wo jetzt der Weizenschober stand, hatte er früher
auf leeren Biertonnen seinen Ehrenplatz, so oft die Ge-

schwister Ringelreihen tanzten. Leere Tonnen waren seine
Orgelpfeifen, ein alter Hammer ersetzte die Tastatur;
kein Anderer als er hatte das Recht droben zu sitzen
und zu orgeln, und der Vater hatte es sehr übel ver=
merkt, als die Geschwister einmal einen Leiermann zum
Aufspielen herbeigeschleppt hatten. Und war's ihm nicht
auch dafür verboten gewesen, mitzutanzen, Blindekuh,
Topfschlagen, Bergmann mitzuspielen? Blieb ihm nicht,
eben dieser Absonderung wegen, das Abenteuer mit der
Sandfuhre in der väterlichen Geige im Gedächtniß, bei
welchem Abenteuer die jetzige Pfarrerswittwe einen Theil
der ihm zugedachten Schläge mit auf den Weg bekam?
Hatte er nicht — jetzt erst fiel's ihm wieder ein — mit
ihr auf der sonnigen Tenne des Giebelhauses getanzt
und, als Anna's Vater herbeikam, wohl eine Stunde
lang unter einem umgeworfenen Holzkorbe verborgen ge=
sessen, mäuschenstill, die Anna neben ihm, beide durch
das Geflecht nach dem alten Pfarrherrn blinzelnd, der
wegen Regenwetters seine Nachmittagspromenade auf der
geschützten Tenne hielt und dabei die nächste Sonntags=
predigt memorirte? Ihm ward bei dem Gedanken an
diesen Jugendstreich ganz warm ums Herz, und es schoß
ihm durch den Sinn, als sei er noch heute nicht zu alt
zur Wiederholung desselben, als sei er jung geblieben,
und als liege die Grenze noch fern, die er in so man=
cher kleinmüthigen Stimmung schon als längst über=
schritten betrachtet hatte.

Schönen Gruß, Herr Schwager! klang ihm beim

Betreten des Hofs jetzt eine helle Stimme entgegen. Die kugelrunde Gattin des Bruders saß, Rübchen scha- bend, auf der Steinbank vor der Thür, den Jüngstge- borenen auf dem Schooß, die zwei kleinen Töchter neben sich, beiden abwechselnd neue Rüben zureichend, so oft eine ihren Vorrath abgethan hatte. Setzt Euch und sagt, was uns die seltene Ehre verschafft, fügte sie hinzu, in- dem sie einen Sitz auf der Bank frei machte.

Der Küster dankte und ließ sich mit gewohnter Würde nieder. Wo ist mein Bruder? fragte er nach Erledigung der näher liegenden Erkundigungen.

Weiß nicht, versetzte die Meierin, in der Arbeit fortfahrend. 's wird wohl nicht gar lange dauern. Er hat nur den Knechten beim Heuumlegen nachschauen wollen.

Sie hatte eine Menge Wirthschaftsgedanken auf dem Herzen, die sie den Kindern nicht vorplaudern konnte, und die jetzt der Schwager hören mußte. Im Korn sei diesmal noch mehr Mutterkorn als im letzten Jahr; die Katze habe sechs Junge geworfen, zwei schwarze, die an- deren vier habe der Schwager wohl im Teiche schwim- men sehen? Steinobst gebe es diesmal sehr wenig, Kernobst so so. Zwischen den Tauben sei gestern der Marder gewesen; der Knecht wolle ihm mit der Flinte auflauern. Sie gebe es aber nicht zu, ein Marderschuß habe schon manches Strohdach in Brand gesteckt. Mit dem Schleußenbau werde man's nun doch nicht länger anstehen lassen können. Die Kuhmagd habe ein Unglück gehabt. Butter koste in Wolfenbüttel sieben Groschen. Schinken geben sie dieses Jahr nicht weg — — und was dergleichen Wirthschaftsreden mehr waren.

Der Küster nickte zustimmend, je nachdem in dem Vorgetragenen ein Ja oder Nein vorausgesetzt war. Dazwischen streichelte er wohl einem der Mädchen ein loses Haar aus dem Gesicht oder blinkte dem Jüngsten zu, der mit den wasserblauen Guckern Himmel und Erde belugte und die nackten Füße unablässig bewegte, im dunklen Naturdrange des Ausarbeitens der kleinen Gliedmaßen begriffen.

Ja, trample nur, du armer Schelm! sagte die Meierin, als sie einen dem Säugling geltenden Blick des Schwagers auffing. Ist's nicht hart zu denken, daß der arme Tropf in die Küsterei muß und es dermaleinst gerade so schlecht haben soll, wie Ihr es habt?

Das Amt hat auch seine guten Seiten, versetzte der Küster kleinlaut und wenig überzeugt von dem, was er vorbrachte. Man lebt still und friedlich seinen Berufsgeschäften und hat wenig Gelegenheit, Böses zu sehen und nachzuthun.

Macht mir das nicht weiß! sagte die Frau, ihre Schürze von Neuem mit Rüben füllend. Der katholische Brauch, wonach der Kirchendiener ledig bleiben muß, ist nicht viel besser als die Schwierigkeit, die das dienende Volk findet, wenn sich's ehrbar zusammenthun will. Was geschehen soll, geschieht doch. Meiner Seel', lehrt mich doch die Welt nicht kennen!

Dem Küster stieg das Blut in die Wangen. Er gedachte des heutigen Schleichwegs, des Zaunkletterns, des schwesterlichen Unwillens, und er wagte nicht auf eine Lauterkeit zu pochen, gegen die sich gerade heute so mancher Verdacht geltend machen ließ.

Die Küsterei in Ehren! hub sie nach abermaligem Rübenaustheilen wieder an. Ich will nicht behaupten, was ich nicht weiß. Eure Vorgänger mögen brave Leute gewesen sein, obschon die alte Marga nicht immer so vertrocknet und verhutzelt war, wie sie es seit Eurer Amtsthätigkeit ist. Wo sie herstammt, weiß ich nicht, was Andere darüber wissen wollen, geht mich nichts an. Euer Großoheim ist längst vermodert, und ich will ihm nichts Böses nacherzählen.

Der Küster deutete mit ängstlichen Blicken auf die kleinen Mädchen hin, deren Anwesenheit die Mutter übrigens nach Bauernart noch niemals abgehalten hatte auszusprechen, was ihr gerade in den Mund kam, weßhalb sie auch diesmal des Schwagers Vorsicht nicht theilte.

Aber das weiß ich, fuhr sie fort, indem sie dem kleinen Küsterei=Aspiranten ein trocknes Tuch unterschob, daß mir immer derjenige Eurer Vorgänger der liebste gewesen ist, von dem die Chronik meldet, der Teufel habe ihn mit einem Weibe bethört.

Der von 1730 bis 1735 im Amte gewesene? fragte der Küster, nicht ohne Scheu.

Derselbe, sagte die kugelrunde Schwägerin. Wenn's

der Herr Doctor Martin Luther für eine Sünde ge=
halten hätte, ein Weib zu nehmen, da hätt' er's hübsch
bleiben lassen und sein Küster nicht minder. Es ist ein
dummes Geschwätz, was sie von der Schlange im Para=
diese erzählen. Geben sie ihr da im Kalender ein
Weibergesicht, und auf dem Sakristeibilde nicht minder!
Als ob Weib und Schlange eins wären, während die
Bibel doch ausdrücklich das Gegentheil · sagt und der
Herr ewige Feindschaft zwischen dem Weib und der
Schlange setzte! Die Sache verhielt sich ganz anders.
Die Kraft hatte der Herr dem Adam gegeben, die
Klugheit wollte er für das Weib im Hinterhalt behalten.
Deßhalb verbot er dem Adam, von dem Baum der Er=
lenntniß zu essen; dem Weib verbot er's nicht, sie war
noch gar nicht erschaffen. Aber die Schlange kam dem .
Herrn ins Gehege. Sie verrieth der Eva, daß der
Baum klug mache, und wußte wohl, das Weib werde
seine Weisheit nicht für sich behalten, wenn's einmal
gegessen habe. So bekam der Mann auch sein Theil
Klugheit ab, und da nur auf Eine Portion gerechnet
war, so sind sie Beide nicht gescheidt davon geworden.
Daß hernach der Herr sie nicht mehr in seinem Para=
dies um sich haben mochte, ist mir ganz begreiflich.
Der Adam war feig genug gewesen, sein Weib vorzu=
schieben; das verdroß den lieben Gott. Es fiel ihm
ein, daß der Adam an die Arbeit müsse, und da ihm
die Eva mit ihrer halben Portion Klugheit auch nicht
mehr recht war, so hat er sie eben Beide ausgetrieben

und sich im Paradiese mit Thier= und Pflanzengesellschaft begnügt.

Ihr gebt da eine wunderbare Bibelerklärung, ver= setzte der Küster, nachdem die Meierin sich wieder zu ihren Rüben gewendet und die Antwort ihres mit offe= nem Munde dasitzenden Zuhörers nicht abgewartet hatte. Meine Vorgänger aber müssen anderer Meinung ge= wesen sein, und ich möchte den Lärm nicht erleben, wenn's in Hedeper ruchtbar würde, der Küster wolle freien.

Verlaßt Euch darauf, Schwager, sagte die Frau aufstehend, wenn dieser hier — sie zeigte auf ihren Kleinen — wenn dieser hier dereinst Euer Nachfolger wird, so führe ich selbst ihm ein Weib zu. Der soll nicht ledig und elend in die Grube gehen, so wahr mir Gott helfe! Sie legte etwas in ihre Worte, was dem Küster die Haare unter dem Filzhute auftrieb, etwa als habe sie den Zusatz: „An Euch ist freilich wenig mehr verloren", nur mühsam verschluckt. Da kommt mein Mann, rief sie zurück, indem sie beim Gehen sich noch= mals umwandte, und dem Küster schien's abermals, als habe sie das Wort „Mann" betont, um ihn fühlen zu lassen, er sei keiner.

Der Küster war von der letzteren Auslegung so empfindlich betroffen worden, daß er Zeit brauchte, um zu überlegen, was ihm eigentlich zu thun obliege, und ob es nicht an der Zeit sei, sich fürs Eine oder das Andere mit Bestimmtheit zu erklären. Er wollte noch

des Bruders Meinung erforschen, ehe er sich selbst ent-
schied, und ging dem von fern Kommenden mit gewohnter Feierlichkeit entgegen.

Rike hat dir den Kopf warm gemacht, sagte der
Meier, nachdem ihm der Küster den Zweck seines Besuchs vorgetragen hatte. Ich weiß schon Alles. Du
bist ein Thor, daß du ihr nicht das Haus verbietest.
Mir sollte sie mit ihrem Strickbeutel keine Beulen auf
den Tisch schlagen. Im Uebrigen mußt du dir selbst
rathen können. Mit Curatel= und Vormundsachen geb'
ich mich nicht ab. Meine Knechte und Mägde würden's
bald merken, wenn ich ihnen nicht mehr auf dem Dache
säße. Ums Giebelhaus ist's kein Schade, wenn eine
Aenderung geschieht. Willst du den alten Schmaucher
kaufen, so thu's in Gottes Namen. Hoch in die Hun-
derte wird er nicht abgehen. So viel steht wohl noch
von dir auf dem Meierhof.

So viel stand allerdings von des Küsters Erban-
theil auf dem Hof. Hätte man die Zinsen hinzuge-
rechnet, so wäre wohl das Doppelte herausgekommen;
aber Zinsen wurden nicht gezahlt. Das war einmal bei
den zur Küsterei Bestimmten nicht Sitte.

Und du meinst also, begann der Küster nach einigem Nachdenken, ich solle die Geschäfte der Wittwe selbst
zu ordnen suchen?

Da magst du dir selbst rathen, versetzte der Bruder, seine Schuhe ausziehend und sie durchs Fenster ins
Schlafgemach schiebend. Andern Leuten Rath geben, ist

ein undankbar Geschäft. Jeder setze seinen Topf selbst
aufs Feuer. Willst du einen Trunk mit auf den Heimweg? Und er langte nach einem Kruge, der neben seinem Bett im Schlafzimmer stand, hielt ihn dem Bruder
zum Trunke hin und setzte ihn erst wieder an seine
Stelle, als der darin verwahrte Mummevorrath zwischen
Beiden reblich getheilt worden war.

Es ist bei ihm fixe Idee, Niemandem Rath zu
geben! sagte der Küster zu sich selbst, indem er wieder
am Teich entlang und auf den Erlenkamp zurollte. Ich
hätte mir's selbst sagen können, war er doch nie anders, ging er doch immer seinen eigenen Weg, der ihn
zu Glück und Segen führte, weil er nicht links noch
rechts sah.

Er schlich gesenkten Kopfes am Teiche weiter und
stand nur einen Augenblick nachdenkend still, als er die
vier ersäuften Kätzchen entdeckte, die der Wind an den
Strand getrieben hatte und bei denen sich Krähen und
Elstern zu schaffen machten.

So geht's im Leben, seufzte er, indem er weiter
schritt. Dem Einen will's wohl, den Andern läßt's zu
Schanden werden, und böses Gezücht findet seine Atzung
daran. Die vier da sind Küster geworden und verkom-
men, wie ich, die andern sitzen auf dem Meierhof, und
man streichelt ihnen den glatten Pelz. Könnt' ich nur
herausbringen, was mein Bruder gethan hätte, wenn er
ganz in meiner Stelle gewesen wäre, da hätte ich gleich
einen Wegweiser.

Er stutzte, denn der alte verwitterte Wegweiser,
der beim Eingang des Erlenkamps in zwei Richtungen
deutete, stand eben am Wege und reckte die Holzfinger
ohne lesbare Inschrift nach entgegengesetzten Seiten, als
wolle er ihm sagen: suche deinen Weg selbst! Des
Küsters Blicke schweiften in den Richtungen, wohin der
hölzerne Rathgeber zeigte. Ein Strohmann, der im
Kartoffelfelde seine Zeuglappen im Winde flattern ließ,
schien der eine Gegenstand, worauf die Holzfinger deuteten. Die andere Holzhand wies auf die Straße nach
Hedeper. In der Ferne erkannte der Küster eine vom
Felde heimkehrende Bäuerin, die ihr kleines Kind in der
Hucke auf dem Rücken trug und ihm dabei ein Lied
vorträllerte. Eine Weile stand der Küster in Gedanken.
Als er die Vogel- und die Hasenscheuche nochmals ansah,
meinte er sein eigenes Gesicht unter dem randlosen Filzhut des Strohmanns hervorgucken zu sehen. Ein Schau-
der schüttelte ihn, und er machte, daß er in den Erlenkamp kam, wo ihm die singende Bäuerin noch eine
Weile in der Ferne voraufging. Als sie seitwärts ab-
bog, folgte ihr sein Blick. Sie war in eine Hütte getreten und kam nicht wieder zum Vorschein; das Fort-
klingen des Liedes verrieth ihm indessen, daß sie in
ihrer eigenen Behausung war.

Sie hat's gut! dachte der Küster und setzte seine
Wanderung langsameren Schrittes fort.

Sechstes Kapitel.

Sehr bedenklich!

Dies war der traurigste Tag meines Lebens, heißt es in den Denkwürdigkeiten beim Rückblick auf die eben erzählten Begebenheiten, aber auch der zukunfts= reichste.

Im Propheten Ezechiel las ich bis tief in die Nacht und fand eine auf mich anwendbare Stelle, die mir viel zu denken gab. Du sollst dich auf deine rechte Seite legen, heißt es da, und sollst tragen die Missethat des Hauses Juda vierzig Tage lang; denn ich dir hier auch je einen Tag für ein Jahr gebe. — Mir fiel mein naher Geburtstag ein, allwelcher mein vierzigstes Prüfungsjahr beschließen und mir meine Freiheit wieder= geben sollte. Ich schnitt die schöne Stelle aus der Bibel und klebte sie auf den Wandkalender, der über meinem Bette hing,. hart dem Tage zur Seite, auf welchen mein Geburtstag fiel.

Die nächstfolgenden Aufzeichnungen sind leider un= leserlich geworden; wir müssen mehr als vierzehn Tage überspringen und holen nur noch eine abgerissene Notiz nach, welche am Rande eines Gürtelmaßes sich erhalten hat, und nach welcher der Küster an einem der folgen= den Spätabende durch das Nichtverlöschen eines Lichtes

im gegenüberliegenden Giebelhause sich verleiten ließ,
noch kurz vor Mitternacht eine Latte aus dem trennen=
den Zaun zu heben und bis unter das erhellte Fenster
hinanzuschleichen, in Sorge, wie er sagt, eine Erkrankung
veranlasse das späte Brennenlassen des Lichts. Er scheint
dann an dem Weinspalier bis zur Fensterhöhe hinauf=
geklommen zu sein und die Wittwe, den Kopf in die
Hand gestützt, am Schreibtische sitzen gesehen zu haben,
vor sich ausgebreitet die sämmtlichen von ihm dem
seligen Pfarrer verehrten, mit Gedichten bedruckten Atlas=
bänder. Das eine habe sie, heißt es weiter, zu wieder=
holten Malen ganz sonderbar angeschaut, was ihn so
„consternirte", daß er den Halt am Spalier fahren
ließ und mit Geräusch auf die unter dem Fenster wu=
chernden Küchenkräuter hinabglitt. Die Hand des Herrn,
setzt er hinzu, wachte indessen über mir, und ich kam
unversehrt wieder durch den Zaun in den Schutz der
Küsterei.

Es ist anzunehmen, daß die verloren gegangenen
Tagebuchblätter von den weiteren Geschäftsbesprechungen
zwischen dem Küster und der Wittwe Bericht geben.
Mindestens wird auf einem Kragenmuster der Endsatz:
„und somit ward nach mancher Sitzung der Stand der
Rechnungen in gehöriger Form festgestellt", nicht wohl
anders zu deuten sein. Ein Aermelausschnitt erwähnt
eines Nachmittags, an welchem der Küster den fünf
Kindern der Frau Anna eine Düte mit Süßigkeiten
überbrachte, die er sich heimlich von Wolfenbüttel ver=

schrieben hatte, von welcher Sendung in Hedeper jedoch
Einiges ruchtbar wurde. Die Krugwirthin wenigstens
sandte eine schöne Empfehlung, und ob der Herr Küster
nichts in den hohlen Zähnen behalten habe? eine An-
frage, welche den Küster zu der nicht unerfreulichen Rand-
bemerkung veranlaßt: er habe damals erst einen einzigen hohlen Zahn und im Uebrigen ein sehr stattliches
Gebiß gehabt.

Noch findet sich ein zusammengenähtes Längenmaß,
dessen nicht ganz verständliche Inschriften hier der Voll-
ständigkeit wegen zusammengestellt werden mögen: —
„. . zum Händedrucke . .“ — „derweil die Zeit noch
nicht gekommen war, und somit . . .“ — „doch versagte
die Zunge . . .“ — „fünf vaterlose Waisen . . .“ —
„es geschehe der Wille des Himmels . . .“

Endlich lassen sich verschiedene Papierschnitzel in solcher Weise zusammenlegen, daß fünf Fasttage herauskommen, durch welche die alte Marga die im Herzen
des Küsters entzündete Flamme zu löschen versuchte; daß
ferner die kugelrunde Schwägerin ihm während dieser
Hungerzeit alle Mittag einen Topf mit Suppe und
Fleisch durch eines ihrer kleinen Mädchen zusandte; daß
die Schwester Friederike den Pfeifenstand sammt darauf
verwahrten Thonpfeifen „am letzten des Monats Augusti“
zertrümmerte, den Marcus Paulus durch die regenbogen-
spielenden Scheiben der Küsterei ins Grüne hinausreisen
ließ und das Kreidebild mit dem Steifkragen, als zu
gut für die entweihte Stätte, in ihrem Strickbeutel

entführte; daß endlich der gelähmte Hahn, die Reiseroute
des Marcus Paulus benutzend, ins Freie entkam und
sich in die Scheune zu den Hühnern des goldgefiederten
Nachbars begab, wo er, nach erwiesenen friedfertigen
Gesinnungen, als ungefährlicher Familienbeirath geduldet
wurde.

So standen die Sachen, als die Morgensonne des
10. September die Kirchthurmspitze von St. Gertrauden
vergoldete und dem Küster ins schwindelhohe Schallloch
schien, aus welchem er eben seine Clarinette zum Ab=
blasen des Morgenchorals hinaussteckten wollte. Unten
begann das erste vereinzelte Leben des stillen Oertchens.
Beim Küster öffneten sich die Läden; in der Mühle
klang das Glöckchen, das zu neuem Aufschütten mahnt;
der Nachfolger des diebischen Gänsehirten blies auf seiner
Schalmei durch die Hauptstraße, und Gänse, deren
Leiberfülle schon den nahenden Herbst verkündete, wat=
schelten aus mancher halb geöffneten Pforte oder klemm=
ten sich unter den Hofthüren durch, wo immer eine ver=
schlafene Magd den Riegel noch nicht zurückgeschoben
hatte. Dann kam der Schweinehirte, der nicht musika=
lisch war, sich aber um so besser darauf verstand, Peit=
schenschnüre zu drehen und schläfrigen Betthockern die
Ohren gellen zu machen; quiekende Ferkel vermehrten den
Lärm seines Durchzugs, grunzende Speckträger schlossen
sich an. Das war kein schöner Morgengruß, und man=
chem Träumer führte die über= und doch auch wieder
nicht übernatürliche Symphonie Wurst= und Schinken=

gedanken zu, um ihm dafür die Ambrosia und den
Nektar des Traumlebens zu entführen. Eine Weile darauf schallte das Kuhhorn der kleinen Ochsenhüterin, die
übrigens auch die Hut der Milchkühe für ein Neujahrs-
geschenk mit besorgte. Der Küster hatte sie manchen
Sommer lang aus dem Schallloch beobachtet. Sie wuchs
nicht mehr, war, wie man in Hedeper sagte, stehen geblieben, mochte Jedem gern eins nachrufen und zählte
zu den ausrangirten Töchtern des Orts, die wohl noch
manches Enkelkind dereinst beim Ochsenhüten sehen werden.
Ihr Hund hatte sich's in den Kopf gesetzt, auch nicht
mehr wachsen zu wollen, und vor seinen kurzen Beinen
und seiner heiseren Stimme hatte kaum das jüngste
Kalb Respect.

Der Küster setzte wiederholt die Clarinette an den
Mund, aber immer störte ihn noch das ferne Knallen,
das verklingende Kuhhorn, das Brüllen der Kühe. Er
nahm das Mundstück von Neuem aus den Lippen und
blickte nach dem fern im Wiesendampf liegenden Meierhof hinüber, wo ihm über die erste Mutter der Menschen eine so eigenthümliche Bibelauslegung geworden
war. Er ließ, was er von dem andern Geschlecht
kannte, an seinem innern Blick vorüberziehen und verweilte gern bei dem Gedanken an die kugelrunde Schwägerin, die ihn nicht mehr verachten werde, wenn sich sein
Schicksal heute erfüllen sollte; denn heute war der Ver-
steigerungstag. Das hingeworfene Wort des Bruders
hatte Früchte getragen. Der Küster ward, wenn Alles

nach Wunsch ging, an diesem selbigen Tage noch eigen=
thümlicher Besitzer des Giebelhauses, und sein Auge
schweifte nach dem alten Bau hinüber, der so manches
Jahr ihm ins kaffeebraune Hinterstübchen geguckt hatte
und in dessen Räumen seine Gedanken seit Kurzem bei
Tag und Nacht ihr Wesen trieben, — er wußte sie
kaum mehr hinaus zu bringen.

In diesem Augenblick rollte ein grünwollenes Rou=
leau an einem der Giebelhausfenster in die Höhe; das
Fenster öffnete sich, und eine weibliche Gestalt, die Nacht=
haube noch auf den Locken, die Wangen vom Schlafe
noch geröthet, wurde sichtbar. Sie sog mit langen Zü=
gen die frische, erquickende Morgenluft ein, faltete die
Hände und blieb im dankbaren Genhimmelblicken stehen.
Der Küster hatte schon beim ersten Geräusch des Fen=
sters sich ins Schalloch zurückgebogen. Als ein zweites
scheues Hinabschauen ihn die Züge der Betenden erken=
nen ließ, da zog auch er sein Käppchen vom Kopfe und
bat den Himmel um Segen und Gedeihen, wenn sein
Vorhaben preiswürdig sei, um ein warnendes Zeichen,
wenn er auf dem betretenen Wege inne halten solle.

Er wartete in banger Spannung, ob nicht eine
Krähe ins Schalloch hinein fliegen oder eine Eule den
alten Thurm mit Geheul verlassen werde. Aber es
blieb Alles still. Als er zum dritten Mal hinabschaute,
war das Fenster leer. Er nahm seine Clarinette zur
Hand, klopfte mit seinem Kammerschlüssel das Mund=
stück zurecht und stand in Gedanken, über den Choral

nachsinnend, der eben dem·heutigen Tage zieme. Ein
altes Buch, das in der Tischschieblade des Thurmstüb-
chens lag und Choräle aus früheren Jahrhunderten enthielt, setzte ihn durch die reiche Auswahl in Verlegenheit. Die wenigsten waren ihm heute fröhlich und festlich genug. „Verzage nicht, du Häuflein klein", wurde
ohne weiteres verworfen, so gern er's auch als den
Schlachtgesang Gustav Adolph's an andern Tagen vom
Thurm geblasen hatte. „Ach Gott, vom Himmel sieh
darein!" paßte ihm heute eben so wenig; die Tage,
wo er den alten Choral aus eigner bedrängter Brust
anstimmte, waren hoffentlich für alle Zeit vorüber. Lange
verweilte er bei Paul Gerhard's

> „Auf, auf, mein Herz, mit Freuden,
> Nimm wahr, was heut geschicht!
> Wie kommt nach großen Leiden
> Nun ein so großes Licht!"

Aber der Nachsatz:

> „Mein Heiland ward gelegt
> Da, wo man uns hinträgt"

wollte ihm nicht gefallen. Er hatte es nie früher bemerkt, wie viel Grabgedanken die meisten Kirchenlieder
enthalten. Endlich meinte er das rechte gefunden zu
haben. Rist's altes Kraftlied: „O fröhliche Stunden,
o herrliche Zeit!" war ganz seiner Stimmung gemäß.
Er nahm die Clarinette zur Hand und wollte eben an-
setzen, als ihm die zweite Zeile: „Nun hat überwunden

der Herzog im Streit" beschämt das Instrument wieder
von den Lippen brachte.

> „Der Löw hat gekrieget,
> Der Löw hat gesieget,
> Trotz Feinden, trotz Teufel,
> Trotz Hölle und Tod".

Das wäre Vermessenheit gewesen. Bei Leibe! Er
schlug das Buch zu; für ihn stand nichts darin. Aber
während er im eigenen Gedächtnißschatz umher stöberte,
kam ihm das alte Liebeslied des Doctor Martin Luther
in die Erinnerung. Bei Hochzeiten hatte der Küster es
wohl einmal auf der Orgel zum Besten gegeben und
sein eigen Theil dabei gedacht, da von der Gemeinde es
kaum Einer kannte; der selige Herr Pfarrer war der
Einzige, der ihm je darüber etwas sagte, es aber doch
als Choral gelten ließ, wenn auch nur bei hochzeitlichen
Festen. Es ging nach der Melodie „Ach Lieb mit Leid",
die über dreihundert Jahr alt war, und es lautete:

> „Sie ist mir lieb, die werthe Magd,
> Und kann ihr nicht vergessen.
> Lob, Ehr' und Zucht man von ihr sagt,
> Sie hat mein Herz besessen.
> Ich bin ihr hold,
> Und wenn ich sollt'
> Groß Unglück han,
> Da liegt nicht dran,
> Sie will mich deß ergötzen
> Mit ihrer Lieb und Treu an mir,
> Die sie zu mir will setzen".

Als der Küster das alte Liebeslied zu Ende ge=
blasen und den letzten Ton lange angehalten hatte, im=
mer, immer fort, so weit nur der Athem reichte, streckte
er zum Schluß den Kopf noch einmal aus dem Schall=
loche und gewahrte, daß sich die Gardine des im Giebel=
hause geöffneten Fensters bewegte, als ob so eben erst
eine andächtige Zuhörerin zurückgetreten sei. Der Ge=
danke, daß sie allein vielleicht in der ganzen Gemeinde
den Text des Liedes kennen werde, trieb ihm das Blut
in die Wangen, aber auch ein Lächeln auf die Lippen,
und fröhlicher bewegt, als je in seinem Leben, schloß er
das Schalloch, um aus seiner Höhe in die Küsterei
hinabzusteigen. Es hatte sich zwischen dem Laden des
Schalllochs und der Thurmbekleidung etwas eingeklemmt,
das beim Schließen frei ward und hinab fiel. Er
blickte hinterdrein, hörte indessen nur einen hellen Me=
tallklang, veranlaßt durch das Niederfallen des Gegen=
standes auf die Grabsteine unterhalb des Thurms. Beim
Nachsuchen vermißte er den Kammerschlüssel, den er zum
Zurechtklopfen des launenhaften Mundstücks mit auf den
Thurm zu nehmen pflegte. Eine Bangigkeit beschlich ihn,
dies könne das vom Schicksal erbetene Warnungszeichen sein.
Hatte er zu früh gefrohlockt und etwas Unziemliches be=
gangen, als er das Liebeslied vom Thurm herabblies,
daß ihm jetzt die Gräber unten Antwort sandten? Mit
schwerem Herzen stieg er die knarrende Treppe hinab und
las unten auf dem Kirchhof seinen platt gefallenen
Kammerschlüssel auf. Wie war ihm doch mit einem Male

seine ganze Hoffnungssaat so trostlos verhagelt! Er
hatte kaum Muth, in die Küsterei zurückzukehren, aus
Sorge, der Warnungszeichen möchten mehr werden.

Siebentes Kapitel.

Glück damit!

Inzwischen war die Versteigerungsstunde näher ge-
rückt, und Frau Dorotheens Krug wimmelte von Gästen.
Der Gerichtsauctionar hatte einen Mahagonihammer
mitgebracht, der alte Schreiber eine Mappe voll Papiere und dazu eigenes Schreibgeräth; eine Stange
Siegellack, so lang wie des Apothekers Thonpfeife, lag
zinnoberroth auf dem seitwärts frei gemachten Tische und
zog wechselsweise mit der etwas erhitzten Nase des gold-
bebrillten Auctionars die bewundernden Blicke der Krug-
gäste auf sich. Der Schreiber erhielt Mumme, sein
Vorgesetzter Bordeauxwein. Der erstere schnitt unablässig Federn und zog von Zeit zu Zeit die steife Roß-
haarcravatte zurecht, deren Schleife sich's nicht nehmen
ließ, alle fünf Minuten nach des Schreibers linkem Ohr
hinüberzurutschen. Da er seit funfzig Jahren als
Schreiber fungirte, hatte er noch aus dem vorigen Jahrhundert Vorliebe für fließendes Papier mit herüberge-

bracht, brach auch die Bögen in einer längst abgekom=
menen Weise, nach welcher der Rand genau neun Zehn=
theil der ganzen Bogenbreite einnehmen mußte, legte zu
des Auctionars Verdruß Tabacksdose und Schnupftuch
immer neben sich auf den Tisch und brauchte mehr
Streusand, als hundert Schreiber heutigen Tags, so daß,
wo er vom Schreiben aufstand, allemal genug Vorrath
nachblieb, um bei Glatteis eine ganze Straße von der
Länge Hedeper's damit zu bestreuen. Auch der Auctio=
nar hatte seine Angewohnheiten, wohin unter Anderem
das Sauersehen nach jedem Trunk gehörte, nicht minder
das übermäßige Aufziehen der Brauen, so oft er durch
seine goldene Brille sich die Umstehenden ansah, und in
letzter Reihe das Räuspern vor jeder amtlichen Aeußerung, zu der er den Mund aufthat. Aber diese näm=
lichen Angewohnheiten hatte sein Vorgänger gehabt. Sie
wurden lange mühsam nachgeahmt, endlich glücklich er=
lernt und als wesentliches Auctionatszubehör im Amte
vererbt. Der Vorgesetzte bemerkte deßhalb nur die ver=
drießlichen Angewohnheiten des alten Schreibers, von
denen dieser seinerseits nie und nimmer zu lassen für
die Hauptaufgabe seines Lebens und für das einzige
ihm verbliebene Selbstständigkeitsmerkmal zu halten schien.

Punkt zehn Uhr erhob sich der Auctionar, sah ein
paar Mal mit hoch gehobenen Brauen durch die goldene
Brille umher räusperte sich, stieß drei, vier Mal an,
schob des Schreibers Schnupftuch mit dem Mahagoni=
hammer vom Tisch herab, lächelte mit, als die Nächst=

stehenden den Witz sehr lustig fanden, und rief endlich
die Bedingungen aus, unter welchen das „baufällig gewordene" Wittwenhaus versteigert werden sollte. Es
waren deren nicht viel andere als die üblichen, doch
pflegten die letzteren schon unter der Zunge des Auctionars zu einer so ansehnlichen Breite verklopft zu werden, daß die für noch nöthig erachteten Zusätze dem
Vortrage des Redenden kaum mehr zu Statten kamen.

Während dieser langen Vorbemerkungen thaten sich
die Kauflustigen mit schlechten Reden über den „alten
Rumpel" hervor. Ihrer waren nicht viele, aber hätte
man ihnen glauben dürfen, so mußte, der sich daran
wagte, noch Gottes Lohn verdienen. Nur zum Nieder-
reißen tauge der Kasten; kaum die Stricke, die man
dabei abnutze, würde er bezahlt machen. Wär's nicht
eine Schande für den ganzen Ort, Niemand würde so
feige sein, sich die Finger dabei schmutzig zu machen.
Thue es ja Einer, der müsse schon ein guter Patriot
sein, und was der Reden mehr waren.

Solcher Patrioten fanden sich nach und nach drei.
Anfangs sagte der Eine, es sei ihm nur um das Obst
im Wittwengarten zu thun, der Andere, den Wein am
Spalier werde er noch reif werden lassen, wenn er ja
mit seinem Angebot hängen bleibe, der Dritte, er habe
eben nichts um die Hand und werde sich so bei Kleinem
selbst ans Abdecken machen. Nach und nach wurden
aber diese Liebhabereien den Reflectanten so werth, daß
sie einander zu ganzen Zehnthalern in die Höhe trieben,

bis der Eine, in der Hoffnung, mit den anderen Beiden gemeinschaftliche Sache machen zu können, um fünf Minuten Pause bat, während welcher Zeit die Reflectanten ihre Köpfe zusammensteckten, der Schreiber verlangend in sein leeres Bierglas sah, der Auctionar aber der neben ihm stehenden grünen Bordeauxflasche mit sauerem Gesichte zusprach.

Der Küster hatte sich zur rechten Zeit eingefunden, war jedoch nicht bis an den Tisch durchgedrungen und fühlte auch, daß seine Stellung eine selbständige Betheiligung an diesem öffentlichen Verkauf sehr auffallend erscheinen lassen würde. Nicht nur waren die Kauflustigen mit Sticheleien aller Art bei der Hand, sobald sich ein Neuer mit einem Gebot vorwagte, und auch der Küster wäre als solcher nicht verschont worden; es störte ihn noch eine andere Rücksicht, diejenige auf die Krugwirthin nämlich, denn sie hatte schon bei seinem Eintritt auf die Wolfenbütteler Süßigkeiten angespielt, und es konnte nicht fehlen, daß man ihn hier öffentlich mit der Pfarrerswittwe ins Gerede brachte, wenn man seine Betheiligung überhaupt gewahr wurde. In seiner Noth kam ihm die Pause wie ein helfender Engel von oben. Nach vielen mißverstandenen Finger- und Augenzeichen gelang es ihm, dem Schreiber verständlich zu machen, es warte seiner ein Auftrag zum Mitgebot. Dergleichen Geschäftchen wurden ihm nicht oft, fanden auch nicht immer Gnade vor seinem Vorgesetzten, warfen aber doch so wie so eine kleine Gratification ab, um

18*

derenwillen sich schon ein nachträglicher Auspuyer hin=
nehmen ließ. In eine Ecke des Gaſtzimmers sich zu=
rückziehend, nahm der Schreiber demnach des Küſters
feierliche Anweiſung entgegen und verſprach, ſo lange
Herr Habernus nicken würde, immer den Uebrigen um
einen Thaler vorauf zu ſein.

Als der Mahagonihammer dann von Neuem zur
Aufnahme des Meiſtbietens zuſammenrief, miſchte sich
des Schreibers ſchnarrende Stimme unter die der an=
deren Käufer, Anfangs zu deren großem Verdruß, nach
und nach als gleichberechtigt angeſehen und nur allemal
mit einem Wiye aufgenommen, da der Schreiber ungleich
den anderen nur thalerweiſe aufſtieg. Unglücklicherweiſe
ſtand aber vor dem fern im Gedränge ſteckenden Küſter
ein Stuhlgaſt auf, ſo daß der zeichentelegraphiſche Zu=
ſammenhang zwiſchen Küſter und Schreiber unterbrochen
ward und troy allem Halsrecken des Leyteren und allem
Zehenſpiyen des Erſteren nicht wieder hergeſtellt werden
konnte.

Statt des Küſters trat ein anderer Käufer in der
Perſon des Auctionars auf, und zwar ſofort mit einem
runden Zuſchlag von hundert Thalern, welcher den übri=
gen Kaufluſtigen den Muth zum Höherbieten benahm
und nach dreimaligem Rufen: „Niemand mehr?" das
ſchließliche „Glück damit!" zur Folge hatte.

Neben dem betroffen und ſprachlos daſtehenden
Küſter ſagte ein Hedeper Zimmergeſelle: Für den Meiſter

in Wolfenbüttel wird's ein gefundenes Fressen sein!
Dacht' mir's schon, daß er's nicht fahren ließe!

Für den Wolfenbüttler Zimmermeister? fragte der
Küster, noch kaum fassend, was er versäumt hatte, und
daß nun Alles zu spät sei.

I freilich! gab der Geselle zur Antwort. Der
würd' sich auch solch Geschäft aus der Nase gehen lassen;
fünf Fuhren brauchbar Holz sind in dem alten Kasten
und mindestens zweimal so viel an Backsteinen. Wer's
zum Abbrechen verkauft, kann sich einen neuen Rock
dabei anziehen. Garten und Obstbäume hat er dann
noch umsonst. Der Meister weiß aber schon, daß ein
neu Haus noch mehr Grütze abwirft. Ihr sollt das
blaue Wunder kriegen. Der macht eine ganze Straße
daraus.

Des blauen Wunders bedurfte der Küster nicht
mehr. Der Pfeifenqualm erstickte ihn fast. Ohne das
spöttische Gesicht der Frau Dorothee zu bemerken, bahnte
er sich den Weg ins Freie und fühlte erst ganz, mit
welcher Geschäftsunerfahrenheit er sich an eine wichtige
Sache gewagt hatte, als der Giebel voller blauer Trau-
ben ihn von fern durch die Obstbäume grüßte, als wolle
er fragen: Nun, wie steht's? warst du ein ganzer Kerl
und zur rechten Stunde in der Bresche? Hundert Jahr
halt' ich den Nacken noch brav, verlaß dich darauf!
Komm herein und laß die Frau Anna nicht in unge-
wisser Sorge.

Ja, so redete ihn der „alte Schmaucher" an und

steifte sich, meinte der Küster, daß es schier aussah, als
habe er sich nach langem Bücken aufgerichtet, wie jener
Papstgewordene Cardinal, der die Schlüssel Petri ge-
sucht hatte.

Da lag die Tenne, die sonnige, erinnerungsreiche
Tenne mit der Hühnerfamilie und dem lahmen Sporn-
träger aus der Küsterei, zu dem sich schon eine ver-
stoßene Henne des Goldgefiederten gesellt hatte. Da
spielte wieder das Kätzchen in der Sonne, und der un-
beholfene Hund lief klaffend den Fliegen nach, die sich
auf dem warmen Lehmboden umhertrieben. Da stand
das Fenster mit dem grünwollenen Rouleau offen, das
nämliche Fenster, auf das er heute Morgen so herzensver-
gnügt aus dem Schallloche hinabgeblickt, das nämliche,
durch das er die nächtliche Leserin der Atlasbandgedichte
belauscht; und darunter stand der schön gerundete Salat,
auf den er hinabgeglitten war, der in Saat geschossene
rothbeerige Spargel, der ihm schon in Vorahnung künf-
tiger Tafelfreuden den Mund hatte wässern machen, der
gewürzige Estragon, zu dessen Einthun die alte Marga
nie zu bewegen gewesen war, und dessen Wohlgeruch ihm
Nachts bei jenem Falle zuerst erfrischend in die Nase gezogen war.

Das Alles war zwar nichts gegen das Zertrüm-
mern der übrigen Kartenhäuser seines neuen Glücks;
aber so heftig war der Schlag gewesen, daß er den
Verlust nur in seinen unbedeutendsten Atomen zu begreifen vermochte. Als er der Frau Anna selbst ge-

dachte und des Risses, den der Hausverkauf in das
ganze Gedanken= und Hoffnungsnetz der letzten Tage
gebracht hatte, da gingen ihm die Augen über, und er
hörte im Geiste die Stimme seiner kugelrunden Schwä=
gerin, wie sie, den Gegensatz zu seiner Unselbständigkeit,
Halbheit, Unmännlichkeit scharf betonend, auf seinen Bru=
der mit den Worten deutete: Das ist mein Mann!

Die Worte waren's freilich nicht, die eben jetzt zu
seinem Ohre klangen, aber die nämliche Stimme war's.
Als der Küster aufschaute, kam die Meierin keuchend
heran, die Wangen geröthet und die Stirn voll Schweiß=
perlen.

Lauft Ihr doch wie ein Faßbinder! rief sie, und
habt die Ohren unter dem Filzhut, daß man sich die
Lunge nach Euch ausschreien möchte! Was habt Ihr
nicht gewartet, bis der Käufer genannt wurde? Botet
Ihr denn nicht mit, oder that's der Zimmergeselle neben
Euch?

Fragt nicht, Schwägerin! sagte der Küster, seine
Bewegung mühsam meisternd. Der Wolfenbütteler Mei=
ster hat mich überboten. Alles ist zu Ende.

Ihr verdient's nicht besser, versetzte die Meierin,
ihr Oberkleid aufnehmend und sich auf einen Stein am
Wege setzend. Vom Thurm blasen und zur Predigt
orgeln, das könnt Ihr; aber was Ihr weiter könnt,
das hab' ich noch nicht herausgebracht. Ihr seid, weiß
Gott, ein abschreckend Exempel für Jeden, der, wie Ihr,
mit einem alten Weibe neben sich und einer kärglichen

Versorgung vor sich, zu versauern in Gefahr ist. Meiner Seel', ich weiß nicht, was ich zu thun fähig wär', käm's darauf an, ein Kind von mir vor solchem Elend zu bewahren!

Diesmal hatte der Küster nicht den Muth, die guten Seiten seines Amts hervorzuheben. Er antwortet nichts. Was lag ihm noch an den Vorwürfen der Schwägerin? Das Giebelhaus, das jedes Wort vernehmen konnte, blickte ihm ganz andere Vorwürfe ins Gesicht.

Ich hab' vorgestern den Knecht fortjagen müssen, der mit der Kühmagd zusammen hielt, hob die Meierin wieder an, denn ich darf dergleichen auf meinem Hof nicht einreißen lassen. Aber da steckt doch Uebermuth dahinter, und wo Uebermuth ist, giebt's meist auch Kraft. Am rechten Fleck kommt schon was Rechts heraus, besteht's auch anfangs aus ein paar Topfscherben. Aber Ihr — —! Sie schüttelte den Kopf, und der Küster sah zum Glück nicht die Miene, welche die unwillige Geberde begleitete.

Geht jetzt heim, begann die Meierin von Neuem, geht heim und hütet Euch, je wieder anderer Leute Geschäft in die Hand zu nehmen. Die Frau Anna wird's früh genug erfahren, daß ihr das Dach überm Kopfe abgedeckt werden soll. Versöhnt Euch mit Eurem Drachen in der Küsterei und schlagt Euch Freiergedanken aus dem Kopf, wenn Ihr überhaupt jemals solche hattet; denn aus Euch, Schwager, werde ein Anderer klug.

Ihr seid rechtschaffen hart mit mir in die Schule gegangen, versetzte der Küster, durch die letzte Anspielung der Schwägerin zu einer Erwiderung gereizt, und ich hab' mir's gefallen lassen, weil ich weiß, daß Ihr aus gutem Herzen so bös redet. Aber mit nachträglichem Vorhalten macht Ihr keine Dummheit ungeschehen. Ich bin von Kindheit an nur für die Küsterei erzogen worden, hab' an die fünfundzwanzig Jahre unter dem alten Strohdach gesessen und mein Lebtag kein Haus gekauft, noch nach einem Mädchen zum Freien ausgeschaut. Jetzt soll ich mit Einem Mal Beides fertig bringen, und nun ich Lehrgeld zahlen muß, macht Ihr Euch noch einen Festtag, um mich mit meiner Unerfahrenheit ausspotten zu können.

Geht, sagte die Meierin halb begütigend, Ihr wißt schon, wie ich's meine.

Euer Mann hätte mir nicht den Heimtrunk aufnöthigen sollen, fuhr der Küster sich erwärmend fort, da ich ihn um Rath bat. Aber er redet auch lieber hinterdrein, als wenn's Zeit ist. Hernach ist's ein Leichtes, meistern, wenn man den Gesellen wirthschaften ließ, wie er's eben verstand.

Schwager, sagte die Meierin, Ihr sprecht wie ein aufsätzig Kind. Gegen meinen Mann laß' ich nun schon nichts aufkommen, es sei denn, er hör's mit eigenen Ohren. Habt Ihr ihn um Rath gefragt, ob Ihr freien sollt?

Das nicht, versetzte der Küster, ungewiß, wie er

das wiederholte Berühren dieses empfindlichen Punkts
aufnehmen solle, und ob die Schwägerin sich nicht unberufen in seine Sachen mische.

Und ich wette, sagte die Schwägerin, ihre Arme
in die Seiten stemmend, Ihr wißt noch heute nicht, ob
Ihr freien wollt, oder nicht!

Laßt das, bat der Küster, sich verlegen nach dem
Giebelhause umsehend.

Ihr meint, das gehe mich nichts an, fuhr die
Meierin fort; aber ich hätte mir den Weg vom Erlenkamp wahrlich nicht zugemuthet, wär' nicht Anderes in
Hedeper auszurichten gewesen, als hier vor Euch auf
dem Stein zu sitzen und Euch Predigten zu halten. Ihr
sollt schon erfahren, warum ich Euch nachgeleucht bin.
Doch erst muß ich reinen Wein kosten. Wollt Ihr
freien, ja oder nein?

He, sagte der Küster, so hat mich noch Keiner gefragt. Zum Freien gehören Zwei.

Ihr sollt nur für Euch sprechen.

Ihr redet, mit Verlaub, wie man von einem Jahr-
markthandel redet, versetzte der Küster, dem bei der nüch-
ternen Gradheit der Schwägerin der ganze poetische Duft
seiner Ehestandsbilder zu zerfließen begann. Wenn ich
Jemanden glücklich machen könnte, so glaub' ich schon
die Leute schwatzen lassen zu sollen.

So gefallt Ihr mir schon besser, erwiderte die
Meierin; aber Ihr seid mir noch nicht wild genug,
wenn Ihr von Eurem jetzigen Elend sprecht. Seht Ihr

denn nicht ein, daß Ihr eigentlich gar nicht lebet, wie
Euch so ein Jahr nach dem andern hinschleicht? Wem
könnt Ihr nützlich sein? wem frommt's, wenn Ihr ein
fröhlich Gesicht macht, wenn Ihr bei Tisch derb einhaut,
wenn Ihr einen gescheidten Einfall habt? Da ist's doch
ein ander Ding, wenn die eigene Frau am Herd steht
und beim Sieden und Pretzeln denkt: Heut' wird's
ihm aber schmecken! Von eigenen Kindern will ich noch
gar nicht einmal reden — da giebt's im Leben schon
nichts, was dagegen Stich hält, und Ihr seid doch noch
kein alter Abraham — aber sitzt denn nicht manche
brave Wittwe da, ohne Versorger und männlichen Rath=
geber, und die armen Kinder sind ihre Noth und Angst,
statt ihre Lust und Freude sein zu können, wenn sich ein
rechtschaffenes Mannsbild ihrer annähme? Wozu ist
denn der Mann in allen Dingen des Erwerbs und Ver=
kehrs gegen das Weib im Vortheil? warum lernt er
mehr und stößt sich im Leben herum, als weil die Welt=
ordnung darauf Rechnung macht, er werde dem schwä=
chern Theile mit durchhelfen?

Der Küster faltete die Hände und nickte unwillkür=
lich zustimmend.

Ein lediger Mann, fuhr die Meierin fort, ist ein
elender Mann. Geht's ehrbar bei ihm zu, so schrumpft
er allmählich ein, wird alt und kalt, und schaufeln sie
ihn ein, da ist er vergessen. Geht's nicht ehrbar bei
ihm zu, so wird er ein Taugenichts, der noch obendrein
dem Teufel in die Hände arbeitet. Kein Baum im

Walde ist sicher, daß er nicht dereinst an solch einem Wüstling zum Galgen werde.

Wißt Ihr doch troß dem Herrn Pfarrer zu reden, sagte der Küster, sich den Schweiß von der Stirne trocknend. Gott bewahre einen Jeden vor solch einem Armsünderende.

So nehmt Euer Herz in die Hand, versetzte die Meierin, und sagt der Wittwe drinnen, wie Ihr vom Freien denkt. Mir habt Ihr's nicht sagen wollen, und das machtet Ihr recht. Sie wird's aber wissen wollen, denn ich will nicht gesund nach dem Meierhof heimkommen, wenn ihr's nicht schon mit der Vorrede zu lange dauert.

Aber Ihr vergeßt das Haus, sagte der Küster, zwischen Freude und Angst schwankend und die Hauptsache nicht mehr von der Nebensache unterscheidend.

Davon reden wir nachher, erwiderte die Meierin, von Neuem niedersißend. Jeßt geht hinein, denn es rückt stark auf Mittag, und ich möcht' heim sein, eh' der Mann nach der Suppe fragt. Geht! sagte sie, ihn fortschiebend, geht und laßt mich nicht lange sißen.

Der Küster zog seinen Rock zurecht, steckte sein Taschentuch, das im Filzhute lag, in die Rocktasche und entfernte sich zögernd in der Richtung des Wittwenhauses. Nahe vor dem Gitter des Gartens pflückte er eine Hand voll wilder Nelken, die er Anfangs ins Knopfloch steckte, dann aber, um seinen Worten mehr Feier-

lichkeit zu geben, als zu überreichendes Angebinde in die
Hand nahm.

Nachdem er die verfallene Steintreppe erstiegen,
pochte er an die Thüre des Fremdenzimmers. Niemand
antwortete. In der Küche warf die Magd eben einen
Eierkuchen in die Höhe und ließ ihn, durch des Küsters
Eintritt gestört, in die Asche fallen. Daß ihm trotzdem
eine höfliche Antwort ward, diese Selbstbezähmung hätte
ein minder argloses Gemüth, als dasjenige des Küsters,
auf gewisse Aeußerungen der Hausfrau schließen lassen,
durch welche diese ihre Umgebung auf den dem Küster
schuldigen Respect vorbereitet hatte. Als er sich nach
der Rückseite des Hauses wandte, wo die schattige Linde
stand, sah er die Pfarrwittwe beschäftigt, mit Hülfe der
Kinder ein großes Netz auszubessern, das um die Zeit
des Traubenreifens zum Schutze gegen die Spatzen über
das Spalier gehängt zu werden pflegte. Der ganzen
Länge nach war's auf dem Rasen ausgebreitet; die drei
ältesten Kinder saßen lachend drunter und banden Spagatfäden über die schadhaften Stellen, die zwei jüngsten
mußten fürs Straffhalten sorgen. Frau Anna über-
wachte die Arbeit und half nach. Als sie des Küsters
Schritt vernahm, wandte sie sich nach ihm um, die
Wangen vom Bücken geröthet, und stand auf, um ihm
den Hut aus der Hand zu nehmen.

Die feuerrothen Nelken hatten seinen Worten mehr
Feierlichkeit geben sollen; die Worte fanden sich aber
nicht gleich, und so mußten die Nelken allein die Ein-

leitung machen. Die Röthe der Frau Anna wurde da=
durch nicht vermindert; dem Küster fiel das heutige Thurm=
lied ein und seine Vermuthung über die Textkenntniß
seiner wahrscheinlichen Zuhörerin. Er fühlte seine ge=
hobene Morgenstimmung wiederkehren und führte die
Hand der Wittwe an seine Lippen.

Nie in seinem Leben war ihm das begegnet. Wie
es kam, wußte er selbst nicht, sie nicht viel mehr, doch
ließ sie's geschehen und wandte sich nur mit einem Blicke
seitwärts, der Kinder gedenkend, die ohne Ahnung der
bedeutungsvollen Minute an ihren Spagatfäden fort=
knüpften.

Was auf seinen Lippen schwebte und doch nicht zu
Worte kam, verstand sie mit dem liebegeschärften Blick
eines weiblichen Auges. Ihr war, als fahre ein thränen=
feuchter Schwamm über die Schicksalstafeln ihrer letzten
zehn Jahre, als sei sie noch einmal jung und dürfe dies=
mal ihr Herz frei verschenken, ohne eine Binde um die
Augen zu haben. Sie warf einen flüchtigen Blick in
des Jugendgespielen Auge und schlug das ihre dann nieder.
Nicht mehr der Worte bedurft' es; wie sie zu ihm stand,
wie er zu ihr, war Beiden in diesem Einen Blicke deut=
licher geworden, als alle Reden der Welt ihnen es hätten
deutlich machen können. Klangen ja Worte durch ihre
Seelen, so waren's die des alten Liebesliedes!

„Und wenn ich sollt' groß Unglück han,
    Da liegt nicht dran!"

Da liegt nicht dran, da liegt nicht dran! klang's fort

und immer fort; denn woran ist in Gottes weiter Welt
noch etwas gelegen", wenn zwei Herzen zum ersten Mal
inne werden, sie wollen zu einander halten?

Aber ist die Seele zu bewegt gewesen, als daß der
Mund reden konnte, so fühlt die Brust doch endlich das
doppelt dringende Bedürfniß, in Worten aufzuathmen,
und das Ohr will auch sein Theil haben, nachdem Aug'
und Hand den Bund schlossen. Ist es nicht mehr das
Ungestüm des Jugendblutes, das im Herzen pocht, so ist
es die ewige verjüngende Kraft der Liebe, die nach Aus=
druck ringt, sei auch das Gefäß noch so armselig, aus
dem sie ihre Opferdüfte gen Himmel steigen läßt. Die
Meierin auf ihrem Steinsitz vernahm es nicht, und die
Kinder hörten's nicht, und auch die Magd mit dem
Eierkuchen in der Asche hat's nicht vernommen; aber
der Garten des alten Wittwenhauses, die Rosenbüsche
und das Geisblatt rechts und links, der Kiesweg und
der Fliederbusch an dem verhängnißvollen Zaune — sie
alle haben belauscht, was die Auf= und Abwandelnden
einander zu sagen hatten, Dinge, die ihnen zum Theil
erst heute ganz ins Bewußtsein gekommen waren, und
deren Wurzeln sich nach allen Seiten hin verfolgen ließen,
nach den ersten Morgenliedern, die vom Thurm herab
ins Ohr der Pfarrerstochter klangen, nach dem ersten
und einzigen Blick, den sie vor langen Jahren in die
einsame Küsterei that, nach den späteren kurzen Begeg=
nungen, die ihr das Blut in die Wangen und die Kälte

auf die Lippen trieben, nach den beklemmenden Empfin=
dungen, die sie beschlichen, als von der Orgel der Choral:
　　„Meine Liebe hängt am Kreuz . . .“
an ihrer Hochzeit ihr ins halb betäubte Ohr klang.

　　Und auch er — besann auch er sich nicht auf jene
nämliche bange Stunde, über die er damals nicht nach=
zudenken wagte? Kamen ihm nicht kalte Decembermorgen
ins Gedächtniß, an denen er lange in Gedanken am
Fenster stand, hinüberblickend nach dem Giebelhause, wo
die Pfarrerstochter nicht mehr zu sehen war, und von
dem Gefühl seiner Einsamkeit ergriffen, wie es nur im
trostlosen Winter ganz so heftig möglich ist? Erinnerte
er sich nicht der Februarpredigten, die er einen Monat
lang an des seligen Pfarrers Stelle abgelesen hatte, weil
diesem die Kälte zu arg gewesen war, und der regel=
mäßigen Zuhörerin im Pfarrbetstuhl, die ohne Feuer=
töpfchen von Anfang bis Ende andächtig aushielt? Wa=
ren denn die Weihnachtskuchen zu vergessen, welche am
heiligen Abend die einsame Küsterei mit Duft erfüllten,
und die seine Vorgänger noch nicht gekannt hatten, die
erst des polternden Herrn Pfarrers junge Gattin ein=
führte? Hatte es nicht zu Pfingsten, wenn Kanzel,
Orgel und Altar bekränzt wurden, auch allemal für die
Küsterei einen Kranz gegeben, der bis Martini über dem
Kreidebilde hängen blieb und dem kaffeebraunen Hinter=
stübchen einen Festanstrich verlieh? Verschüttete der
Küster nicht an einem Charfreitag einmal vom heiligen
Wein, als er dem Herrn Pfarrer secundiren mußte und

unerwartet hinterm Altar hervor die Frau Pfarrerin
unter den Communicanten ihm zu Gesicht kam?

Alles das und noch vieles Andere hatte von Zeit
zu Zeit den Schleier zu lüften versucht, der zwischen bei=
den Seelen trennend und verhüllend hing. Aber es war
nur ein vorübergehender Lusthauch gewesen. Der Schleier
hatte Stand gehalten, Beider Blicke umflorend, Beiden
verbergend, was im eigenen Grunde des Herzens nur
des Bei=Namen=Rufens wartete, um aus dem Schlum=
mer zu erwachen. Jetzt war es bei Namen gerufen
worden und stand mit hellwachen Augen da.

> „Und wenn ich soll' groß Unglück han,
> Da liegt nicht dran!" — —

Noch schritt der stille Küster an der Seite der
Pfarrerswittwe den sauberen Kiesweg auf und ab, als
die kugelrunde Meierin, des langen Wartens müde, sich
von ihrem Steinsitze erhob. Was ihr im Sitzen wegen
des Zauns entgangen war, sah sie jetzt beim Aufrechtstehen:
die zwei im Garten Lustwandelnden, Hand in Hand, bald
Worte, bald Blicke wechselnd, und Beide, so schien's, mit
ihren Gedanken weit ab von der geduldigen Wächterin
draußen.

Da hätte ich bis zum Abend warten können, sagte
sie halb mürrisch vor sich hin und war im Begriff, sich
gekränkt zu fühlen. Aber es kam nicht dazu, die Gut=
müthigkeit überwog. Sie dachte ihres Säuglings daheim,
und wie ihm der heutige Tag eine Gewähr mehr sein
werde gegen die durch kein Gesetz vorgeschriebene und

doch als alter Brauch vererbte Ehelosigkeit der Küster
zu Hedeper. Um meines Toni willen, sprach sie ihre
Hände faltend, mög's ihnen gut gehen, hier und in
Ewigkeit, Amen!

Sie wollte sich eben, um nicht zu stören und auch
den Mann nicht mit der Suppe warten zu lassen, auf
den Heimweg nach dem Erlenkamp begeben, als eine
Wendung der im Wittwengarten Wandelnden die Schwägerin dem Auge des Küsters verrieth. Er hob die Hand
seiner Begleiterin vielbedeutend in die Höhe und rief die
Meierin herbei, indem er ihr die künftige Frau Küsterin
entgegenführte.

Gottes Segen! sagte die Meierin, näher kommend
und mit Thränen in den Augen der neuen Schwägerin
die Hand schüttelnd. Es lohnte sich schon, in Geduld
zu warten, nun Alles zu fröhlichem Bunde gediehen.
Sie meinte das Warten auf dem Steinsitz, aber die
Wittwe verstand ihre Worte anders und konnte vor Bewegung keine Antwort geben. Nur die Hand der Meierin
hielt sie fest und drückte sie, daß selbst die arbeitgehärtete
Haut den Druck durch und durch spürte.

Um nicht gleich von dem geschäftlichen Theile ihres
Verweilens zu reden, besann die Meierin sich in der
Geschwindigkeit auf ein paar taugliche Bibelsprüche, zu
denen der Küster aus eigenem reichen Gedächtnißschatze bei-
steuerte, während die Wittwe mit Kopfnicken und Amen-
sagen die Pausen ausfüllte. Als aber das Pulver der
Meierin verschossen war, glaubte sie die Frage wegen des

künftigen Hauses nicht länger unbesprochen lassen zu
müssen. Sie erwähnte des Hausverkaufs und ließ dem
Küster Zeit, diesen allem Anscheine nach ihm fast ent-
fallenen Gegenstand von dem rathlosen Standpunkte aus
zu beleuchten, den er ihr gegenüber zuletzt eingenommen
hatte. Sie verrechnete sich indessen. Der Bräutigam
war noch so voll des süßen Weines, so ganz von dem
Glücke erfüllt, welches ihm plötzlich aufgegangen war,
daß ihm für alles Andere der Maßstab verloren gegangen schien. Die Küsterei wuchs in seiner Einbildung
ins Ungemessene. Für dreimal so Viele finde sich noch
Platz darin; des leicht ausweitbaren Kornbodens nicht
einmal zu gedenken, lasse sich das Hinterstübchen durch
Hinausschaffen überflüssiger Stühle und Tische jeden
Augenblick nach Belieben vergrößern; auf die Kammern
vorn hinaus wolle er gar nicht Rücksicht nehmen. Die
Wittwe nickte zustimmend, von dem Gefühle beherrscht,
daß auch in engem Raum Glück und Zufriedenheit Platz
finden. Aber die Meierin verneinte rundweg die Möglichkeit, daß die Küsterei bei Ausdehnung des Haushalts
ausreichen könne. Auch hielt sie es nicht für passend,
daß eine Pfarrerswittwe sich in die Küsterei hinab begebe.
Man werde schon genug Verstandes brauchen, um gegen
Nachbarn und böse Leute den Kopf oben zu behalten.
Man dürfe sich nicht noch Blößen geben, statt gleich
Trumpf anzusagen und zu zeigen, welches Blatt man in
der Hand habe.

Da sie nur mit Einwänden, nicht mit Auskunfts-

mitteln herausrückte, gewann die Rathlosigkeit endlich die
Ueberhand, und der Küster fühlte ein Nachwehen des be=
drückenden Gefühls, mit dem er dem Tabaksqualm des
Krugs entflohen war. Selbst der warnende Kammer=
schlüssel fiel ihm ein, und er wendete den Kopf mechanisch
dem Thurme zu, nicht ohne eine gewisse Sorge, ihm
werde aus dem Schallloche noch ein weiteres Warnungs=
zeichen werden.

Aber die Schwägerin konnte es nicht übers Herz
bringen, die Freude länger als vorübergehend zu däm=
pfen. Vielleicht ließe sich Rath finden, sagte sie, das
eine Auge pfiffig zukneifend und abwechselnd den Küster
und die Wittwe anblickend, als gäbe es was zu er=
rathen. Der Schwager hat einen Bock geschossen, das
ist wahr, und mit dem Giebelhause ist ein Anderer
durchgegangen. Aber hinterdrein ist er ein besserer
Schütze gewesen. Euch, Frau Anna, hat er ins Herz
geschossen, und das thut ihm so leicht kein Anderer nach.
Nun, da scheint mir's, darf ihm der Fehlschuß nicht so
schlimm nachgetragen werden. Zur guten Stunde stand
ich hinter dem Auctionar, und als der Schreiber nicht
mehr am Bot war, zupfte ich den Auctionar am Aermel.
So hab' ich den alten Schmaucher unversehens am Hals
behalten. Ihr könnt ihn von mir kaufen, Schwager,
wollt Ihr ihn? Schlagt ein! Für den Kaufpreis ist er
Euch feil. Der Zimmermeister aus Wolfenbüttel kam
fünf Minuten zu spät. Ihm war ein Wagenrad ge=
brochen.

Schwägerin, sagte der Küster, mit feierlicher Miene in die ihm hingehaltene Hand schlagend, ich hab' Euch immer für eine Frau gehalten, die auch ohne Hammer einen Nagel einzuschlagen versteht; aber heute habt Ihr Euch selbst übertroffen. Er sah sich nach dem Giebel= hause um, das er schon gering zu schätzen versucht wor= den war und das ihn dennoch keinen Augenblick ganz aus seinem Behaglichkeitsbann losgelassen hatte. Alter Freund, fuhr er fort, sein neues Eigenthum überblickend, alter Kopfhänger, stehe noch lange fest, wie du mir's heute versprochen hast! Es soll auch ferner ein still ehrbar Leben unter deinem schützenden Dache geführt werden. Wir wollen fest zu einander halten! Falle nicht aus dem Text! Und zu der künftigen Frau Kü= sterin gewendet, sagte er: Der Zaun, der die Küster von Hebeper so lange gefangen hielt, ist eingerissen; auch der Zaun zwischen den zwei Gärten wird jetzt verschwin= den. Im alten Giebelhause soll gewohnt, in der alten Küsterei geamtet werden. Führt uns zu Euren Kindern, Frau Anna. Mir wird so weich ums Herz, ich muß die Kinder küssen.

Die Wittwe hatte schon das nämliche Verlangen auf den Lippen gehabt. Sie ging dem Küster und der Meierin voraus, zupfte den Kindern in Hast die ver= schobenen Kleider zurecht und flüsterte ihnen etwas zu, das keines ganz verstand, das sie indessen gehorsam in Reih und Glied brachte und dem herankommenden Küster die Mühe ersparte, sie einzeln aus den Netzmaschen her=

vorzuholen. Während er ihnen einem nach dem anderen
feierlich den ersten Versorgerkuß gab, wischte die Meierin
wiederholt mit der Schürze über die Augen und sagte
zuletzt, mit einem Blick auf die saubere Kinderreihe:
Ihr seid eine brave Mutter. Gott segne Euch! —

Und Euch! antwortete die Wittwe. Ich werd'
noch oft Euren Rath brauchen. Seid mir eine treue
Schwester!

Wie sich dergleichen sagen, hören, ansehen ließe,
ohne endlich vom Händedrücken zum Kusse zu führen, ist
nicht wohl abzusehen, und so kam denn auch richtig dieses
beste Bundessiegel zu Stande. Daß auch der Küster
seine Schwägerin küßte, versteht sich am Rande; sie
reichte ihm selbst den Mund hin, vielleicht um der Frau
Anna einen Gefälligkeitsdienst zu leisten, denn jetzt erst
erhielt auch sie den feierlichen Weihekuß. Dies waren
des Küsters erste Wagnisse, und wir haben keinen Grund,
ihm zu mißtrauen, wenn er in seinen Denkwürdigkeiten
versichert, daß er erst am Hochzeittage den zweiten Kuß
erbat und erhielt.

Was ihm über das Warnungszeichen hinweg half,
ist nur andeutungsweise ausgesprochen. Es scheint, daß
er noch an jenem Verlobungstage, als die Schwägerin
endlich nicht mehr bleiben zu können erklärte, sich an den
Kammerschlüssel erinnerte und ihre Meinung über die
Bedeutung dieses Warnungszeichens erfragte, worauf die
Meierin, auf die künftige Frau Küsterin deutend, erwi-

derte, die werde ihm schon sagen, was es künftig mit
dem Kammerschlüssel auf sich habe.

Und so mögen denn die Manen des stillen Küsters
von Hedeper nicht zürnen, wenn der wichtigste Wende=
punkt seines Lebens ohne Arg und Spott, einfältig, wie
Herr Florian Habermus im Bibelsinne selbst war, und
ohne künstlichen Redeaufwand hier nacherzählt worden,
„zu Nutz und Frommen" — um mit den letzten Wor=
ten seiner Denkwürdigkeiten zu schließen — „zu Nutz und
Frommen Jeglichem, der sich noch in der eilften Stunde
des alten, wahren Paradiesesworles erinnern will:

„Es ist nicht gut, daß der Mensch allein sei."

www.ingramcontent.com/pod-product-compliance
Lightning Source LLC
Chambersburg PA
CBHW031410270326
41929CB00010BA/1403